Kinder, Kindheiten und Kindheitsforschung

Herausgegeben von
S. Andresen, Frankfurt, Deutschland
I. Diehm, Bielefeld, Deutschland
Ch. Hunner-Kreisel, Bielefeld, Deutschland
K. P. Treumann, Bielefeld, Deutschland

Die aktuellen Entwicklungen in der Kinder- und Kindheitsforschung sind ungeheuer vielfältig und innovativ. Hier schließt die Buchreihe an, um dem Wissenszuwachs sowie den teilweise kontroversen Ansichten und Diskussionen einen angemessenen Publikationsort zu geben. Ausgehend vom Zentrum für Kindheits- und Jugendforschung an der Fakultät für Erziehungswissenschaft der Universität Bielefeld werden sowohl die aktuelle Kinderforschung mit ihrem stärkeren Akzent auf Perspektiven und Äußerungsformen der Kinder selbst als auch die neuere Kindheitsforschung und ihr Anliegen, historische, soziale und politische Bedingungen des Aufwachsens von Kindern zu beschreiben wie auch Theorien zu Kindheit zu analysieren und zu rekonstruieren, ein breit gefächertes Publikationsforum finden.

Die beteiligten Wissenschaftlerinnen und Wissenschaftler im Zentrum sind mit unterschiedlichen Schwerpunkten in der Kinder- und Kindheitsforschung verankert und tragen zur aktuellen Entwicklung bei. Insofern versteht sich die Reihe auch als ein neues wissenschaftlich anregendes Kommunikationsnetzwerk im nationalen, aber auch im internationalen Zusammenhang. Letzterer wird durch eine größere Forschungsinitiative über Kinder und ihre Vorstellungen vom guten Leben aufgebaut. Daran sind sowohl die Reihenherausgeberinnen und -herausgeber als auch die Vorstandsmitglieder des Zentrums maßgeblich beteiligt.

Entlang der beiden Forschungsperspektiven – Kinder- und Kindheitsforschung – geht es den Herausgeberinnen und dem Herausgeber der Reihe „Kinder, Kindheiten, Kindheitsforschung" darum, aussagekräftigen und innovativen theoretischen, historischen wie empirischen Zugängen aus Sozial- und Erziehungswissenschaften zur Veröffentlichung zu verhelfen. Dabei sollen sich die herausgegebenen Arbeiten durch teildisziplinäre, interdisziplinäre, internationale oder international vergleichende Schwerpunktsetzungen auszeichnen.

Herausgegeben von

Sabine Andresen
Goethe-Universität,
Frankfurt, Deutschland

Isabell Diehm
Universität Bielefeld,
Bielefeld, Deutschland

Christine Hunner-Kreisel
Universität Bielefeld,
Bielefeld, Deutschland

Klaus Peter Treumann
Universität Bielefeld,
Bielefeld, Deutschland

Doro-Thea Chwalek • Miguel Diaz
Susann Fegter • Ulrike Graff (Hrsg.)

Jungen – Pädagogik

Praxis und Theorie
von Genderpädagogik

 Springer VS

Herausgeber
Doro-Thea Chwalek,
Miguel Diaz,
Ulrike Graff,
Bielefeld, Deutschland

Susann Fegter
Frankfurt, Deutschland

ISBN 978-3-531-18416-6   ISBN 978-3-531-94290-2 (eBook)
DOI 10.1007/978-3-531-94290-2

Die Deutsche Nationalbibliothek verzeichnet diese Publikation in der Deutschen National-
bibliografie; detaillierte bibliografische Daten sind im Internet über http://dnb.d-nb.de
abrufbar.

Springer VS
© Springer Fachmedien Wiesbaden 2013

Springer VS ist eine Marke von Springer DE. Springer DE ist Teil der Fachverlagsgruppe
Springer Science+Business Media.
www.springer-vs.de

Inhalt

Andrea Köhnen[1]

Grußwort

Der Fachkongress »Jungen – Pädagogik – Wie geht das?« und die Veröffentlichung der Beiträge der Referentinnen und Referenten in diesem Band sind Ergebnisse des Projekts »Neue Wege für Jungs«, welches das Bundesministerium für Familie, Senioren, Frauen und Jugend seit 2005 fördert.

Mit dem Blick auf eine erfolgreiche mehrjährige Zusammenarbeit zeigte auch der Fachkongress, dass es »Neue Wege für Jungs« gelungen ist, das Thema »Jungenförderung und Jungenpädagogik« bundesweit in der fachpolitischen Diskussion zu etablieren und die Vernetzung von Aktiven in diesem Themenfeld auf der regionalen wie auf der überregionalen Ebene zu befördern. Im Netzwerk von »Neue Wege für Jungs« sind inzwischen bundesweit fast 200 Organisationen engagiert, die jungenpädagogische Angebote durchführen.

Ich danke herzlich allen Mitarbeiterinnen und Mitarbeitern im Team von »Neue Wege für Jungs«, die mit ihrer Kreativität und Beharrlichkeit sowie einem außerordentlichen Engagement zu diesem nachhaltigen Erfolg beigetragen haben.

Ich freue mich sehr über die Kooperation mit der Universität Bielefeld, insbesondere mit der Fakultät der Erziehungswissenschaft und mit dem Ministerium für Familie, Kinder, Jugend, Kultur und Sport des Landes Nordrhein-Westfalen und danke unseren Partnern für ihren wertvollen Beitrag – inhaltlich wie auch finanziell – und für das Zustandekommen eines fachlich anspruchsvollen Programms.

Die hohe öffentliche Aufmerksamkeit für den »Girls' Day – Mädchen-Zukunftstag«, dessen Koordinierung das Bundesministerium für Familie, Senioren, Frauen und Jugend seit 2001 fördert, hatte maßgeblich zur Konzeption von »Neue Wege für Jungs« geführt. Es war ein Novum für die damalige Gleichstellungsabteilung, erstmalig eine Maßnahme zur Erweiterung der Berufs- und Lebensplanung von Jungen zu starten.

»Neue Wege für Jungs«, das war uns wichtig, sollte über den berufsorientierenden Ansatz und über die Idee eines einzigen Aktionstages hinausgehen und auch die kritische Reflexion von männlichen Rollenbildern beinhalten.

Die Politik der Chancengerechtigkeit, wie wir sie heute verstehen, setzt an der Lebenslaufperspektive an und möchte dort faire Chancen sowohl für Mädchen als auch für Jungen schaffen, wo traditionelle Rollenklischees die Entwicklung einer individuellen Berufs- und Lebensplanung einengen. Insbesondere in der Jungenpolitik möchten wir einen stärkerorientierten Ansatz verfolgen als Gegenposition zu der leider oft verkürzten Sichtweise, die Jungen Defizite zuschreibt. Wir betonen die Vielfalt. Deshalb sollten sich Maßnahmen an den vielfältigen Interessen, Fähigkeiten und Talenten von Jungen orientieren und diese fördern.

Die Entwicklung der Gleichstellungspolitik zur nachhaltigen Politik der Chancengerechtigkeit für Frauen und Männer führte in unserem Haus zu organisatorischen Konse-

---

1 Bundesministerium für Familie, Senioren, Frauen und Jugend, Referat ›Gleichstellungspolitik für Jungen und Männer‹.

quenzen. In der 2009 umbenannten Abteilung »Gleichstellung, Chancengleichheit« wurde das Referat »Gleichstellungspolitik für Jungen und Männer« eingerichtet.

Seit 2011 findet unter dem Dach von »Neue Wege für Jungs« ein bundesweiter Boys' Day – Jungen-Zukunftstag statt mit getrennten Veranstaltungen für Jungen parallel zu den Girls' Day-Aktionen für Mädchen. Außerdem haben wir die Gesamtinitiative »Mehr Männer in Kitas« gestartet, um den Mangel an männlichen Bezugspersonen für Mädchen und Jungen in der frühkindlichen Bildung auszugleichen. Wir wollen damit Jungen und Mädchen in einer Zeit, in der sie eine eigene Geschlechtsidentität herausbilden, moderne männliche und weibliche Geschlechterrollen erlebbar machen. Zugleich leisten wir einen Beitrag zur Veränderung des Berufswahlverhaltens von Jungen. Zusätzlich fördern wir das »Bundesforum Männer« als Dachverband für die Vernetzung gleichstellungsorientierter Jungen- und Männerorganisationen.

Nach dem anregenden Austausch auf dem Fachkongress »Jungen – Pädagogik – Wie geht das?« mit vielen neuen Impulsen und Erkenntnissen für die weitere Gestaltung von pädagogischen Angeboten für Jungen freue ich mich, dass mit der Veröffentlichung der Beiträge in diesem Band Erkenntnisse aus Wissenschaft und Praxis einem größeren Fachpublikum und weiteren Interessierten offen stehen.

Jürgen Schattmann[1]

Grußwort

Das Land Nordrhein-Westfalen ist schon seit vielen Jahren im Bereich der geschlechtsspezifischen Jugendarbeit aktiv. Das Thema ist ein wichtiger Schwerpunkt im Kinder- und Jugendförderplan und darüber hinaus Querschnittsthema, auf dessen Berücksichtigung die Träger im Rahmen ihrer Förderung verpflichtet sind. Dabei ist der Grundgedanke, dass eine gute Jugendarbeit immer auch gute Mädchen- und Jungenarbeit ist.

Lange Zeit stand die Mädchenarbeit bundesweit und auch in Nordrhein-Westfalen im Zentrum des Interesses. Es galt dafür zu sorgen, dass auch für Mädchen Angebote entstehen, die ihre Interessen berücksichtigen. Seit Ende der 1990er-Jahre rückte dann die Jungenarbeit stärker in den Fokus. Vordergründig war diese Entwicklung mit der Diskussion um die Jungen als sogenannte Bildungsverlierer bzw. mit dem problematischen Rollenverhalten von männlichen Jugendlichen mit Migrationshintergrund verbunden.

Es ist jedoch erkennbar, dass der eigentliche Grund eher in einer nicht ausreichend entwickelten jungengerechten Pädagogik zu suchen ist. Während die Mädchenarbeit an den Bedürfnissen und Interessen von Mädchen orientierte Angebote der Jugendarbeit entwickelt hat, gab es zu wenig kritische Reflexion dessen, was die Bedürfnisse und Interessen von Jungen sind, an denen sich Jugendarbeit orientieren sollte. Auch in den Schulen zeigte sich diese Lücke. Jungen entwickelten sich so zunehmend vom pädagogischen Normalfall zum Problemfall – vor allem in der öffentlichen Wahrnehmung, aber auch aus Sicht der Lehrkräfte. Heute gelten Mädchen mit ihren eher sozialen Verhaltensmustern als pädagogische Referenzgröße. In der Folge erscheinen dann Jungen oftmals als Störfall des pädagogischen Betriebs.

Um diese Problematik stärker bewusst und zum Ausgangspunkt pädagogischen Handelns zu machen, wurde in den vergangenen Jahren die »Landesinitiative Jungenarbeit« in Nordrhein-Westfalen durchgeführt. Sie war mit dem Anspruch verbunden, gute Beispiele für Jungenpädagogik in und außerhalb von Schule bekannter zu machen und praktische Hilfen für die Durchführung von Projekten zu geben. Die Landesinitiative hat vieles bewegt, und dennoch bleibt als Zukunftsaufgabe, in Wissenschaft und Praxis weiter daran zu arbeiten, ein besseres und tieferes Verständnis der Bedingungen des Aufwachsens von Jungen vor dem Hintergrund des gesellschaftlichen Wandels und der damit verbundenen Veränderung im Verhältnis der Geschlechter zueinander zu gewinnen. Schließlich ist es von zentraler Bedeutung, auch weiterhin geschlechtsspezifische Handlungsansätze in Jugendarbeit und Jugendsozialarbeit zu verankern.

Daher fördert das Land Nordrhein-Westfalen vier Fachstellen mit den Zielen der Vernetzung der Akteure, der Bereitstellung von Hilfen und Anregungen zur Entwicklung von entsprechenden Angeboten und der Stärkung der öffentlichen Wahrnehmung von Jungen-

---

1 Leiter der Gruppe »Jugend« im Ministerium für Familie, Kinder, Jugend, Kultur und Sport des Landes Nordrhein-Westfalen.

und Mädchenarbeit. Auch in Zukunft bleibt dies ein wichtiger Handlungsschwerpunkt unserer Politik.

Mit dem Fachkongress im September 2010 in Bielefeld wurde ein wichtiger Schritt zur Stärkung des Dialogs zwischen Wissenschaft und Praxis getan. Ich danke daher den Initiatoren und Veranstaltern, dem Projekt »Neue Wege für Jungs« und der Universität Bielefeld. Ich freue mich, dass mit der Veröffentlichung der Beiträge in diesem Band die Suche nach den Antworten auf die Frage »Jungen – Pädagogik – Wie geht das?« für eine breite Fachöffentlichkeit geöffnet wird, um Impulse für weitere Forschung und Praxisprojekte zu verbreiten.

Doro-Thea Chwalek, Miguel Diaz, Susann Fegter und Ulrike Graff

Jungen und Pädagogik – Perspektiven auf ein neues und altes Thema. Zur Einleitung

»Virginia Woolf, die große englische Schriftstellerin des beginnenden 20. Jahrhunderts, hat in einem ihrer ersten Romane ›The Voyage Out‹ (1915) ihre junge Protagonistin davon träumen lassen, wie sie später ihre Kinder erziehen würde. Ihre Tochter sollte von Geburt an ins Blaue blicken können, um die Idee von Ferne und Mobilität zu verinnerlichen, ihren Sohn wollte sie lehren, über die Symbole von Krieg und Ehre zu lachen, um andere Vorstellungen von Männlichkeit entwickeln zu können.« Mit diesem Statement eröffnete die Erziehungswissenschaftlerin Sabine Andresen am 23. September 2010 in Bielefeld den Fachkongress, »Jungen – Pädagogik – Wie geht das? Herausforderungen mit Blick auf die Jungen – ein Dialog zur Praxis und Theorie von Genderpädagogik«.[1] Überlegungen zum Thema Erziehung und Geschlecht beschäftigen den öffentlichen Diskurs somit schon länger. Sie haben jedoch an Aktualität gewonnen und ihre Ausrichtung verschoben mit der neuen öffentlichen Aufmerksamkeit für Jungen, die seit der Jahrtausendwende besteht (vgl. Rose/Schmauch 2004). Dieser ›Boy Turn‹,[2] der in den USA, Großbritannien und auch Australien bereits in den 1990er-Jahren begann, wird in Deutschland von einem breiten, in sich heterogenen und durchaus widersprüchlichen Dispositiv getragen, das mediale, politische wie auch pädagogische Debatten und Programme umfasst. Als sehr wirkmächtig zeigt sich hierbei der Mediendiskurs um eine ›Krise der Jungen‹ bzw. um ›Jungen als Bildungsverlierer‹, der nach der Veröffentlichung der ersten PISA-Studie begann und über einen Zeitraum von zehn Jahren in seinen dominanten Strängen nahezu konstant geblieben ist. Die Bilder von Jungen als ›neues schwaches Geschlecht‹ und von ›Alpha-Mädchen auf der Überholspur‹ haben hier Verwendung gefunden und sind seither in die Wissensbestände des Alltags eingeflossen. Dass Jungen damit auch im öffentlichen Bewusstsein in ihrer Positioniertheit im Geschlechterverhältnis ›entdeckt‹ werden, kann epistemologisch als eine Erweiterung der Perspektiven auf Geschlecht gesehen werden. So öffnet sich ein Verständnis von Geschlecht als Mädchen- und Frauenthema zugunsten einer Perspektive, die nach den Möglichkeiten, Begrenzungen sowie Freiheitsgraden *aller* in einer geschlechtlich strukturierten Gesellschaft fragt. Gleichzeitig zeigen die medialen Thematisierungen einer ›Krise der Jungen‹, wie diese öffentliche ›Entdeckung‹ mit teilweise populistischen und essenzia-

---

1   Die Beiträge dieses Sammelbandes gehen auf die Vorträge und Workshopbeiträge dieser Tagung zurück, die in Kooperation zwischen der Fakultät für Erziehungswissenschaft der Universität Bielefeld und dem Projekt »Neue Wege für Jungs« in der Trägerschaft des Kompetenzzentrums Technik-Diversity-Chancengleichheit e.V. Bielefeld durchgeführt wurde. Mehr Informationen zum Kongress: www.fachkongress-jungen paedago-gik2010-bielefeld.de. Mehr zum Projekt: www.neue-wege-fuer-jungs.de.

2   Eine Übersicht zum Thema ›Boy Turn‹ bieten u.a. Connell (1999), Epstein et al. (1998), Skelton (2001), Skelton/Francis (2009), Lingard/Martino/Mills (2009), Kimmel/Hearn/ Connell (2004), Martino/Kehler/Weaver-Hightower (2008), Mills (2001), Paechter (2007).

listischen Verkürzungen Gefahr laufen kann, soziale Differenz- und Machtverhältnisse auszublenden und damit hinter genderpädagogische Debatten im erziehungswissenschaftlichen Fachdiskurs zurückzufallen. Besondere Aufmerksamkeit erfordert in diesem Zusammenhang der öffentliche Topos von den vergessenen Jungen und deren Vernachlässigung durch Eltern, Schule und Gesellschaft (vgl. Fegter 2012). Denn unter einer erziehungsgeschichtlichen Perspektive ist die Forderung nach einer Genderpädagogik für Jungen keinesfalls neu. Vielmehr wurden bereits in den 1970er-Jahren Konzepte der Mädchenarbeit und der Jungenarbeit für geschlechterreflektierende pädagogische Praxen entwickelt. Der Impuls ging hierbei von politisch engagierten Pädagoginnen aus dem Kontext der Zweiten Deutschen Frauenbewegung aus, die die Situation von Mädchen in ihren jeweiligen Arbeitsfeldern (v.a. Schule, Heimerziehung, Jugendarbeit) ebenso analysierten (vgl. Graff 2011) wie sie die Notwendigkeit der Entwicklung von Jungenarbeit hervorhoben. Monika Savier (Savier/Wildt 1978) etwa entwickelte für die offene Jugendarbeit ein didaktisches Konzept, das als Handlungsforschung für pädagogische Teams hinsichtlich einer geschlechtsspezifischen Jugendarbeit gedacht war und Jungen ebenso im Blick hatte wie Mädchen (vgl. ebd., S. 169ff.). Auf dem im gleichen Jahr in Köln stattfindenden Kongress ›Feministische Theorie und Praxis in sozialen und pädagogischen Berufsfeldern‹ wiederum lautete in der Diskussion von Thesen der ›Berliner Pädagoginnengruppe‹ (1979) zur feministischen Mädchenarbeit eine der zentralen Fragestellungen: »Was passiert mit den Jungen? Wie definiert sich das Verhältnis Mädchen- zu Jungenarbeit?« (ebd., S. 90). In diesem Zusammenhang wurde festgehalten, dass eine parallele Jungenarbeit und die Zusammenarbeit mit männlichen Pädagogen eine notwendige Ergänzung zur feministischen Mädchenarbeit sei. In der Praxis außerschulischer Bildung haben sich seither Ansätze der Jungenarbeit fundiert entwickelt und sind über ein Experimentierstadium längst hinaus. Hierfür steht etwa die langjährige konzeptuelle und pädagogisch-praktische Arbeit der Heimvolkshochschule »Alte Molkerei Frille« (vgl. Drogand-Strud in diesem Band) aber auch anderer Autoren (vgl. etwa Glücks/Ottemeier-Glücks 1996; Sturzenhecker 1996; Möller 1997; Jantz/Grote 2003; Sturzenhecker/Winter 2006; Pech 2009; Diaz 2011). Auf die Anregungen aus der feministischen Mädchenarbeit wird dabei im Fachdiskurs der Jungenarbeit zu deren (internationaler) Entstehungsgeschichte regelmäßig hingewiesen (z.B. Cremers 2011). Insofern auch in der Schulpädagogik unter dem Begriff der ›reflexiven Koedukation‹ seit den 1970er-Jahren Impulse für eine geschlechterreflektierende Unterrichtsgestaltung und Schulentwicklung aufgegriffen und weiterentwickelt wurden, blicken gender- und jungenpädagogische Ansätze somit heute auf eine bereits etwa 40-jährige Geschichte zurück, wenn sie im Diskurs der Allgemeinen Erziehungswissenschaft auch stets als Sonderthema behandelt wurden (vgl. Jacobi 2008).[3] Vor diesem Hintergrund ist interessant, dass die somit seit langem bestehende Aufmerksamkeit für Jungen im Kontext emanzipatorischer Genderpädagogik in den gegenwärtigen öffentlichen Debatten kaum Beachtung erfährt und dort vielmehr die vermeintliche Vernachlässigung von Jungen in sozialpädagogischen und schulischen Kontexten im Vordergrund steht bzw. innovative Projekte wie jene von Dissens e.V. aus Berlin in ihrer Programmatik sogar diskreditiert werden (vgl. Pfister 2007).

---

3 Siehe Jacobi (2008) zur Rezeption in deutschsprachigen erziehungswissenschaftlichen Fachzeitschriften der vergangen Jahrzehnte.

In der Pädagogik und Erziehungswissenschaft ist mit dem »öffentlichen Stimmungswechsel« (Rose/Schmauch 2005) und der Hinwendung zu Jungen die Frage nach einer besonderen Jungenpädagogik neu entflammt und wird kontrovers diskutiert (vgl. Pech 2009; Forster et al. 2011). Forster und Rendtorff (2011) machen dabei mit ihren Ausführungen zu ›Unterscheidungswünschen und Unterschiedsbehauptungen‹ (ebd., S. 11ff.). implizit darauf aufmerksam, dass die Frage nach einer Jungenpädagogik auf die grundlegendere Frage nach dem pädagogischen Umgang *mit* und dem Verständnis *von* Differenz verweist. In den Erziehungswissenschaften hat die Beschäftigung mit diesen Themen in den vergangenen Jahren deutlich zugenommen und wird unter Begriffen wie Heterogenität, Pluralität, Diversity oder Differenz geführt (vgl. Mecheril/ Plößer 2009). Eine solche vermehrte Beschäftigung kann als Hinweis darauf gelten, dass die Gesellschaft zunehmend als entsprechend divers wahrgenommen und reflektiert wird.

Wie schon die Tagung »Jungen – Pädagogik – Wie geht das?« ist auch die Konzeption des vorliegenden Sammelbandes davon geleitet, Differenzen nicht als natürliche zu denken, sondern als sozial hergestellt, wirkmächtig und machtvoll. Folgt man diesen Prämissen, steht Pädagogik vor der alltäglichen Herausforderung, soziale Differenzierungen weder zu übersehen noch unnötig fortzuschreiben und sensibel auf Prozesse von Ein- und Ausschluss zu reagieren. Damit rücken auch die eigenen pädagogischen Praxen wie Konzepte in den Blick. Befunde aus der historischen Männlichkeitsforschung zeigen etwa, dass die Forderung nach einer eigenen Jungenpädagogik historisch eng damit verbunden ist, tradierte Männlichkeitsmuster und -normen zu stärken (vgl. Stieglitz/Krämer 2011). Der aktuellen Auseinandersetzung um eine Jungenpädagogik gibt dies Hinweise darauf, genau zu reflektieren, welche Vorstellungen von Geschlecht sich mit jungenpädagogischen Ansätzen verbinden, welche Zuschreibungen an Jungen und Mädchen, aber auch an Männer und Frauen ggf. erfolgen sowie dass die Herstellung von Differenz (auch auf konzeptioneller Ebene) nie unabhängig von Macht und Dominanzverhältnissen zu denken ist. Es bleibt für pädagogisch Handelnde – ob in Schule oder außerschulischen Feldern – eine ständige Herausforderung und Aufgabe, zuschreibende Geschlechterstereotype zu erkennen, zu reflektieren und zu ihrem Abbau beizutragen.

Die Frage einer Jungenpädagogik nun ihrerseits in Logiken von ›entweder/oder‹ bzw. ›ja oder nein‹ zu verhandeln, verlässt ein dichotomes Differenzdenken nicht. Die Philosophie der Dekonstruktion lädt dagegen zu einem Umgang mit Differenzierungen ein, der jener Bewegung Rechnung trägt, in der sich Bedeutung in einer dekonstruktiven Perspektive permanent befindet (vgl. Derrida 1999). Zu dekonstruieren heißt dann, dem Verborgenen, dem Verdeckten, dem Ausgeschlossenen auf der Spur zu sein, das Differenzen erst erzeugt und ihre bestehenden Verbindungen zueinander verdeckt. Durch den unhinterfragten Bezug auf einzelne soziale Kategorien wie ›Junge-Sein‹ oder ›Migrant-Sein‹ besteht etwa die Gefahr, durch Dramatisierung Stereotype zu verfestigen (vgl. Budde 2006). Auf den Zusammenhang mit Jungen und Pädagogik insgesamt bezogen, bedeutet ein dekonstruktiver Zugang, den vielfältigen Verweisungszusammenhängen nachzuspüren, die zwischen Jungen und Pädagogik bestehen – theoretisch-systematisch, historisch, konzeptionell sowie pädagogisch-praktisch. Entsprechende Zusammenhänge in den Blick zu nehmen, Ermöglichungen und Beschränkungen pädagogischer Arbeit mit Jungen zu reflektieren und dabei (erziehungswissenschaftliche) Theorie und (pädagogische) Praxis aufeinander zu beziehen ist das Anliegen dieses Sammelbandes. Theorie und Praxis werden dabei ebenfalls nicht getrennt voneinander behandelt, sondern durchziehen als Querschnittperspektive *alle* Beiträge in unterschiedlichen Akzentuierungen. Theorieproduktion kann einerseits selbst als eine soziale Praxis gelten, die eingebunden ist in gesellschaftliche Ordnungen und auf diese rückwirkt. Andererseits ist pädagogische Praxis ihrerseits immer auch Theorie, d.h. von Annahmen situationsübergreifender Zusammenhänge durchzogen und strukturiert. Die zugrunde liegende Frage war daher nie, ob eine pädagogische Praxis theoretischen Annahmen folgt, sondern welchen. Um in diesem Sinne die veränderte öffentliche Aufmerksamkeit für Jungen aufzugreifen, damit verbundene Fragen von Erziehung und Geschlecht zu reflektieren sowie zu einer Verschränkung wissenschaftlicher Theoriebildung mit pädagogischen Praxis von Jungenangeboten beizutragen, folgt der Sammelband drei Dimensionen. In einem *ersten* Teil kommen aktuelle Forschungsarbeiten zu Jungen und zur Jungenthematik zu Wort.

• *Jürgen Budde* argumentiert in seinem Beitrag für eine theoretische Fundierung von Jungenpädagogik, die einen Zusammenhang zwischen Männlichkeit, Bildungs(-miss-) erfolgen und Sozialisation herstellt. Mit Bezug auf Bourdieu schlägt Budde vor, Bildungs(-miss-)erfolge als kulturelles Passungsverhältnis zwischen einzelschulischer Schulkultur und geschlechtsbezogenem Habitus zu analysieren. Er plädiert damit für einen differenzierten Blick auf Jungen und ihre Schulleistungen und zeigt an empirischem Material aus einer ethnografischen Schulstudie auf, dass nicht die Gesamtgruppe der Jungen Schwierigkeiten in spezifischen Schulkulturen hat, sondern dies auf diejenigen Jungen zutrifft, die sich an einem traditionellen männlichen Habitus orientieren. Statt den Zusammenhang von Schulerfolg und Geschlecht eng an Abschlüssen zu diskutieren, rückt so die Bedeutsamkeit des männlichen Habitus auch für Statuspassagen im (Aus-)Bildungssystem in den Blick.

• *Susann Fegter* beleuchtet im nachfolgenden Beitrag den Mediendiskurs um Jungen als Bildungsverlierer. Statt nach der ›Richtigkeit‹ medialer Darstellungen fragt sie nach deren Produktivität für Geschlechter- und Männlichkeitsordnungen. Beginnend mit einer kurzen Skizze bisheriger erziehungswissenschaftlicher Auseinandersetzungen mit der medialen Positionierung von Jungen als Verlierer zeigt Fegter auf, dass und wie Eltern, Lehrer_innen und Pädagog_innen medial als schlechte (Jungen-)Eltern und schlechte (Jungen-)Pädagog_innen adressiert und ihnen eine Vernachlässigung der Jungen und Bevorzugung der Mädchen zugeschrieben wird. In diskursanalytischer Perspektive wird deutlich, dass dieser Vorwurf besonderes Potenzial besitzt, Zustimmung zu jener Konzeption von Jungenmännlichkeit herzustellen, die der Mediendiskurs mehrheitlich entlang traditioneller Stereotype entwirft und dabei Jungen als wild, unangepasst und ›normal aggressiv‹ naturalisiert.

• Dass Geschlechterstereotype die Sichtweisen vieler pädagogischer Fachkräfte prägen, ist ein Ergebnis der wissenschaftlichen Begleitforschung des Projektes ›Neue Wege für Jungs‹, die *Katharina Debus* und *Olaf Stuve* in ihrem Beitrag präsentieren. In dieser qualitativen Untersuchung bundesweiter Jungenangebote zur Berufs- und Lebensplanung im Zeitraum 2009-2010 legen Debus und Stuve den Fokus auf handlungsleitende Männlichkeitsvorstellungen und gehen der Frage nach, ob in jungenpädagogischen Angeboten tatsächlich ›neue Wege‹ beschritten oder althergebrachte Männlichkeitsvorstellungen vermittelt werden. Ihr Beitrag greift den Befund auf, dass die Selbstbeschreibung von Jungen sowie die Jungenbilder pädagogischer Fachkräfte nicht immer übereinstimmen und die Sichtweisen der Professionellen sich als eher von geschlechts-, kultur- und schichtgezogenen Stereotypen geprägt zeigen. Hieran anknüpfend stellen Debus und Stuve pädagogische Überlegungen an, wie die vielfältigen Sichtweisen der Jungen selbst stärker in den Mittelpunkt pädagogischer Angebote für Jungen einfließen können, damit diese zu einer Erweiterung und nicht zur Verfestigung von Männlichkeitsvorstellungen beitragen.

• Dass und wie pädagogische Institutionen selbst daran beteiligt sind, Inszenierungen und Aufführungen eines ›Junge-Seins‹ *hervorzubringen* (und diesen nicht nur mehr oder weniger angemessen entsprechen), stellt *Marc Schulz* mit seinem Beitrag zur Diskussion. Praktiken von Jungen werden hier performativitätstheoretisch als immer schon institutionell miterzeugt verstanden und so eine Lesart problematisiert, die entsprechende Praktiken ausschließlich als Ausdruck eines alters- und/oder geschlechtstypischen Verhaltens dechiffriert. Welche Perspektiven dies auf konkrete Situationen im pädagogischen Alltagsgeschehen eröffnet und welche pädagogischen Konsequenzen sich ergeben können, entfaltet Schulz eindrücklich anhand protokollierter Szenen aus einem Jugendzentrum. Das Bemühen, Selbstinszenierungen von Jungen zu verstehen, erweist sich dabei als komplexe Herausforderung, bei der Beobachtung und Herstellung pädagogischer Handlungsfelder ineinandergreifen und zu verantworten sind.

• Eine internationale Perspektive auf Jungen als vermeintliche Bildungsverlierer stellt schließlich *Mike Younger* vor und bezieht hierbei Ergebnisse seiner mehrjährigen Forschung zu monoedukativem Unterricht in englischen koedukativen Gesamtschulen vor. Younger problematisiert einerseits das staatliche Interesse am Forschungsprojekt »Raising Boys Achievement« und macht andererseits mit Bezug auf den anglo-amerikanischen und australischen geschlechterkritischen Diskurs die Gefahr der Stereotypisierung von Männlichkeiten in geschlechtshomogenen pädagogischen Kontexten deutlich. Anhand eigener Arbeiten zeigt er auf, unter welchen konkreten Bedingungen Mädchen und Jungen geschlechtshomogene Gruppen als Bereicherung erleben und welchen Perspektivwechsel es bedeutet, nach guten Bedingungen für das Lernen von Jungen und Mädchen zu fragen statt nach einer Leistungssteigerung von Jungen.

Nach diesen Einblicken in aktuelle Forschungsarbeiten widmet sich ein zweiter Abschnitt theoretisch-konzeptionellen Zugängen für eine geschlechterreflektierende Arbeit mit Jungen in der pädagogischen Praxis. Im Hintergrund der Beiträge stehen jeweils langjährige praktische Erfahrungen der Autor_innen in unterschiedlichen Einrichtungen der Kinder- und Jugendarbeit, verbunden mit dort angesiedelten Forschungsprojekten, ohne dass letztere jedoch im Zentrum der Beiträge ständen.

• Zunächst nimmt *Ulrike Graff* eine erziehungswissenschaftlich-systematische Perspektive ein. Sie thematisiert Ko- und Monoedukation als pädagogische Organisationsformen, in denen jeweils eigene pädagogische Ziele verfolgt werden. In erziehungsgeschichtlicher und genderpädagogischer Perspektive zeigen beide Settings spezifische emanzipatorische Potenziale (ebenso wie normierende Zumutungen). Mit diesem Argument wird von Graff das hierarchische Verhältnis, in dem Ko- und Monoedukation zueinander stehen – und in dem Koedukation heute als Normalpädagogik und Monoedukation als Kompensationsform rangiert –, im Kontext der neuen Aufmerksamkeit für geschlechtshomogene Settings für Jungen problematisiert. Die Autorin fragt, inwieweit durch den paradigmatischen Status von Koedukation Jungenpädagogik zwangsläufig als Jungen-*förderung* konstruiert wird, in deren Folge Jungen defizitär adressiert und Bildungsgelegenheiten dieses Settings verhindert werden. Vorgeschlagen wird daher, beide Formen systematisch und konzeptionell als Gleichrangige zu denken.

- *Michael Drogand-Strud* befasst sich in seinem Beitrag mit der Fragestellung, was eine geschlechtsbewusste Pädagogik in der koedukativen Arbeit mit Kindern und Jugendlichen auszeichnet. Ausgehend von der These, dass Genderpädagogik besonders mit gemischtgeschlechtlichen Jugendgruppen notwendig sei, stellt er dar, welche Themen und Ziele damit verbunden werden können und welche Fähigkeiten die pädagogischen Fachkräfte in Bezug auf Genderkompetenzen erwerben sollten. Sein Beitrag beleuchtet des Weiteren, welche grundsätzlichen Möglichkeiten die Koedukation zur Überwindung von Geschlechternormierungen und Zuschreibungen bietet, aber auch, welche Fallstricke ihr immanent sind. Ausgangspunkt seines Artikels ist die 25-jährige Praxis koedukativer und geschlechtshomogener Genderpädagogik mit Jugendlichen und der Fachkräfte-Fortbildung in der (Ende 2011 geschlossenen) Heimvolkshochschule ›Alte Molkerei Frille‹.

- Dass sich die Frage der Heterogenität keineswegs nur für koedukative Ansätze stellt, sondern auch für die geschlechts*homogene* Arbeit mit Jungen macht *Mart Busche* aus einer männlichkeitstheoretischen und intersektionalen Perspektive deutlich. Ihr Beitrag beginnt mit einer grundlegenden Vergewisserung der Anforderungen und Zielsetzungen subjektorientierter, männlichkeitskritischer Jungenarbeit und hebt dabei die Prozesse der Differenzierung und Hierarchisierung *unter* Jungen hervor, in denen Männlichkeitsnormen mit zeitgenössischen Ethnisierungen und Kulturalisierungen zusammenwirken. Anhand eines konkreten Beispiels diskutiert Busche pädagogische Möglichkeiten, wie es gelingen kann, auch dann einen subjektorientierten und zugleich herrschaftskritischen Überblick zu behalten, wenn mehrere Diskriminierungsebenen in einer Situation zusammenlaufen, und welches Potenzial der Intersektionalitätsansatz hierfür bietet.

- Im letzten Beitrag dieses zweiten Abschnitts geht *Christine Biermann* auf Schule als pädagogisches Feld ein und fragt nach den Mechanismen für die Implementierung von Veränderungen generell, aber gerade auch solchen mit geschlechtsbewusstem Anspruch. Sie analysiert aus ihrer Perspektive als langjährige Lehrerin und Begleitforscherin der Laborschule Bielefeld sowie anhand von Ergebnissen aus zwei Fallstudien an weiteren Sekundarschulen die Gelingensbedingungen einer nachhaltigen Verankerung geschlechterbewusster Ansätze in der Regelschule. Diese realisieren sich in Unterricht und Schulalltag sowohl in monoedukativen als auch in koedukativen Settings. Erst im Zusammenwirken der Trias Unterrichts-, Personal- und Organisationsentwicklung – so ihr Fazit – liegt der Schlüssel für eine dauerhafte Veränderung. Sie legt dies beispielhaft dar und zeigt vor allem die Komplexität dieser Prozesse eindrucksvoll auf.

Im dritten Abschnitt nehmen die Beiträge schließlich ihren Ausgangspunkt von konkreten Praxisprojekten mit Jungen. Sie stehen für eine praktische Genderpädagogik mit Jungen, die über differenzierte Ansätze verfügt und damit bessere ›Antworten‹ bereithält, als der öffentliche Diskurs mit seiner Rede von den vergessen Jungen häufig glauben macht. Diesen pädagogischen Fundus in seiner Komplexität, auch in der Unterschiedlichkeit der theoretischen Zugänge sichtbar zu machen, ist ein wichtiges Anliegen des Bandes.

- *Jens Schmidt* und *Susanne Offen* zeigen im ersten Beitrag dieses Abschnittes am Beispiel ihres gewerkschaftlich orientierten Seminarkonzepts für Jugendliche, wie die Thematisierung zunehmender Prekarisierung von Arbeits- und Lebensverhältnissen zum Ausgangspunkt pädagogischen Handelns werden kann. Vor dem Hintergrund einer Re-Traditionalisierung von Männlichkeitsentwürfen und einer Bildungsförderung, die auf überwiegend ökonomische Verwertbarkeit gerichtet ist, sprechen sie sich dafür aus, die zur Arbeitswelt komplementären Lebenswelten der Jugendlichen zu thematisieren. In der Darlegung ihres Konzeptes wird deutlich, wie genau dies im Übergang von der Schule in die Berufswelt geschehen kann und wie auf diese Weise geschlechterpolitische Entwicklungen und sozioökonomische Bedingungen zum Gegenstand einer außerschulischen politischen Bildungsarbeit werden.
- *Sandro Dell'Anna* reflektiert in seinem Beitrag die besondere Situation Offener Kinder- und Jugendarbeit unter jungenpädagogischer Perspektive. Dabei formuliert er verschiedene Kritiken. Sie richten sich einerseits auf die Fachdiskursebene, die seiner Ansicht nach Jungenarbeit auf geschlechtshomogene Angebote reduziert und damit das Jugendzentrum als große genderpädagogische Arena der Begegnung von Jungen und Mädchen aus den Augen verliert. Eine weitere Kritikebene des Autors bezieht sich auf die Beurteilung von Jungenarbeit, deren Debatte um »Gelingen und Misslingen« ebenfalls eher anhand von exklusiven Projekten erfolge und damit der unspektakulären alltäglichen Beziehungspädagogik in der Praxis des freiwilligen Settings offener Jugendarbeit nicht gerecht werde. Das pädagogische Potenzial gerade dieses Feldes sieht Dell'Anna darin, dass es mit seiner Eigenlogik zwar freiwilliger, aber nicht privater adoleszenter Raum zu sein, Jungen alltägliche Bühnen für Bildungsprozesse bieten kann.
- Als wie wichtig sich gerade die Beziehungsdimension in der jungenpädagogischen Arbeit erweist, davon berichtet *Marc Melcher* in seinem Beitrag zum Projekt »Soziale Jungs« des Paritätischen Bildungswerks Bundesverband e.V. Jungen zwischen vierzehn und sechzehn Jahren, die über ein Jahr hinweg einen Freiwilligendienst in einer sozialen Einrichtung leisten, werden hier von zwei Mentor_innen begleitet. In dieser geschlechtssensiblen Beziehung und Begleitung sieht Melcher das entscheidende Potenzial des Projektansatzes, Jungen in ihrer Persönlichkeitsentwicklung zu stärken sowie in ihren Berufswahlmöglichkeiten und Männlichkeitsbildern zu erweitern. Anschlussfähig an die aktuelle Diskussion um Männer und Frauen in der Sozialen Arbeit zeigen die Erfahrungen aus dem Projekt »Soziale Jungs« hierbei, dass manche Jungen eher den Kontakt zu Mentorinnen, andere Jungen eher zu Mentoren suchen, sodass sich gemischtgeschlechtliche Teams als besonders erfolgversprechend erwiesen haben.
- Auf der Basis ihrer Kooperation als Lehrer und außerschulischer Pädagoge formulieren *Uli Boldt* und *Christoph Grote* Aspekte jungenpädagogischer Genderkompetenz für die

Schule. Dabei machen sie als Ausgangspunkt eine parteiliche Sicht auf Jungen stark, die Jungen in ihrem Bedürfnis nach Anerkennung im Schulalltag wahrnimmt und gleichzeitig durch Ergebnisse empirischer Jungenforschung informiert ist. In dieser Weise fundierte Genderkompetenz kann schulstrukturelle Veränderungen begründen, die geschlechtshomogene und -heterogene Lern- und Reflexionssettings verankern. Konkrete Praxishinweise bietet der Beitrag in der konzeptionellen und inhaltlichen Vorstellung von Angeboten für Jungen am Beispiel der Jungen- und Mädchenkonferenzen der Bielefelder Laborschule sowie in der Zusammenstellung einschlägiger Veröffentlichungen und Informationen zu Netzwerken zur Jungenarbeit.

• Im letzten Beitrag dieses Bandes erläutert *Mike Younger* seine theoretischen Ausführungen aus dem ersten Teil des Bandes in einem ergänzenden, deutschsprachigen Interview mit *Andreas Haase*. Er spricht darin über die Hintergründe, den Verlauf sowie über persönliche Auseinandersetzungen mit dem englischen Forschungsprojekt »Raising Boys' Achievement«.

Dieses Buch ist aus den Beiträgen des Fachkongresses »Jungen – Pädagogik – Wie geht das? Herausforderungen mit Blick auf die Jungen – ein Dialog zur Praxis und Theorie von Genderpädagogik« hervorgegangen, der im September 2010 als Kooperationsveranstaltung zwischen NEUE WEGE FÜR JUNGS (ein Projekt des Kompetenzzentrums Technik-Diversity-Chancengleichheit e.V., Bielefeld) und der Fakultät für Erziehungswissenschaft der Universität Bielefeld veranstaltet wurde. Ohne die Projektförderung aus Mitteln des Bundesministerium für Familie, Senioren, Frauen und Jugend und des Europäischen Sozialfonds sowie die finanzielle Unterstützung aus dem Ministerium für Familie, Kinder, Jugend, Kultur und Sport des Landes Nordrhein-Westfalen hätte die Fachkonferenz und die Veröffentlichung der Beiträge nicht realisiert werden können. Wir danken auch den Autor_innen herzlich für die gute Zusammenarbeit. Unser besonderer Dank gilt Malte Jansen, der engagiert in allen Phasen der Tagung und der Bucherstellung mitgedacht und mitdiskutiert sowie stets den Überblick behalten hat. Für das kompetente Lektorat bedanken wir uns herzlich bei Horst Haus.

Literatur

Berliner Pädagoginnengruppe (1979): Feministische Mädchenarbeit. In: Berichte vom Kölner Kongress (Nov. 78) »Feministische Theorie und Praxis in Sozialen und Pädagogischen Berufsfeldern«. Sozialwissenschaftliche Forschung und Praxis für Frauen e.V. 1. Aufl. München: Verlag Frauenoffensive (Beiträge zur feministischen Theorie und Praxis, 2), S. 87-96.

Budde, Jürgen (2006): Dramatisieren-Differenzieren-Entdramatisieren. In: Der Deutschunterricht, 68 (I), S.71-83.

Connell, Robert W. (Hg.) (1999): Der gemachte Mann. Konstruktion und Krise von Männlichkeiten. Opladen: Leske + Budrich.

Cremers, Michael (2011): Jungenarbeit. In: Ehlert, Gudrun/Funk Heide/Stecklina Gerd (Hg.): Wörterbuch Soziale Arbeit und Geschlecht. Weinheim [u.a.]: Juventa, S. 219-220.

Derrida, Jacques (1999): Die Différance. In: Engelmann, Peter (Hg.): Randgänge der Philosophie. 2., erw. Aufl. Wien: Passagen, S. 41-85.

Diaz, Miguel (2011): Neue Wege für Jungs: Geschlechtsbezogene Unterstützung bei der Berufs- und Lebensplanung. In: Forster, Edgar/Rendtorff, Barbara/Mahs, Claudia (Hg.): Jungenpädagogik im Widerstreit. Stuttgart: Kohlhammer, S. 164-177.

Epstein, Debbie (Hg.) (1998): Failing boys? Issues in gender and achievement, Buckingham.

Fegter, Susann (Hg.) (2012): Die Krise der Jungen in Bildung und Erziehung. Diskursive Konstruktion von Geschlecht und Männlichkeit. Wiesbaden: VS Verlag.

Forster, Edgar, J./ Rendtorff, Barbara (2011): Einleitung: Jungenpädagogik im Widerstreit. In: Forster, Edgar, J./Mahs, Claudia/Rendtorff, Barbara (Hg.): Jungenpädagogik im Widerstreit. Stuttgart: Kohlhammer, S. 7-26.

Forster, Edgar, J./ Rendtorff, Barbara/Mahs, Claudia (Hg.) (2011): Jungenpädagogik im Widerstreit. Stuttgart: Kohlhammer.

Glücks, Elisabeth/ Ottemeier-Glücks, Franz-Gerd (Hg.) (1996): Geschlechtsbezogene Pädagogik. Ein Bildungskonzept zur Qualifizierung koedukativer Praxis durch parteiliche Mädchenarbeit und antisexistische Jungenarbeit. 2. Aufl. Münster: Votum.

Graff, Ulrike (2011): Mädchenarbeit. In: Ehlert, Gudrun/Funk, Heide/Stecklina, Gerd (Hg.): Wörterbuch Soziale Arbeit und Geschlecht. Weinheim [u.a.]: Juventa, S. 266-269.

Jacobi, Juliane (2008): Die Erziehungswissenschaft im Jahr 2007. Potential und Grenzen feministischer Wissenschaftskritik in einer »handlungsorientierten« Wissenschaft. In: Casale, Rita (Hg.): Was kommt nach der Genderforschung? Zur Zukunft der feministischen Theoriebildung. Bielefeld: transcript, S. 83-100.

Jantz, Olaf/ Grote, Christoph (Hg.) (2003): Perspektiven der Jungenarbeit. Konzepte und Impulse aus der Praxis. Opladen: Leske + Budrich.

Kimmel, Michael/ Hearn, Jeff/Connell, Robert W. (Hg.) (2004): Handbook of Studies on Men and Masculinities. London: Sage.

Lingard, Bob/ Martino, Wayne/ Mills, Martin (Hg.) (2009): Boys and Schooling. Beyond Structural Reform. Melbourne: Palgrave Macmillan.

Martino, Wayne/Kehler, Michael D./Weaver-Hightower, Marcus (Hg.) (2008): The Problem with Boys: Beyond Recuperative Masculinity Politics. New York: Haworth.

Mecheril, Paul/Plößer, Melanie (2009b): Differenz. In: Sabine Andresen/ Casale, Rita/ Gabriel, Thomas/Horlacher, Rebekka/Larcher Klee, Sabina/Oelkers, Jürgen (Hg.): Handwörterbuch Erziehungswissenschaft. Weinheim: Beltz, S. 194-208.

Mills, Martin (2001): Challenging violence in schools. An issue of masculinities. Buckingham. Philadelphia: Open University Press.

Möller, Kurt (Hg.) (1997): Nur Macher und Macho? Geschlechtsreflektierende Jungen- und Männerarbeit. Weinheim/München: Beltz Juventa.

Paechter, Carrie (2007): Being Boys, Being Girls: Learning masculinities and femininities. Maidenhead: Open University Press.

Pech, Detlef (Hg.) (2009): Jungen und Jungenarbeit. Eine Bestandsaufnahme des Forschungs- und Diskussionsstandes. Baltmannsweiler: Schneider.

Pfister, René (2007): Der neue Mensch. In: Spiegel, H. 1, S. 27-29.

Rose, Lotte/Schmauch, Ulrike (Hg.) (2005): Jungen die neuen Verlierer? Auf den Spuren eines öffentlichen Stimmungswechsels. Königstein/Ts.: Helmer.

Savier, Monika/Wildt, Carola (1978): Mädchen zwischen Anpassung und Widerstand. Neue Ansätze zur feministischen Jugendarbeit. München: Verlag Frauenoffensive.

Skelton, Christine (2001): Schooling the boys. Masculinities and primary education. Buckingham/Philadelphia: Open University Press.

Skelton, Christine/Francis, Becky (2009): Feminism and the Schooling Scandal. Abingdon: Routledge.

Stieglitz, Olaf/ Krämer, Felix (2001): Männlichkeitskrisen und Krisenrhetorik, oder: Ein historischer Blick auf eine besondere Pädagogik für Jungen. In: Forster, Edgar/ Rendtorff, Barbara/Mahs, Claudia (Hg.): Jungenpädagogik im Widerstreit. Stuttgart: Kohlhammer, S. 45-61.

Sturzenhecker, Benedikt (Hg.) (1996): Leitbild Männlichkeit – Was braucht die Jungenarbeit? Münster: Votum.

Sturzenhecker, Benedikt/Winter, Reinhard (Hg.) (2006): Praxis der Jungenarbeit. Modelle, Methoden und Erfahrungen aus pädagogischen Arbeitsfeldern. Juventa Weinheim/München 2002, 2. Auflage.

Woolf, Virginia (1915): The Voyage Out. London: Duckworth. Deutsch unter dem Titel: Die Fahrt hinaus. Frankfurt: S. Fischer, 1997.

1. Forschungsperspektiven

Jürgen Budde

Schule im Spannungsfeld von kultureller Passung, Habitus, Kapitalien und Schulkultur. Oder: Was kann Bourdieu zu einem Verständnis des Zusammenhang von Bildungs(miss)erfolgen und Geschlecht leisten?

Der Beitrag diskutiert die These, dass die Diskussion um die Bildungs(miss)erfolge von Jungen unterkomplex und pauschalisierend geführt wird. Dies lässt sich auf ein Theoriedefizit zurückführen. Der Beitrag schlägt vor, den Zusammenhang zwischen Geschlecht und Bildungserfolg mit Bourdieu als kulturelles Passungsverhältnis zwischen einzelschulischer Schulkultur und geschlechtsbezogenem Habitus zu analysieren. Anhand von empirischem Material aus einer ethnografischen Schulstudie wird gezeigt, dass in spezifischen Schulkulturen diejenigen Jungen Probleme in der Schule haben, die sich an einem traditionellen männlichen Habitus orientieren. Im Fazit wird unter Rückgriff auf die Kapitalientheorie dafür votiert, den Zusammenhang zwischen Schulerfolg und Geschlecht nicht eng an Abschlüssen zu diskutieren, sondern die Bedeutsamkeit des männlichen Habitus auch für Statuspassagen im (Aus-)Bildungssystem zu reflektieren.

1. Einleitung

»Jungen – Pädagogik – Wie geht das?«, so lautet die Kernfrage des vorliegenden Bandes. Der Anspruch ist so umfassend formuliert, dass mit einer vollständigen und umfassenden Beantwortung nicht gerechnet werden kann. Andererseits ist es ja auch nicht so, dass Jungenpädagogik, Jungenarbeit und auch Jungenforschung erst am Anfang stehen: Sie können mittlerweile auf eine kleine eigene Tradition zurückblicken. Das Projekt »Neue Wege für Jungs«, welches mittlerweile im sechsten Jahr läuft, ist ebenso ein deutliches Beispiel für eine beginnende Verankerung wie die Einführung des Boy's Day im Jahre 2011. Offensichtlich ist also, dass Jungenpädagogik geht – irgendwie.

Wie aber geht Jungenarbeit? Um einige Aspekte dieser Fragen näher zu beleuchten, will ich mich in meinem Beitrag auf *theoretische Aspekte* konzentrieren. Jungenarbeit geht nicht – oder zumindest geht sie nicht gut –, wenn nicht auch theoretische Modelle zur Verfügung stehen, die helfen, den Zusammenhang zwischen Männlichkeit, Bildungserfolgen und -misserfolgen und Sozialisation zu verstehen. Und an dieser Stelle eröffnet sich im aktuellen Diskurs eine Reihe von Schwierigkeiten, die vor allem mit dem vielfach beschworenen Bild der Bildungsverlierer zusammenhängen. Wenn nämlich vom Zusammenhang von Bildungsungleichheit und Geschlecht die Rede ist, neigt die Debatte häufig zu Pauschalisierungen, die sich aktuell auf die zu einem Allgemeinplatz avancierte Formel bringen lassen, Jungen seien benachteiligt, Mädchen auf der Überholspur. Die Daten sind ja bekannt, Jungen werden etwas später eingeschult, wiederholen häufiger eine Klasse, zeigen durchschnittlich schlechtere Deutschkompetenzen als ihre Mitschülerinnen und sind öfter in gering qualifizierenden Schulformen anzutreffen (vgl. Budde 2008: X). Und es hat ja durchaus auch perspektiverweiternde Momente, festzustellen, dass Männlichkeit zumindest in gesellschaftlich relevanten Teilarenen wie der Schule nicht mehr automatisch mit einem höheren Platz in der sozialen Hierarchie und mit Dominanz verbunden ist – und damit der Blick auf die Brüchigkeit und Fragilität auch von Männlichkeiten gelenkt wird. Diese Transformationen in der gesellschaftlichen Teilarena Schule bedeuten zwar noch nicht, dass deswegen die vergeschlechtlichten gesellschaftlichen Machtverhältnisse außer Kraft gesetzt sind, aber die Tatsache, dass Dominanzen (a) vergeschlechtlicht sind und dass diese (b) transformierbar sind, untermauert noch einmal deutlich die Erkenntnis, dass Geschlechterverhältnisse und die darin repräsentierten Geschlechter soziale Konstruktionen sind und keine ontologischen Tatsachen.

Ebenso ein Allgemeinplatz sollte es allerdings sein, dass die Unterstellung der männlichen Bildungsverlierer zu stereotyp ist, sondern ausdifferenziert werden müsste. Zahllose Studien weisen immer wieder darauf hin, dass *nicht alle* Jungen schlecht abschneiden, dass Jungen *nicht in allen* Fächern schlecht abschneiden, dass *nicht alle* Jungen riskante und problematische Verhaltensweisen zeigen, ja, dass selbst die Verhaltensweisen, die PädagogInnen als problematisch wahrnehmen, aus der Perspektive der Jungen gar *nicht immer* problematisch sind, sondern sinnhaft. Sinnhaft, insofern sie Zugehörigkeit zu homosozialen Gemeinschaften ›unter Jungen‹ und der Absicherung »komplizenhafter Männlichkeit« (Connell 1999) dienen.

Diese Schlaglichter verdeutlichen, dass die These der männlichen Bildungsverlierer so also nicht aufrecht zu erhalten ist. Es geht um spezifische Kontexte: Vor allem Jungen aus sozial benachteiligten Milieus, aus so genannten bildungsfernen Elternhäusern und/oder mit Migrationshintergrund sind diejenigen, die im Schulsystem wenig erfolgreich sind (Geißler 2005; Konsortium Bildung 2006). Damit liegt zwar auf der makrosoziologischen Ebene ein Differenzierungsmodell vor, dieses lässt aber noch keine Auskunft darüber zu, *wie* diese Ungleichheiten zustande kommen, bzw. welchen Anteil die Schule daran hat, diese Ungleichheiten zu tradieren.

Erstaunlich ist, dass sich diese Unterstellung überhaupt so hartnäckig hält. Meines Erachtens funktioniert die Tradierung der Benachteiligungsthese (und die simplifizierenden Vorschläge zu ihrer Beseitigung, die mit männlichen Lehrkräften, Monoedukation sowie jungengerechter Didaktik unisono auf die Dramatisierung von Geschlechterdifferenzen abzielen) unter anderem deswegen, weil noch kein geeignetes theoretische Modell vorliegt. An dieser Stelle setzen meine folgenden Überlegungen an. Ich will hier einen ersten Vorschlag zur theoretischen Erklärung des Zusammenhangs von Schulerfolg und Männlichkeit auf der mikrosoziologischen Ebene der Einzelschule machen.

2. Kulturelle Passung

Baumert und Maaz erklären Bildungsungleichheiten über primäre und sekundäre Herkunftseffekte mit der Rational Choice Theorie. In Anlehnung an Boudon (1974) gehen sie davon aus, dass »soziale Ungleichheit der Bildungsbeteiligung das Ergebnis individueller

Entscheidungen ist, die in einem institutionellen Rahmen des Bildungssystems getroffen werden müssen« (Maaz/Baumert 2010: 71). Sie lokalisieren Bildungsungleichheiten vor allem in differenziellen Lern- und Entwicklungsmilieus, die den Kindern und Jugendlichen je nach sozialer Positionierung unterschiedliche Bildungsressourcen bereit stellen können. Kramer und Helsper hingegen interpretieren Bildungsungleichheiten als Passungsprobleme und erklären sie durch das Zusammenspiel von Familie, (Einzel-)Schule und Biografie. Es kommt, so die Autoren in Anlehnung an Bourdieu,

>»darauf an, Varianten der ›kulturellen Passung‹ herauszuarbeiten, um im Zusammen-spiel zwischen familialer Habitusbildung, Sozialschichtzugehörigkeit und biografischer Individuation auf der einen Seite sowie den [...] Ausformungen der Schulkultur auf der anderen Seite, [die] Herstellung von Bildungsungleichheiten beschreiben und erklären zu können« (Kramer/Helsper 2010: 121).

Damit ist die Schulkultur als zentrale Vermittlungsebene benannt. Helsper betrachtet Schulkulturen als symbolische Ordnungen von Diskursen, Interaktanten, Praktiken und Artefakten (Helsper 2008). Schulkultur wird »als Ergebnis der kollektiven und individuel-len Auseinandersetzungen und Interaktionen der schulischen Akteure mit äußeren Vorgaben und damit als die über Handlungen einzelschulspezifisch ausgeformte, regelgeleitete Struktur konzipiert« (Helsper et al. 1998: 45). Schulkultur lässt sich differenzieren in drei Teilaspekte:

>»Das Reale beschreibt vorstrukturierende und rahmende gesellschaftliche Strukturie-rungen, das Symbolische umfasst [...] die Interaktions- und Kommunikationsprozesse der Handlungen und Handlungsverkettungen verschiedener schulischer Akteure in der einzelnen Schule [...]. Das Imaginäre bezeichnet jene Ebene, die als Selbstverhältnis der Institution bzw. der kollektiven Akteure zu sich selber zu fassen ist« (Helsper et al. 2001: 24/25, Herv. J.B.).

Die jeweilige Einzelschulkultur entsteht als Resultat sowohl von symbolischen Aushand-lungsprozessen zwischen Lehrkräften, SchülerInnen, Schulleitung und Eltern als auch zwi-schen Realem, Symbolischem und Imaginärem. In den Anerkennungskämpfen der schuli-schen Akteure, so die Autoren, ergeben sich dominante Sinnordnungen, in denen jeweils exzellente, anerkannte, marginalisierte und tabuisierte kulturelle Entwürfe und Praktiken enthalten sind.

Im Folgenden möchte ich zur theoretischen und empirischen Differenzierung der These der männlichen Bildungsverlierer vorschlagen, das Verhältnis zwischen männlichem Habitus und genderbezogener Schulkultur ebenfalls als Passungsverhältnis zu analysieren, und dies anhand von empirischem Material plausibilisieren. Dahinter steht die These, dass diejenigen Jungen (und Mädchen) besondere Bildungsrisiken tragen, deren (milieu- und genderbezogener) Habi-tus in Konflikt zur jeweiligen Schulkultur steht (Budde 2009).

Der Habitus als Set von Denk-, Wahrnehmungs- und Bewertungsschemata ist dabei keine personale ›Eigenschaft‹ individueller Personen, sondern Ausdruck einer Position innerhalb eines spezifischen Feldes. Er gibt somit Auskunft über soziale Strukturen (und nicht über individuelle Dispositionen, Vorlieben oder Abneigungen). Schüler ›haben‹ in dieser Perspektive keinen Habitus, als »strukturierte und strukturierende Struktur« (Bourdieu 1996: 165), vielmehr stellt der Habitus einen von den FeldteilnehmerInnen geteilten, ungewussten, praktischen Sinn dar (Bourdieu 2007). Je nach Feld finden sich dabei unterschiedliche Habitus.

Das Konzept eines männlichen Habitus wird in der Männlichkeits- und auch in der Jungenforschung breit aufgegriffen (vgl. Brandes 2002; Meuser 1998). Bourdieu selbst betrachtet den männlichen Habitus im Sinne einer verkörperten männlichen Praxis als Aufforderung, die ernsten Spiele des Wettbewerbs (Meuser 2002) zu spielen. In der ursprünglichsten Form ist der männliche Habitus eng an den Ehrbegriff gekoppelt und damit an »heroische Gewalt, kriegerische(n) Mut, sexuelle Potenz« (Bourdieu 1997).

In der pädagogischen Praxis wird diese Habitusformation zumeist in Anlehnung an Connell als hegemonial beschrieben. Mit Connell müsste man jedoch argumentieren, dass dieses Bild keineswegs modernen Formen hegemonialer Männlichkeit im Sinne der »Transnational Business Masculinities« (Connell 2003) entspricht, sondern eher protestierenden, untergeordneten Handlungsmustern. Diese Variante eines männlichen Habitus ist nämlich zutiefst an eine maskuline *Verkörperung* (wie Stärke, Gewalt, Raumdominanz etc.) gebunden, wie sie z.b. in der traditionellen Form eines Arbeiterhabitus zu finden ist (vgl. Willis 1979). Dieser Kurzschluss führt zu einer Individualisierung geschlechtlicher Machtverhältnisse, indem gerade diese Formen protestierender Männlichkeit, die zumeist eher in sozial benachteiligten Milieus zu finden sind, als dominant beschrieben werden, ohne zu reflektieren, dass daraus noch lange keine gesellschaftliche Vorherrschaft abgeleitet werden kann. Verschleiert wird, dass ein hegemonialer männlicher Habitus sich heutzutage möglicherweise durch ganz andere Aspekte wie Flexibilität, Liberalität und zugleich soziale Verantwortungslosigkeit beschreiben ließe.

An dieser Stelle hilft Bourdieus Vorstellung der Kapitalien weiter, um eine machttheoretische Grundlage zu skizzieren, denn der Habitus hängt mit dem *Vermögen* zusammen, welches jeweils mobilisiert werden kann, wobei Vermögen hier in einem doppelten Sinne verwendet wird. Einerseits wird das Vermögen bezeichnet, welches jemand besitzt; andererseits auch das Können (im Sinne von: jemand vermag, eine bestimmte Handlung zu vollziehen). Im Anschluss an Bourdieu gehe ich davon aus, dass die sozialen Positionierungen in einem spezifischen Feld durch die Möglichkeit geregelt werden, Kapitalien zum Einsatz zu bringen. Bourdieu unterscheidet verschiedene Kapitalsorten und schreibt dazu:

»Das ökonomische Kapital ist unmittelbar und direkt in Geld konvertierbar und eignet sich besonders zur Institutionalisierung in der Form des Eigentumsrechts; das kulturelle Kapital eignet sich besonders zur Institutionalisierung in Form von schulischen Titeln; das soziale Kapital [ist] das Kapital an sozialen Verpflichtungen oder ›Beziehungen‹« (Bourdieu 1982: 52 f.).

Für die Her- und Darstellung – also für die Inszenierung – von Männlichkeit ist vor allem das symbolische Kapital von entscheidender Bedeutung. Es ist eine Form, in der die anderen Kapitalsorten zur Geltung kommen. Nach Bourdieu bildet gerade dieses Kapital die Basis für die Geschlechterordnung, da diese vor allem symbolisch abgesichert werden muss. Der Besitz symbolischen Kapitals zeigt an, dass man ›sich etwas leisten‹ kann, es ist eine Art Vertrauensvorschuss, ein Zugeständnis an die Kreditwürdigkeit. Wer über genügend symbolisches Kapital verfügt, gilt als zugehörig zur hegemonialen oder komplizenhaften Männlichkeit. Übersetzt in den schulischen Alltag bedeutet dies, dass Jungen vielfältige Männlichkeitspraktiken wie Ironie, Provokation, Humor, Solidarität, Selbstinszenierung usw. anwenden, um symbolisches Kapital anzusammeln und auf diese Weise als legitimer – als ›richtiger‹ – Junge zu gelten. Auch schulische Leistungsphänomene wie Underachivement und Performanzorientierung lassen sich im Rahmen symbolischer Anerkennungskämpfe innerhalb der Peer-Group verstehen. Zu vermuten ist, dass sich die – zumeist gebrochen vorliegende – Orientierung an solchen Männlichkeitspraktiken für Jungen bei entsprechender genderbezogener Schulkultur als risikoreiche Bildungsstrategie herausstellen kann.

3. Schulkultur und Passungen am Gymnasium »Zimmerbreite«

Im Folgenden soll dieser Ansatz einer ersten empirischen Überprüfung unterzogen werden. Dazu greife ich auf Daten aus einem ethnografischen, DFG-finanzierten Forschungsprojekt über »Geschlechtergerechtigkeit in der Schule« zurück (Budde u.a. 2008). In dem Forschungsprojekt wurden vier 5. Klassen in ihrem ersten Jahr an dem für sie neuen Gymnasium »Zimmerbreite« ethnografisch begleitet. Teilnehmende Beobachtungen wurden vor allem in den Fächern Deutsch, textilem und technischem Werken, im Klassenrat sowie teilweise in Mathematik, Englisch, Sport und Religion durchgeführt (zur Ethnografie als Methode s. Breidenstein 2006). Zusätzlich wurden Lehrkräfte und für die Schulkultur relevante Personen interviewt.

3.1 Imaginäre Schulkultur am Gymnasium Zimmerbreite

Zur Bestimmung des Imaginären in der Schulkultur der Zimmerbreite – also des Selbstverhältnisses – haben wir eine Analyse der zugänglichen Dokumente durchgeführt. Beim Überblick über die Homepage, das Schulprofil, das Leitbild sowie Infoflyer entsteht der Eindruck einer überbordenden Fülle an Aktivitäten, die relativ unkoordiniert neben- bzw. untereinander stehen. Die Selbstdarstellungsdokumente zeigen, dass das Thema Gender einerseits prominent ausgewiesen und in vielfacher Weise adressiert wird, andererseits mit anderen Themen konkurriert. Während auf der *Schulhomepage* ein Genderschwerpunkt als Aushängeschild erscheint, tauchen entsprechende Themen im *Schulprofil* nicht auf. Dort wird lediglich unter dem Stichwort »Unterricht« ein Gendertraining erwähnt, ferner werden geschlechtsgetrennte Maßnahmen im Sportunterricht genannt. Im *Leitbild* der Schule wird Geschlecht als einer von drei Schwerpunkten neben Umweltschutz und sozialem Lernen genannt. Bei den hier genannten Zielen fällt auf, dass Aktivitäten zur Jungenförderung nicht sichtbar werden, während Mädchen durch »Selbstbewusstseins- und Selbstverteidigungskurse« unterstützt werden sollen. In der Zusammenschau zeigt sich ein ›bunter Mix‹ aus einerseits geschlechterdifferenzierenden und -separierenden Maßnahmen (z.B. Sport), andererseits Gleichstellungsbestrebungen (z.B. Werken).

In der Thematisierung der Belange von Mädchen und Jungen findet sich weder eine Ausdifferenzierung innerhalb der beiden Geschlechtergruppen, noch werden geschlechtsgruppenübergreifende Gemeinsamkeiten benannt; vielmehr werden Mädchen und Jungen als in einem dichotomen und asymmetrischen Verhältnis zueinander stehend begriffen. Es werden zwar Mädchen *wie* Jungen tendenziell als defizitär beschrieben: Mädchen fehle es an Selbstbewusstsein, Jungen dagegen an sozialen Kompetenzen. Diesen Defiziten wird jedoch in Bezug auf Mädchen mit einer Ermöglichungs- und Gebotskultur geantwortet, die sich z.b. in Maßnahmen wie den Selbstverteidigungskursen ausdrückt; Jungen dagegen gelten überwiegend als dominant, ihnen soll mit einer Begrenzungs- und Verbotskultur entgegengetreten werden. Inhaltlich zugespitzt lässt sich die genderbezogene Schulkultur der Zimmerbreite so formulieren: ›Mädchen sind durch aggressive Jungen eingeschränkt‹.

3.2 Symbolische Schulkultur: Zuschreibungen am Gymnasium Zimmerbreite

Eine Reihe von Lehrkräften verbürgt in ihren Einstellungen und Interaktionen diese imaginäre Ebene der genderbezogenen Schulkultur, was im Unterricht zu spezifischen Passungsverhältnissen führt. Besonders deutlich werden Passungsverhältnisse in Übergängen, in denen die routinierten Ordnungen gestört und dadurch offen gelegt und neu verhandelt werden müssen. Ein Beispiel für einen solchen Übergang ist die Aufnahme neuer SchülerInnen in den Klassenverband. Dies ist in einer der beobachteten 5. Klasse der Fall. Nach dem ersten Halbjahr kommt mit Valentin ein neuer Schüler in die Klasse, der negativ auffällt, wie die Mathematiklehrerin in einem Interview schildert:

Frau Heise (H): »(seufzt) Der Valentin ... ist für mich ein Sorgenkind, der ist erst dazugekommen [...]. Und ich wirklich den großen Eindruck habe, dass er einige Jungen in seinen Bann zieht, aber nicht im positiven Sinne, sondern so ... der dürft' schon pubertär sein, also vorpubertär auf alle Fälle und so Kinder wie der Johan oder der Daniel werden einfach ... eher zum, zum unkonzentriert sein, zum Nichtstun sozusagen motiviert und zum Blödsinn treiben [...]. Und der Valentin hat eine ganz schlechte Arbeitshaltung ... dürfte auf alle Fälle bisschen schon auf Kontra aus sein.«

Der neue Schüler Valentin wird als »Sorgenkind« beschrieben. Zum einen ist sein Verhalten ungünstig: Er beeinflusse andere Jungen negativ; stifte sie zum »Blödsinn treiben« an, und lege eine Haltung an den Tag, die Frau Heise als »Kontra« beschreibt. Zum anderen kritisiert die Lehrerin seine Arbeitsleistung: Valentin bringe nicht die erforderlichen Leistungen und halte andere ebenfalls von besseren Leistungen ab. Dies – so die Lehrerin an anderer Stelle im gleichen Interview – stelle eine bewusste Verweigerung gegenüber den schulischen Leistungsanforderungen dar und keine Überforderung. Die schlechteren Noten werden damit auf sein eigenes Verschulden zurückgeführt.

Valentins Verhalten wird von Frau Heise damit erklärt, dass er schon »vorpubertär« sei und mithin über schulexterne und unveränderliche Faktoren begründet. Er ist ein Schüler, der auch anderen Lehrkräften negativ auffällt, z.B. der Deutschlehrerin Frau Kottwitz:

»Aber es gibt so eine Jungen-Dynamik, Jungen sind deutlich in der Minderheit und ha'm aber so eine eigene Dynamik, die mir nicht gefällt. Störungen ... sind cool! Blödsinn ist cool, so wie letzten Mittwoch, wo der, wo der Valentin ... irgendwie ›andere umbringen, geil, töten geil, Gewalt halt geil‹ [...]. Und einzeln sind sie für mich noch immer, ich find den Valentin einzeln entzückend, ich find' den Felix einzeln entzückend, [...] glaub', das machen wirklich nur zwei Jungen die Stimmung und ist aber nicht in den Griff zu kriegen.«

Zuerst beschreibt Frau Kottwitz Schwierigkeiten mit der Minderheit der Jungen. Besonders kritisiert die Lehrerin, dass »die Jungen« dieses Verhalten als »cool« ansehen. Dies belegt sie mit einem Beispiel von Valentin, der gewaltorientierte Sprechakte geäußert habe. Das kritisierte Verhalten wird als »negative Jungendynamik« geschildert und erfährt somit eine explizite Dramatisierung von Geschlecht. Seine Performanz wird als eine männliche identifiziert und markiert – die Lehrerin unterstellt ihm somit implizit einen männlichen Habitus. Die Lehrerin betont gleichzeitig, dass sie Valentin (und Felix) einzeln sehr schätze.

Auch die Werklehrerin hat Schwierigkeiten mit Valentin, die dazu führen, dass Valentin als einziger Schüler der gesamten Jahrgangsstufe 5 im Zeugnis eine 2 bekommt, alle anderen SchülerInnen erhalten eine 1. Das Beobachtungsprotokoll gibt an:

»Horst fragt, was sie denn für Noten bekommen? Frau Krasnitz sagt: ›Alle 1, und Valentin eine 2. Bist du zufrieden damit, Valentin?‹ Der windet sich ein bisschen und kratzt sich am Kopf und meint so was wie: ›Na, schon.‹ Lehrerin: ›Du hast die kleinste Box von allen, die anderen haben doppelt soviel gearbeitet, und eine 2 ist doch eine gute Note, oder?‹ Valentin fängt an, mit der Kleinheit seiner Box zu prahlen, so und so viel Millimeter etc. Johan fällt mit ein und fordert ›Applaus für die kleinste Box‹.«

Die Note im Werken erhalten die SchülerInnen für die Erstellung einer Holzbox. Frau Krasnitz führt die – relativ gesehen – schlechte Bewertung von Valentins Holzbox in disziplinierender Absicht ein, indem die Größe, die bislang keine Rolle gespielt hat, als Kriterium herangezogen wird. Im Gegenteil: In der Regel betonen die Lehrkräfte im Werkunterricht gerade, dass es auf Kreativität und Individualität ankomme und nicht auf formale Erfüllung des Arbeitsauftrags. Außerdem wurden SchülerInnen, die besonders große Boxen angefertigt haben, nicht entsprechend gelobt. Des Weiteren macht die Erstellung einer kleineren Holzbox nicht weniger Arbeit. Das Argument ist somit vorgeschoben, um eine schlechte Note fachlich zu untermauern, die aufgrund disziplinarischer Sanktionen vergeben wird.

Die Sanktionierung führt zu Solidarisierungsakten auf der Ebene komplizenhafter Männlichkeit zwischen Valentin und Johan, der kritisierte männliche Habitus wird durch die Sanktionierungspraxis verstärkt. Hier zeigen sich die Passungsprobleme nicht nur auf der Ebene der (in den Interviews) geäußerten Einstellungen, sondern auf der Ebene der Praktiken selbst.

Auch in anderen Fächern erhält Valentin eher schlechtere Noten, obgleich er »an sich sehr klug [ist], ein sehr kluger Junge«, wie Frau Heise meint. Ein im Rahmen des Forschungsprojektes durchgeführter Vergleich von Zeugnisnoten mit per Leistungstest erhobenen Kompetenzen zeigt eine negative Diskrepanz: Valentin erhält im Vergleich mit ähnlich leistungsstarken MitschülernInnen schlechtere Noten. An diesen Beispielen zeigen sich Homologien zwischen der imaginären Schulkultur, wie sie in der Dokumentenanalyse deutlich geworden ist, und der symbolischen Schulkultur auf der Ebene der Einstellungen und Praktiken der Lehrkräfte. Der Habitus von Valentin wird als störend wahrgenommen, als männlich identifiziert und negativ bewertet.

Die Benachteiligung liegt in der einengenden Zuschreibung begründet, welche die Lehrkräfte, in Übereinstimmung mit der Schulkultur, gegenüber Valentin aufgrund seiner Geschlechtszugehörigkeit in Anschlag bringen. Er verbürgt die schulkulturell manifestierte dominante Sinnordnung der ›aggressiven Jungen‹.

Dies bedeutet aber im Umkehrschluss nicht, dass pauschal *alle* Aspekte eines männlichen Habitus negativ gesehen würden. So können sich Witzigkeit und Selbstvertrauen bei Schülern positiv auswirken. Frau Krasnitz, die Werklehrerin, lobt explizit Jungen für diese Eigenschaften. Im Interview hebt sie positiv heraus, dass »Jungen doch ein bisschen ... lauter, lebhafter herangehen an die Sache, ja. Ein bisschen schnelleres Arbeitstempo haben« (Interview Krasnitz 1/2006H). Auch in anderen Klassen findet sich eine ähnliche Wertschätzung. So beschreibt Frau Caspari den Schüler Berthold, dieser sei ein »großer Chaot, hat aber eine Spur Geniales«. Ähnlich sieht Herr Niemann die Schüler Eugen und Thorsten: »Die sind in Ordnung. Eugen ist so'n bisschen ein Chaot, aber ein ganz lieber Chaot. Der Thorsten ist witzig, ... (lacht)«.

In Bezug auf Valentin gibt es (außer dem Lob als »kluger Junge«) keine derartigen positiven Beschreibungen. Eine Orientierung an einem männlichen Habitus führt also nicht in jedem Fall zu einer Abwertung, sondern nur in spezifischen Konstellationen. Zu vermuten wäre, dass sich die Passung in jenen Fällen als prekär herausstellt, in denen Jungen nicht über symbolisches Kapital (im Sinne von Prestige) und/oder soziales Kapital (im Sinne von Anerkennung) verfügen, um ihre oppositionellen Praktiken als ›charmant‹ oder ›chaotisch, aber genial‹ geltend machen zu können.

4. Fazit

4.1 Theoretische Schlussfolgerungen

Die empirische Analyse liefert eine erste Untermauerung der These, dass der Zusammenhang von Bildungsungleichheit und Geschlecht als Passungsverhältnis gefasst werden kann. Stimmt diese These, kann vermutet werden, dass sich Schwierigkeiten für Jungen vor allem dann stellen, wenn der milieugebundene männliche Habitus nicht in Passung mit der jeweiligen herrschenden, genderbezogenen Schulkultur steht. Dieses kann sowohl am Gymnasium als auch an der Hauptschule gelten.

Wie das Beispiel zeigt, existieren gerade an dem geschlechtergerechten Gymnasium Zimmerbreite besondere Schwierigkeiten für diejenigen Jungen (und Mädchen), die sich an einem tradierten männlichen Habitus orientieren. Legt beispielsweise eine Schule in ihrer Schulkultur Wert auf soziale Kompetenzen, dann stellen sich größere Schwierigkeiten für jene Jungen, die diesen oppositionell gegenüberstehen. An anderen Schulen mit einer anderen genderbezogenen Schulkultur mag dies anders aussehen. So könnte z.B. ein männlicher

Habitus an einer leistungsorientierten Schule mit Sportschwerpunkt besonders Erfolg versprechend sein.

Damit liegt ein Vorschlag für eine Theoretisierung des Zusammenhangs von Bildungsungleichheit und Geschlecht vor, der über das dichotome Denken hinausgeht, nach dem *die* Jungen (oder *die* Mädchen) benachteiligt oder bevorzugt werden, und weitere Anschlussüberlegungen zulässt. Im Übergang in Ausbildung und Beruf drehen sich nämlich die Passungsprobleme oftmals um: Hier profitieren nach wie vor vor allem Jungen, deren Habitus mit Beruflichkeit in vielen Fällen besser ›passt‹.

- Wenn es also *erstens* so ist, dass einige Jungen zwar im schulischen Kontext weniger erfolgreich sind, trotzdem aber in der Statuspassage in den Beruf günstigere Übergänge aufweisen, könnte dies daran liegen, dass diese ihr schlechteres Abschneiden in der formalen Bildung durch non-formale und informelle Bildung kompensieren können. So eignen sich Jugendliche beispielsweise Computerkompetenz kaum in der Schule an, sondern überwiegend in informellen Lernprozessen, bei denen Jungen deutliche Vorsprünge gegenüber Mädchen haben (vgl. Deutsches PISA-Konsortium 2003). Diese Vorsprünge könnten mit für den höheren Anteil männlicher Studierender im Fachbereich Informatik verantwortlich sein. Deswegen sollte die Diskussion um Bildungserfolge und -misserfolge nicht nur formale Bildungsabschlüsse im Sinne von Kompetenzniveaus oder Abschlüssen berücksichtigen, sondern einen umfassenderen Bildungsbegriff zugrunde legen. Dies könnte wiederum Impulse für die Schule bieten, wenn non-formale und informelle Bildung stärker und systematischer berücksichtigt wird.
- *Zweitens* ist darauf zu verweisen, dass die Einübung in Männlichkeitspraktiken zu Souveränität und Selbstvertrauen führt, die wiederum für den Einstieg in den Beruf Erfolg versprechend sein können.
- Als *drittes* ist m.E. ebenfalls zu überlegen, ob die geringeren Investitionen einiger Jungen in kulturelles Kapital dadurch wettgemacht werden können, dass sie ihr soziales Kapital beispielsweise in performanzorientierten Praktiken vermehren. Gerade in den oberen und den unteren sozialen Milieus entscheiden Netzwerke und Beziehungen mehr über Lebensperspektiven als formale Bildungsabschlüsse. Eine Investition in die Peer-Group könnte unter einer solchen Perspektive für viele Jungen aus den unteren sozialen Schichten eine langfristig sinnvollere Investition sein als ein Hauptschulabschluss, da hier die schmalen Ressourcen in Form von Ausbildungsplätzen, Gelegenheitsjobs, guten Beziehungen u.ä. verteilt werden. Für exklusive Gesellschaftsschichten wiederum kann vermutet werden, dass der Zugang zu einem ›old boys network‹ eine wichtigere Zugangsvoraussetzung zu Spitzenpositionen darstellt als ein Abitur. Durch die Möglichkeit, soziales Kapital zu aktivieren, kann möglicherweise ein Teil der Jungen Einbußen bei Zeugnissen und Schulabschlüssen kompensieren.

4.2 Folgerungen für die Praxis von Schule und Jungenarbeit

Die hier vorgeschlagenen Überlegungen weisen noch einmal nachdrücklich darauf hin, dass Männlichkeitspraxen nicht isoliert zu betrachten sind, sondern innerhalb von sozialen Kontexten. Damit ist die Peer-Group auf den Plan gerufen. Wenn es so ist, dass soziale Netzwerke für Jungen entscheidende Ressourcen darstellen, dann bedeutet dies für PädagogInnen, sich vom Stereotyp der sozial weniger kompetenten Jungen zu verabschieden und gerade die Bedeutung, die Freundschaften und Peers haben, als positive und notwendige Ressource anzuerkennen.

Welches Potenzial haben diese Überlegungen nun für die Ausgangsfrage, wie Jungenpädagogik geht? Was für pädagogische Angebote brauchen Valentin, Johan oder Daniel? Jungenarbeit? Männliche Lehrkräfte? Bewegungsorientierte Methoden? Weniger Prinzessinnengeschichten, dafür Abenteuer? Boxgruppen am Nachmittag oder einen Haushaltspass? All diese Angebote können durchaus sinnvoll sein, wenn das Ziel ist, auf die Flexibilisierung eines tradierten männlichen Habitus hinzuarbeiten. Allerdings kann dies nicht alles sein. Die Zeiten, zu denen Jungenpädagogik (zumal in der Schule) meist von einem engagierten Einzelkämpferprekariat, ohne große Ressourcen und vor allem ohne systematische Interration in den Alltag der jeweiligen pädagogischen Einrichtung durchgeführt wurde, sollten vorbei sein und durch eine abgesicherte Verankerung von Jungenpädagogik ersetzt werden.

Für die Gestaltung einer geschlechtergerechten Schule, die Jungen (wie Mädchen) gute Lernbedingungen bietet, ist die Schulkultur in den Blick zu nehmen. Damit geht es um Unterricht, Erziehungsaspekte oder architektonische Arrangements gleichermaßen. Ziel ist die Förderung von Vielfalt, von Anerkennungskulturen und von sinnstiftendem Lernen, um der Heterogenität von Jungen (und Mädchen) gerecht zu werden und nicht – qua milieu-, geschlecht- oder kulturgebundenem Habitus – einengende Zuschreibungen und Etikettierungen vorzunehmen. Damit ist die umfassende Gestaltung von Bildungsorten auf den Plan gerufen.

Literatur

Boudon, Raymond (1974): Education, opportunity, and social inequality. New York: Wiley.

Bourdieu, Pierre (1982): Die feinen Unterschiede. Frankfurt a.M.: Suhrkamp.

Bourdieu, Pierre (1996): Zum Begriff des Habitus. In: Bourdieu, Pierre/Wacquant, Loïs J. D.: Reflexive Anthropologie. Frankfurt a.M.: Suhrkamp, S. 147-175.

Bourdieu, Pierre (1997): Die männliche Herrschaft. In: Dölling, Irene/Krais, Beate (Hg.): Ein alltägliches Spiel. Frankfurt a. M.: Suhrkamp, S. 153-216.

Bourdieu, Pierre (2007): Praktische Vernunft. Frankfurt a.M.: Suhrkamp.

Brandes, Holger (2002): Der männliche Habitus. Band 2. Opladen: Leske + Budrich.

Breidenstein, Georg (2006): Teilnahme am Unterricht. Wiesbaden: VS.

Budde, Jürgen (2008): Bildungs(miss)erfolge von Jungen und Berufswahlverhalten bei Jungen männlichen Jugendlichen. Bonn, Berlin: www.bmbf.de/pub/Bildungsmisserfolg. pdf.

Budde, Jürgen (2009): Perspektiven für Jungenforschung an Schulen. In: Budde, Jürgen; Mammes, Ingelore (Hg.): Jungenforschung empirisch. Wiesbaden: VS. S. 73-90.

Budde, Jürgen/Scholand, Barbara/Faulstich-Wieland, Hannelore (2008): Geschlechtergerechtigkeit in der Schule. Weinheim: Juventa.

Connell, Raewyn W. (1999): Der gemachte Mann. Opladen: Leske + Budrich.

Connell, Raewyn W. (2003): Masculinities, Change, and Conflict in Global Society. In: The Journal of Men's Studies, 11. Jg., H. 3, S. 249-266.

Deutsches PISA-Konsortium (Hg.) (2003): PISA 2000. Ein differenzierender Vergleich auf die Länder der Bundesrepublik Deutschland. Opladen: Leske + Budrich.

Geißler, Rainer (2005): Die Metamorphose der Arbeitertochter zum Migrantensohn. In: Berger, Peter A./Kahlert, Heike (Hg.): Institutionalisierte Ungleichheiten. Weinheim und München: Juventa, S. 71-102.

Helsper, Werner (2008): Schulkulturen – die Schule als symbolische Sinnordnung. In: Zeitschrift für Pädagogik, 54. Jg., H. 1, S. 63-80.

Helsper, Werner/Böhme, Jeanette/Kramer, Rolf-Torsten/Lingkost, Angelika (1998): Entwürfe zu einer Theorie der Schulkultur und des Schulmythos. In: Keuffer, Josef/Krüger, Heinz-Hermann/Reinhardt, Sibylle/Wenzel, Hartmut (Hg.): Schulkultur als Gestaltungsaufgabe. Weinheim: Deutscher Studien Verlag, S. 29-75.

Helsper, Werner/Böhme, Jeanette/Kramer, Rolf-Thorsten/Lingkost, Angelika (2001): Schulkultur und Schulmythos. Rekonstruktion zur Schulkultur 1. Opladen: Leske + Budrich.

Konsortium Bildung (2006): Bildung in Deutschland. Bielefeld: Bertelsmann.

Kramer, Rolf-Torsten/Helsper, Werner (2010): Kulturelle Passung und Bildungsungleichheit. In: Krüger, Heinz-Hermann/Rabe-Kleberg, Ursula/Kramer, Rolf-Torsten/Budde, Jürgen (Hg.): Bildungsungleichheit revisited. Wiesbaden: VS, S. 102-125.

Maaz, Kai/Baumert, Jürgen (2010): Genese sozialer Ungleichheit im institutionellen Kontext der Schule. In: Krüger, Heinz-Hermann/Rabe-Kleberg, Ursula/Kramer, Rolf-Torsten/Budde, Jürgen (Hg.): Bildungsungleichheit revisited. Wiesbaden: VS-Verlag, S. 69-101.

Meuser, Michael (1998): Geschlecht und Männlichkeit. Opladen: Leske + Budrich.

Meuser, Michael (2002): »Doing Masculinity« – Zur Geschlechtslogik männlichen Gewalthandelns. In: Dackweiler, Regina-Maria/Schäfer, Reinhild (Hg.): Gewaltverhältnisse. Feministische Perspektiven auf Geschlecht und Gewalt. Frankfurt: a.M.: Campus, S. 53-78.

Willis, Paul (1979): Profane culture. Frankfurt a.M.: Suhrkamp.

Susann Fegter

»Oder müsste ihnen nur mal jemand richtig zuhören?« Eltern, Schule und Gesellschaft als Adressaten im Mediendiskurs um Jungen als (Bildungs-)Verlierer

Ausgangspunkt ist die veränderte mediale Aufmerksamkeit für Jungen und ihre Thematisierung als Bildungs- und Modernisierungsverlierer. In diskursanalytischer Perspektive fragt der Beitrag nach den Wirklichkeits-, Macht-, und Subjekteffekten dieser Thematisierungen und entfaltet die These, dass der Jungenkrisendiskurs ›Eltern, Schule und Gesellschaft‹ eine Vernachlässigung von Jungen zuschreibt und auf diese Weise Zustimmung zu einer traditional konzipierten Jungenmännlichkeit erzeugt. Das Vernachlässigungsverhältnis wird als eine Regierungsfigur diskutiert, die mit generationalen Differenz- und Ordnungsvorstellungen operiert. Der Beitrag schließt mit einer pädagogischen Kommentierung, die alternative Perspektiven auf Jungen in Vielfalt entwirft.

1. Einleitung

»Wir müssen die Jungs wieder lieben lernen« titelt im April 2009 die Frankfurter Allgemeine Zeitung (FAZ) und fährt fort: »Das Fernsehen des SWR zeigt heute Abend die Dokumentation ›Jungs auf der Kippe‹. An vier Einzelfällen wird eine männliche Verlierergeneration porträtiert, die wir nicht verlorengeben dürfen« (FAZ 2009). Mit dem Beitrag setzt sich ein Mediendiskurs fort, der Jungen seit der Jahrtausendwende und im Zusammenhang der ersten PISA-Studie als ›Bildungsverlierer‹, ›neue Sorgenkinder‹, als ›schwaches‹ oder auch ›verdächtiges Geschlecht‹ thematisiert und eine ›Krise der kleinen Kerle‹ behauptet.[1] Dass damit starke Vereinfachungen einhergehen, ist vom Bundesjugendkuratorium in seiner Stellungnahme »Schlaue Mädchen – Dumme Jungen – Gegen Verkürzungen im aktuellen Geschlechterdiskurs« (BJK 2009) herausgearbeitet worden. Neben der Frage nach der ›Richtigkeit‹ medialer Äußerungen stellt sich jedoch die Frage danach, welche Bilder von Wirklichkeit, welche Wissensbestände und Wahrheiten mit den medialen Beiträgen erzeugt und keineswegs nur ›richtig‹ oder ›falsch‹ abgebildet werden. Eine solche Fragehaltung haben z.B. einige der Beiträge im 2005 erschienenen Sammelband ›Jungen – die neuen Verlierer? Auf den Spuren eines öffentlichen Stimmungswechsels‹ (Rose/Schmauch 2005) eingenommen und auf Geschlechterbilder und -normen bezogen. Ulrike Schmauch etwa macht auf eine Entwertung in der wiederkehrenden Rede von den besser angepassten, braven und ehrgeizigen Mädchen aufmerksam, mit der ein rebellisches Männlichkeitsbild

---

1   Zum Beispiel: Die ZEIT 2002: *Die Krise der kleinen Männer;* TAZ 2007: *Vom Wölfchen zum Mann;* SZ 2007: *Männliche Bildungsverlierer;* GEO 2003: *Jungen – die neuen Sorgenkinder?* Chrismon 2003: *Das verdächtige Geschlecht;* SZ 2006: *Hilfe für die schwachen Starken.*

implizit gerettet werde (vgl. Schmauch 2005, S. 32f.). Lotte Rose wiederum bemerkt, dass die aktuellen Jungendebatten den Eindruck erweckten, »dass weibliches Bildungs- und Aufstiegsstreben den gesellschaftlichen Fortbestand gefährdet« (Rose 2005, S. 21), zudem würden »Unschärfen, Uneindeutigkeiten, Irritationen (...) immer wieder gereinigt, Geschlechterrealitäten immer wieder auf die zugrunde gelegten dualen Kategorien zurückgeführt« (ebd., S. 22). Keine Beachtung gefunden hat dabei bislang das diskursive Phänomen einer spezifischen (problematisierenden) Adressierung von Eltern, Schule und Gesellschaft in diesen Zusammenhängen. Überschriften wie »Wir müssen die Jungs wieder lieben lernen« adressieren jedoch erwachsene Akteure und beinhalten nicht nur klare Handlungsaufforderungen, sondern sie behaupten auch bestehende Defizite und Mängel in der Beziehung zu Jungen. Diese Dimension der medialen Diskussion um Jungen als (Bildungs-)Verlierer wird im folgenden Beitrag aufgegriffen und in ihrer Wirkmächtigkeit für Geschlechter- und Männlichkeitsordnungen analysiert. Es wird die These entfaltet, dass der Mediendiskurs um eine Krise der Jungen unter Einsatz moralischer Vorwürfe an Eltern, Lehrer_innen und Pädagog_innen Zustimmung zu einer Konzeption von Jungenmännlichkeit organisiert, die als ›wild, aber harmlos‹ naturalisiert wird und die traditionale Männlichkeitsnormen reproduziert.

Hierzu wird eingangs der Forschungsgegenstand im erziehungswissenschaftlichen Kontext knapp umrissen (2), um daran anschließend den diskursanalytischen Blickwinkel zu entfalten, der diesen Beitrag kennzeichnet (3). Kapitel 4 zeigt unter Rückgriff auf konkrete Zeitungs- und Zeitschriftenartikeln auf, *wie* das Verhältnis von Jungen auf der einen, ›Eltern, Schule und Gesellschaft‹ auf der anderen Seite diskursiv als Vernachlässigungsverhältnis erzeugt wird und welche Konstruktion von Jungenmännlichkeit damit verbunden ist (4.1). Die Bedeutsamkeit des damit implizit einhergehenden Vorwurfs schlechter Elternschaft und schlechter Pädagogik im Kontext zeitgenössischer Erziehungsdiskurse greift Kapitel 4.2 auf, um unter Rückgriff auf das foucaultsche Konzept der Regierung zu argumentieren, dass hierüber sehr wirksam Zustimmung zu der unterlegten Konzeption von Jungenmännlichkeit organisiert werden kann (4.3). Der Beitrag schließt mit einer Kommentierung dieses Diskursphänomens und plädiert für eine Pädagogik, die sich Jungen gegenüber in deren unhintergehbarer Vielfalt verantwortet und Männlichkeit als soziale Kategorie versteht.

2. Erziehungswissenschaftliche Perspektiven auf die mediale Aufmerksamkeit für Jungen

Die öffentlich-mediale Aufmerksamkeit für Jungen seit der Jahrtausendwende ist von der Erziehungswissenschaft nicht unbemerkt geblieben. Ein bisheriger Schwerpunkt liegt auf der kritischen Auseinandersetzung mit der Gültigkeit zentraler medialer Aussagen. Die pauschale Rede von Jungen als Verlierern und Mädchen als Gewinnerinnen ist dabei im Rückgriff auf Daten der empirischen und historischen Bildungs- und Berufsbildungsforschung problematisiert und die Debatte im Ergebnis als »stark vereinfacht« (Cornelißen 2004: 130), in ihrer Dichotomisierung »fälschlich« (Stamm 2009: 141), durch »Verkürzungen« (Voigt-Kehlenbeck 2005: 96, BJK 2009) und »Unterkomplexität« (Forster/Rendtorff 2011: 7) bestimmt gekennzeichnet worden. Als eine der ersten widerspricht Cornelißen

(2004) der öffentlichen These einer generellen Benachteiligung von Jungen im deutschen Schulsystem. In einer Sekundärdatenanalyse macht sie darauf aufmerksam, dass nicht alle Jungen gleichermaßen von schulischem Misserfolg betroffen sind, sondern vor allem solche aus »bildungsfernen Schichten oder aus Migrantenfamilien« (ebd., S. 129). Budde (2008a) bestätigt daran anknüpfend für die zweite PISA-Studie, dass Jungen zwar im Durchschnitt schlechtere Schulleistungen als Mädchen erbringen, aber nicht per se von Schulmisserfolg betroffen sind: Sie sind sowohl in den niedrigsten als auch in den höchsten Kompetenzbereichen überrepräsentiert (vgl. ebd., S. 396ff.). Zudem erweisen sich nach Budde der Migrationsstatus und die soziale Herkunft auch in der zweiten PISA-Studie als signifikant größere Einflussfaktoren auf den Schulerfolg als die Geschlechtszugehörigkeit der SchülerInnen (vgl. ebd.). Auch wenn Mädchen aus Elternhäusern mit niedrigem sozioökonomischem Status bessere Abschlüsse erreichen als Jungen aus vergleichbaren Familien, so erzielen dennoch beide – Mädchen wie Jungen – niedrigere Abschlüsse als Kinder aus Familien mit höherem sozioökonomischem Status (vgl. Budde 2008b, S. 13ff.). Dieser Befund zeigt sich auch in internationalen Vergleichen und Analysen bildungsstatistischer Daten aus Kanada, Großbritannien und Australien (vgl. Stamm 2008, S. 109ff.). Unter Bezugnahme auf Daten der UNESCO, der OECD und des Bundesamtes für Statistik von 2005 widerspricht schließlich Crotti 2006 einer Semantisierung der aufgeholten Bildungsbeteiligung von Mädchen entlang der Differenziale Erfolg-Misserfolg und begründet dies u.a. mit den eingeschränkten Möglichkeiten der »Verwertung des erworbenen Humankapitals auf dem Arbeitsmarkt« (Crotti 2006, S. 371). Zu dieser Ungleichheit im gesamten Lebensverlauf äußert sich auch die Expertise des Projekts ›Neue Wege für Jungs‹ (Cremers 2007). Im Zugang zu besser bezahlten und tariflich abgesicherten Ausbildungsberufen ebenso wie bei der Übernahme in den Ausbildungsbetrieb nach Abschluss der Lehre stehen die Chancen für Jungen demnach besser als für Mädchen (ebd., S. 25ff.). Diese Tendenz bestätigt wiederum die Stellungnahme des Bundesjugendkuratoriums (BJK 2009) im Rückgriff auf Daten des DJI-Übergangspanels. Jungen mit Hauptschulabschluss beginnen demnach häufiger ohne berufsbildungsbezogene Zwischenschritte eine Berufsausbildung (vgl. ebd., S. 14). Auch Karriereverläufe im Beruf bleiben geschlechtsspezifisch orientiert (vgl. Mammes 2009, S. 159). Zusammenfassend kennzeichnet diese Einwände, dass sie auf Differenzen *zwischen* Jungen aufmerksam machen sowie auf die Reproduktion traditionaler Geschlechterverhältnisse im Übergang Schule-Beruf und mit diesen Argumenten eine pauschale diskursive Bestimmung von Jungen als ›Verlierer‹ problematisieren. Sie machen ebenfalls darauf aufmerksam, dass für Schulerfolg weitere Faktoren eine Rolle spielen als Geschlecht und sind auch in dieser Hinsicht als Beiträge zu verstehen, die sich gegen eine diskursive ›Dramatisierung von Geschlechterdifferenz‹ (Faulstich-Wieland) in den Debatten richten.

3. Vom thematisierten zum Thematisierungsphänomen:
Ein diskursanalytischer Perspektivwechsel

Die oben skizzierten Kommentare des medialen Diskurses sind recht früh formuliert worden (z.B. Cornelißen 2004) und werden seither in regelmäßigen Abständen ausdifferenziert und ergänzt (vgl. Budde 2008b; Forster 2009). Den Mainstream der medialen Berichterstattung hat dies über einen Zeitraum von zehn Jahren unbeeindruckt gelassen. Die Studie, die diesem Beitrag zugrunde liegt (Fegter 2012a), kennzeichnet vor diesem Hintergrund, dass sie sich von der Auseinandersetzung mit der Gültigkeit der Aussagen löst und stattdessen das Diskursphänomen selbst ins Zentrum einer Analyse stellt. In diskursanalytischer Perspektive interessiert weniger, ob ein Diskurs ›falsche‹ oder ›richtige‹ Aussagen macht, sondern, was er ermöglicht, wofür er mit genau dem, *was* er sagt und *wie* er dies sagt, produktiv ist, welche Sichtweisen er auf Dinge erzeugt und in welchen Kontexten dieses stattfindet (vgl. Foucault 1981). Prämisse dieser erkenntnistheoretischen Perspektive ist, dass es keine einfache Verbindung zwischen den Dingen und den Wörtern gibt, sondern dass Diskurse jene Sinnwelten, Interpretations- und Sichtweisen erzeugen, mit denen Menschen sich und ihre Welt als selbstverständlich erleben (vgl. ebd.). Mediale Diskurse gelten dabei als besonders involviert, die öffentliche Wahrnehmung gesellschaftlicher Problemlagen zu bestimmen und zu formen (vgl. Jäger 1999). In dieser Perspektive wurden überregionale Zeitungs- und Zeitschriftenartikel aus dem Zeitraum 1999-2009 diskursanalytisch ausgewertet, die eine Krise der Jungen, Jungen als Bildungsverlierer bzw. Jungen als das arme, schwache oder auch verdächtige Geschlecht thematisieren. Die Forschungsfrage lautete zusammengefasst:»Wie (d.h. nach welchen diskursiven Regeln) wird die Krise der Jungen in den Medien thematisiert?« Der analytische Blick richtet sich dabei zum einem auf Dimensionen einer diskursiv erzeugten Phänomenstruktur und damit verbundene Subjektpositionen (vgl. Keller 2005: 243ff.), darüber hinaus auf sprachlich-rhetorische Muster als jene Regeln, nach denen der Diskurs die Gegenstände bildet, von denen er spricht (vgl. Foucault 1981). Neben der Diskurstheorie wurden Ansätze der Geschlechter- und kritischen Männlichkeitsforschung genutzt und hier speziell die Konzepte Krise und Hegemonie (vgl. Martschukat/Stieglitz 2005). Krisenanrufungen stellen sich in dieser Perspektive als aufschlussreiche Ansatzpunkte dar, um Einsichten in Ordnungsprozesse von Geschlecht und Männlichkeit zu gewinnen. Sie begleiten die neuere US-amerikanische und deutsche Geschichte als wiederkehrender Topos und sind dabei in der Regel auf weiße, christliche, sowie heterosexuelle Männer der Mittelschicht gerichtet (vgl. ebd., S. 82). Martschukat und Stieglitz werfen vor diesem Hintergrund die Frage auf, ob nicht durch das »Bemühen der Krisentrope (…) permanent an einem Narrativ gestrickt [wird], das die Hegemonie der angeblich kriselnden Männlichkeit stabilisiert bzw. erst herstellt« (ebd., S. 84f.).

4. Von einer Problematisierung der Jungen zu einer Problematisierung von ›Eltern, Schule und Gesellschaft‹

Analysiert man die mediale Berichterstattung zu einer Krise der Jungen genauer, zeigt sich als ein Diskursmuster die Verschiebung der Problematisierung von Jungen hin zu einer Problematisierung von ›Eltern, Schule und Gesellschaft‹.[2] Unter dem Titel »Die neuen Prügelknaben« werden z.B. in der ZEIT 2002 zentrale Argumentationslinien prägnant zu-

---

2 Die Formulierungen variieren zwischen »Eltern, Schule und Gesellschaft«, »Eltern, Lehrer und Gesellschaft«, »Eltern, Lehrer und Erzieherinnen«. Teilweise werden sie auch einzeln herausgegriffen und adressiert. Um die Subjektposition Erwachsener, die im Bildungs- und Erziehungsgeschehen beteiligt sind, bzw. die entsprechenden gesellschaftlichen Institutionen, sprachlich zu fassen, wird im Folgenden von ›Eltern, Schule und Gesellschaft‹ die Rede sein.

sammengefasst: »Nicht Mädchen, sondern Jungen werden in Schule und Elternhaus benachteiligt. Doch die Erkenntnis setzt sich bei Pädagogen nur zögernd durch« (ebd.). Jungen werden damit sowohl zu Mädchen als auch zu Eltern und Schule in ein spezifisches
Verhältnis gesetzt und letzteren zugeschrieben, mit der Problemlage von Jungen ursächlich
in Zusammenhang zu stehen. Dieses Muster zieht sich übergreifend durch die vielfältigen
Thematisierungen einer Krise der Jungen. Manchmal sind – wie hier – Eltern und Schule
adressiert, manchmal Eltern, Schule und Gesellschaft, manchmal einzelne dieser Akteure.
Quer zu einer Vielzahl an Einzelargumentationen lassen sich drei Semantiken identifizieren, die das Verhältnis von Jungen auf der einen, ›Eltern, Schule und Gesellschaft‹ auf der
anderen Seite zueinander bestimmen: Die Thematisierung eines Mangels an Gerechtigkeit
gegenüber Jungen (1), eines Mangels an Wertschätzung für Jungen (2) sowie eines Mangels
an richtiger Jungenerziehung (3). Das intergenerationale Verhältnis zu Jungen wird so insgesamt als ein *Vernachlässigungsverhältnis* erzeugt und problematisiert. Vernachlässigung
bezieht sich hier auf die Abwesenheit der genannten Qualitäten der Gerechtigkeit, Wertschätzung und angemessenen Jungenerziehung. Mit diesen Zuschreibungen an ›Eltern,
Schule und Gesellschaft‹ findet eine diskursive Verschiebung der Aufmerksamkeit statt:
Nicht mehr Jungen selbst stehen im problematisierenden Fokus, sondern ›Eltern, Schule
und Gesellschaft‹ bzw. jene Erwachsenen, die mit Jungen im Bildungs- und Erziehungsgeschehen befasst sind. Die folgenden Ausführungen entlang des Materials greifen die Thematisierungen eines Mangels an Wertschätzung auf und sind darauf gerichtet zu zeigen, wie
sie sich mit der Konstruktion einer spezifischen Jungen-Männlichkeit verbinden.

4.1 Mangelerfahrungen von Jungen

»Wir müssen die Jungs wieder lieben lernen« titelt die FAZ 2009 und konstatiert damit
sowohl einen gegenwärtigen Mangel an Liebe für ›Jungs‹, als auch, dass dies nicht immer
so war: ›Wir müssen die Jungs *wieder* lieben lernen‹ verweist auf einen Zeitpunkt in der
Vergangenheit, zu dem Jungs schon einmal von jenen geliebt worden sind, die nun adressiert werden. Weiter im selben Text heißt es: »Jungen werden ausgegrenzt, zu Versagern
gestempelt und versagen tatsächlich, weil Eltern, Lehrer und Gesellschaft mit ihnen nichts
anzufangen wissen« (ebd.). Erzeugt wird damit eine gemeinsame Problemlage von Jungen,
die durch Ausgrenzung und Versagen gekennzeichnet ist. Zudem werden Verantwortliche
genannt: Jungen versagen, weil ›Eltern, Lehrer und Gesellschaft mit ihnen nichts anzufangen wissen‹. Die thematisierte Problemlage männlicher Kinder und Jugendlicher wird so
kausal mit (mangelhaften) Beziehungsqualitäten in Zusammenhang gebracht, die ›Eltern,
Lehrern und Gesellschaft‹ in Bezug auf Jungen zugeschrieben werden: ›Nichts mit ihnen
anzufangen wissen‹ markiert ein Verhältnis von Distanziertheit, von Fremdheit, von Un-
kenntnis und von Nicht-Verstehen.
    2003 erscheint im Magazin »Chrismon« (einer Beilage u.a. der ZEIT und anderer über-
regionaler Zeitungen) der Artikel »Das verdächtige Geschlecht«. Seine Zweitüberschrift
lautet: »Sie sind laut, benehmen sich rüpelhaft, leben in einer eigenen Welt. Eltern, Schule
und Gesellschaft haben ihre liebe Mühe mit den Jungs. Oder müsste ihnen nur mal jemand
richtig zuhören?« (ebd.) ›Jungs‹ werden auch hier als homogene, ganz eigene Gruppe thematisiert, die eine gemeinsame Welt teilt, die sie von anderen unterscheidet. Sie werden

thematisiert unter der Perspektive, wie sie sind und sich verhalten: ›laut und rüpelhaft‹ und anstrengend, denn ›Eltern, Schule und Gesellschaft‹ – auch hier in dieser Trias angesprochen – ›mühen‹ sich mit ihnen ab. Sie hören ihnen jedoch auch nicht richtig zu. Aufmerksamkeit und Zugewandtheit gehören somit wiederkehrend zu jenen Beziehungsqualitäten, die ›Eltern, Schule und Gesellschaft‹ in Bezug auf Jungen abgesprochen und mit der behaupteten Problemlage in Zusammenhang gebracht werden. Bezeichnung der Jungen als »vergessene Hälfte der Welt« (TAZ 2007) oder Aufforderungen wie »Jungen verdienen mehr Aufmerksamkeit« (FAZ 2009b) entsprechen dieser Konstruktion.

Schule rückt in besonderer Weise als Ort einer Abwehrhaltung gegenüber Jungen in den Fokus: »Lehrer und Aufsichtspersonen [nehmen] ihnen gegenüber oft eine beinahe feindselige Haltung ein«, steht etwa in der ZEIT (2002), und in der TAZ ist zu lesen:

»Immer dasselbe mit den Jungs. ›Wer hat keine Hausaufgaben?‹, fragt Frau [Eigenname, S.F.] jeden Morgen. Die Antwort ist stets dieselbe: ›Das sind in der Regel die Jungs‹, sagt die Klassenlehrerin der 6.1. (...) Deshalb ist sie froh, dass der männliche Teil der Klasse an diesem schönen Frühlingsmorgen ins Jugendheim (...) abzottelt. (...) Solange hat Frau [Eigenname, S.F.] die Mädchen für sich, bildet sie zu Konfliktlotsinnen aus, die auf dem Schulhof für Ruhe sorgen sollen. (...) [Die Lehrerin, S. F.]: ›Endlich haben wir mal Zeit für uns‹« (TAZ 2003).

Auch hier wird eine Abwendung von den Jungen thematisiert. Die Lehrerin in dieser Szene ist ›froh‹, dass die Jungen einmal weg sind. Stattdessen wird ihre Hinwendung zu den Mädchen betont. Abgelehnt werden die Jungen auch hier, weil sie so sind, wie sie eben sind: ›Immer dasselbe mit den Jungs‹ beginnt die Szene und markiert damit: Jungs teilen etwas, und das konstant. Derselbe Satz wird auch dem zweiten Absatz vorangestellt, mit dem die Beschreibung des Jungenworkshops beginnt. Während ihnen im ersten Absatz in diesem Zusammenhang eine weniger angepasste Haltung zugeschrieben wird (Hausaufgaben nicht zu machen), geht es im zweiten um körperliches Verhalten: »Immer das selbe mit den Jungs. Sie knubbeln, treten, schreien« (ebd.). Jungen wird so eine Kombination aus körperlicher und mentaler Unangepasstheit zugeschrieben: nicht regelkonform, laut und körperlich konfrontativ.

Eine weitere Problematisierung kreist um das Thema Verstehen/Missverstehen: Jungen »fühlen sich (...) missverstanden« von der Gesellschaft (TAZ 2005), »Eklatante Wissensmängel« (SZ 2000) werden Lehrern und Erziehern in ihrer Arbeit mit Jungen attestiert. Ihnen müsse erst noch vermittelt werden, mit wem sie es »bei heranwachsenden Jungen eigentlich zu tun haben« (ebd.). Pointiert wird diese Problematisierung eines Nicht-Verstehens und Nicht-Erkennens der Jungen in ihrer Art als Thematisierung einer Pathologisierung männlicher Kinder und Jugendlicher:

»Wie Aliens werden sie [die Jungen, S.F.] behandelt, ihr Verhalten wird als pathologisch betrachtet, die Freiräume, die ihre Väter noch hatten, gibt es nicht mehr. Und also werden sie als medizinische Fälle registriert, wer früher ein Zappelphilipp war, hat heute ein Aufmerksamkeitsdefizit und wird mit Medikamenten ruhig gestellt« (FAZ 2009a).

Wenn Jungen ›wie Aliens behandelt werden‹, ist dies Bestandteil der Fremdheitskonstruktion im Verhältnis Erwachsener zu Jungen, gekennzeichnet durch einen Umgang wie mit fremden, unbekannten Wesen aus einer anderen Welt. Auch sie ›als medizinische Fälle zu registrieren‹, hebt auf ein unpersönliches, verdinglichtes Verhältnis ab, mit dem Jungen nicht als Persönlichkeiten und Individuen behandelt werden. Zwischen den Motiven der Jungen und der Einschätzung durch Eltern und Professionelle klafft zudem eine Lücke – weiß wiederum die Sprecherposition:[3] »Wenn Jungen dann aus Trotz und Ratlosigkeit noch mal einen draufsetzen, wird in den Augen von Eltern, Lehrern und Psychologen aus der Störung leicht eine Gestörtheit« (Die ZEIT 2002). Auch hier wird die Verkennung der Jungen, die Entfremdung der Eltern zu ihren Söhnen, der Lehrer zu ihren Schülern und der Pädagogen zu ihrer Jungen-Klientel als Gegenstand hervorgebracht. Die Pointe der Thematisierung von Pathologisierungen in der Bewertung des Verhaltens von Jungen liegt darin, dass deren pathologisiertes Verhalten zugleich als essenzielles Jungenbedürfnis ausgewiesen wird: »Seelische Krankheit als Folge einer Pädagogik, die eines nicht wahrnimmt: Jungen sind anders, (…) sie [brauchen] Bewegungsfreiheit. Sie leben stärker nach außen, körperlich wie seelisch« (Die ZEIT 2002) oder: »Natürlich sind Jungen schon immer lauter, dominanter, ja rüpelhafter als ihre weiblichen Klassenkameraden aufgetreten, ohne dass irgendjemand ein pädagogisch behandlungswürdiges Problem darin sah« (Die ZEIT 2007). Aus der veränderten Bewertung von Verhaltensweisen bei Kindern wird so eine genuine Verkennung der Jungen in ihrem Sein als männliche Kinder und Jugendliche.

Dieses jungenspezifische ›Sein‹ steht mit den Attributen Bewegungsdrang, Expressivität und Dominanz in traditional-männlicher Tradition. Zugleich wird diese Jungenmännlichkeit als harmlos ausgewiesen, denn es sind »Lausbuben« (FAZ 2007), sie haben einfach »gute Laune« (Chrismon 2003), sie »raufen« (FAZ 2009a), sie veranstalten »Remmidemmi« (TAZ 2007). All diese Beschreibungen verbinden das jungenspezifische, expressive Verhalten mit Semantiken von Harmlosigkeit. Jungen sind ›wild, aber harmlos‹ – so die wiederkehrende diskursive Konstruktion. Besonders häufig fällt der Begriff des Raufens: »Jungen müssen aber auch einmal raufen dürfen, ohne dass sie gleich als sozial auffällige Störenfriede behandelt werden« (SZ 2006) oder »Wer früher auf dem Schulhof raufte, galt als ›Lausbub‹, während dies heute von Pädagogen als sozial defizitär angesehen wird« (FAZ 2007). »Was noch vor 20 Jahren als Rauferei auf dem Schulhof durchgegangen wäre, ist heute ein Gewaltvorfall« (Die ZEIT 2002). Raufen grenzt sich von einer ernsten, gewalttätigen körperlichen Auseinandersetzung ab. Es kann als die spielerische Variante gelten, ohne böse Absicht, die Kindern zugeschrieben und im Zusammenhang mit Erwachsenen in aller Regel keine Verwendung findet. Raufen haftet damit sowohl eine Semantik des Kindlichen als auch der Arglosigkeit an (und es reproduziert darüber zugleich eine Konzeption unschuldiger Kindheit). Im Zusammenhang der Thematisierung eines spezifischen ›Jungeseins‹ kommt es so in besonderer Weise zu einer Verniedlichung und Verharmlosung. Nicht als sozial und kulturell situierte

---

3   Die *Sprecherpositionen* ist bei Foucault als jene Position bestimmt, die »jedes Subjekt einnehmen kann und
    muss, um (…) Subjekt [der Aussage, S.F.] zu sein« (Foucault 1981, S. 139). Im vorliegenden Beitrag wird
    damit jene Position erfasst, die als Subjekt der Äußerung bestimmbar ist. ›Wir müssen die Jungs wieder lieben
    lernen‹ verweist beispielsweise auf eine Sprecherposition, die sich appellierend an ein kollektives (er-
    wachsenes) ›Wir‹ richtet und eine Rückkehr zu einem liebevollen Umgang mit Jungen anmahnt. Ihr Verhält-
    nis zu den Jungen kennzeichnet damit eine wohlwollende und parteiliche Haltung. Zur theoretischen Modifi-
    kation, die mit dieser Verwendung des Konzepts der Sprecherposition verbunden ist, vgl. Fegter (2012b).

Praktik wird kämpferisches Verhalten von Jungen thematisiert, sondern als Ausdruck eines normalen, harmlosen und gleichsam natürlichen Verhaltens von Jungen.

Plausibilisiert wird die Konzeption von Jungenmännlichkeit (›wild, aber harmlos‹) wiederkehrend mit Bezug auf klassische Literaturvorlagen, die einen bildungsbürgerlichen Jugendliteraturkanon aufrufen:

> »*Als ich vor einigen Wochen die ›Abenteuer des Tom Sawyer‹ von Mark Twain wieder las (...), war ich regelrecht erleichtert. Wie gut, daran erinnert zu werden, dass auch frühere Generationen von Jungen schon jede Menge groben Unfug angestellt haben. Bei der Lektüre (...) fiel mir vor allem eines auf: wie gelassen die Erwachsenen seiner Umgebung auf seine Streiche reagieren, seinen unbändigen Bewegungsdrang, seine Lust, Grenzen zu verletzen und sein völliges Desinteresse an allem, was mit Schule zu tun hat. (...) es gibt niemanden, der sich ernsthaft Sorgen um ihn macht, ihn gar für gestört oder krank hält« (GEO 2003).*

Als Repräsentant einer früheren Jungengeneration werden Tom Sawyer die genuinen Merkmale der Jungenmännlichkeit – Bewegungsdrang, lustvolle Grenzverletzung – zugeschrieben und zugleich als unproblematisch attribuiert. Neben Tom Sawyer sind es in anderen Artikeln die »ritualisierten Prügeleien zwischen den roten und den weißen Rosen in Astrid Lindgrens Kalle Blomquist (mit dem Ausnahmemädchen Eva Lotta), die Titanenschlacht zwischen den Realschülern und Gymnasiasten in Erich Kästners Fliegendem Klassenzimmer« (Die ZEIT 2002). Sie werden aufgerufen, um zu belegen: »Wilde Kämpfe gehörten zum Jungesein dazu« (ebd.) ... und für Mädchen nicht, wie der Begriff des ›Ausnahmemädchens‹ klärt. Die Bezugnahme auf renommierte Literaturklassiker kann zugleich als Strategie der *Herstellung von Zustimmung* zu dieser Geschlechter- und Männlichkeitskonstruktion verstanden werden. Zeitgenössische soziale Praxen von Jungen werden durch die literarischen Verweise entkontextualisiert und idealisiert: Es sind Helden der Jugendliteratur, die als Referenzpunkte der hier profilierten Jungenmännlichkeit ausgewiesen werden. Und es sind Protagonisten, die tendenziell eher an die Lektüren der erwachsenen Leserschaft anschließen als an die Lektüren heutiger Jungen und Mädchen.

Fasst man die thematisierten Mangelerfahrungen zusammen, dann ergibt sich folgendes Bild, das der Diskurs erzeugt: Jungen werden gegenwärtig von ›Eltern, Schule und Gesellschaft‹ umfänglich im Stich gelassen. Ihnen wird weder genügend Aufmerksamkeit zuteil noch wohlwollende Zuwendung, sie werden in ihrem jungenspezifischen ›Sein‹ weder gesehen noch verstanden. Das Verhältnis zwischen ›Eltern, Schule und Gesellschaft‹ auf der einen und Jungen auf der anderen Seite wird so diskursiv als Vernachlässigungsverhältnis erzeugt.

4.2 Die implizite Zuschreibung schlechter Elternschaft und schlechter Pädagogik

Diese Figur nun beinhaltet – innerhalb spezifischer generationaler Verantwortungskonzepte und Erziehungsdiskurse – einen gravierenden Vorwurf: den Vorwurf schlechter Elternschaft und schlechter Pädagogik. Die Vorstellungen dessen, was als richtiger oder angemessener Umgang mit Kindern und Jugendlichen anzusehen ist, gestalten sich historisch kontingent, und immer wieder finden Umschwünge in den öffentlichen Erziehungsdebatten und pädagogischen Vorstellungen statt (vgl. Göppel 2010). Gerechtigkeit, Wertschätzung und erzieherische Unterstützung gehören seit dem 20. Jahrhundert zum festen Bestand öffentlichen pädagogischen Wissens, um das in unterschiedlichen Akzentuierungen und im Spannungsfeld zu Autorität und Disziplin gerungen wird (vgl. z.b. Brumlik 2007). Dies gilt sowohl für die familiale Erziehung als auch für elementar- und schulpädagogische Konzeptionen. Mit Bezug auf die familiale Erziehung ist jüngst im populär adressierten ›Elternbuch‹ eine Erziehungshaltung profiliert worden, die »in einer von Liebe, Geborgenheit und Respekt geprägten Beziehung und Bindung« zwischen Eltern und ihren Kindern »das Wesentliche« (Andresen et al. 2010, S. 13) von Elternschaft erkennt. In elementar- und schulpädagogischen Diskursen finden entsprechende Überlegungen unter den Stichworten des ›lernförderlichen Unterrichts‹ (vgl. z.b. Meyer 2004), der Bedeutung von Anerkennung in pädagogischen Beziehungen (Helsper et al. 2005; Friebertshäuser 2008) oder der Betonung von Beziehungsbedarfen und -qualitäten für gelingende Bildungs- und Lernprozesse in der frühen Kindheit statt (vgl. Liegle 2002, 2008; Becker-Stoll 2008). Eltern, Lehrer_innen und Erzieher_innen medial in einer Weise zu adressieren, es mangele ihnen im Umgang mit männlichen Kindern und Jugendlichen an den Qualitäten der Gerechtigkeit, Wertschätzung und erzieherischen Unterstützung und Förderung, heißt im Kontext der skizzierten Erziehungs- und Bildungsdiskurse, sie als schlechte Eltern und schlechte Pädagog_innen zu adressieren, die ihrer Verantwortung und Professionalität im Umgang mit männlichen Kindern und Jugendlichen nicht gerecht werden.

Verstärkt und pointiert wird dieser Vorwurf durch die diskursive Sprecherposition,[4] die eine alternative Erwachsenenposition vorführt und in Appellen an ein kollektives ›Wir‹ jene Ordnungen aufruft, gegen die ›Eltern, Schule und Gesellschaft‹ (angeblich) gegenwärtig verstoßen: ›Wir müssen die Jungs wieder lieben lernen‹, ›Lasst sie Männer sein!‹, ›Jungs sind so!‹, ›Eine Generation, die wir nicht verloren geben dürfen!‹, ›Schluss jetzt! Lasst sie in Ruhe!‹, ›Es wird Zeit, ihnen zu helfen‹. Diese Appelle richten sich von einer erwachsenen Sprecherposition an andere Erwachsene und rufen als ›richtige‹ Formen des Umgangs mit Jungen die Werte der Liebe, der Unterstützung, des Verständnisses, aber auch der Integrität des (männlichen) Kindes auf. Dabei erzeugen sie dreierlei: Erstens reformulieren sie *diese* Werte als Bestandteile eines Verständnisses guter Elternschaft und guter Pädagogik. Semantiken von Disziplin und Autorität, die öffentliche Erziehungsdebatten nach der Jahrtausendwende geprägt und die durch Bücher von Berhard Bueb (2006) oder Michael Winterhoff (2008) Verbreitung erfahren haben, spielen in den hier rekonstruierten Problematisierungen vordergründig keine Rolle. Zweitens appellieren sie an ein entsprechendes Verständnis guter Elternschaft und guter Pädagogik, d.h. sie rufen zu entsprechenden Haltungen und Handlungen auf und behaupten drittens zugleich das Vorhandensein entsprechender Mängel in den gegenwärtigen Beziehungen zu männlichen Kindern und Jugendlichen. Die Appelle verstärken auf diese Weise die Konstruktion des Vernachlässigungsverhältnisses und richten sich mit konkreten, auf eine Verhaltensänderung gerichteten Handlungsaufforderungen an ›Eltern, Schule und Gesellschaft‹. Der Jungendiskurs kenn-

4 Vgl. Fußnote 3, S. 40.

zeichnet sich somit regelhaft durch deren Adressierung als problemverursachend in Kombination damit, über die Sprecherposition ein ›besseres‹ Handeln vorzuführen, das engagiert, wohlwollend, anerkennend auf Jungen in ihrem ›So-Sein‹ blickt. In Kombination mit den Appellen besitzt der Diskurs damit eine – mit Foucault gesprochen – hohe *regierende* Kraft in Richtung einer Haltung der Sorge und der Wiedergutmachung gegenüber Jungen generell.

4.3 Regierung von Eltern und Pädagog_innen: Stabilisierung traditionaler Männlichkeit

Mit dem Begriff der Regierung beschreibt Foucault jene Macht, die sich darin zeigt, dass Menschen in ihrem Handeln gelenkt werden, ohne dabei unmittelbarem Zwang ausgesetzt zu sein. Nach Foucault ist solche Regierungsmacht ein »Ensemble aus Handlungen, die sich auf mögliches Handeln richten, und operiert in einem Feld von Möglichkeiten für das Verhalten anderer Subjekte. Sie bietet Anreize, verleitet, verführt, erleichtert oder erschwert, sie erweitert Handlungsmöglichkeiten oder schränkt sie ein, sie erhöht oder senkt die Wahrscheinlichkeit von Handlungen, und im Grenzfall erzwingt oder verhindert sie Handlungen, aber stets richtet sie sich auf handelnde Subjekte (…). In diesem Sinne heißt Regieren, das mögliche Handlungsfeld anderer zu strukturieren« (Foucault 2005, S. 256). Der Jungenkrisendiskurs regiert in diesem Sinne, indem er über die Figur der Vernachlässigung einen Notstand erzeugt, aus dem sich dringender Handlungsbedarf ergibt, und er regiert in besonderer Weise durch die Appelle, die sich an Eltern, Lehrer_innen und Pädagog_innen als handelnde Subjekte richten und diese zu konkreten Handlungen auffordern. Die Zuschreibung schlechter Elternschaft und schlechter Pädagogik ist dabei als eine sehr wirkmächtige Regierungsfigur hervorzuheben: So machen gegenwärtige Elterndiskurse die Sorge um eine bestmögliche Förderung und Ausbildung der Kinder in forcierter Weise zum Dreh- und Angelpunkt guter Elternschaft. Eine Adressierung, diesen Ansprüchen nicht zu genügen, trifft einen entsprechend empfindlichen Punkt und evoziert Handlungsdruck. Auch für pädagogisch Professionelle stellt die Zuschreibung eines ungerechten, lieblosen und vernachlässigenden Umgangs mit Jungen einen gravierenden Vorwurf dar. Die Figur schlechter Elternschaft und schlechter Pädagogik ist somit in besonderer Weise geeignet, Zustimmung zu jenen Konzepten und Aufmerksamkeiten zu erzeugen, die der Jungenkrisendiskurs als Alternative zum schlechten elterlichen und pädagogischen Handeln erzeugt. Auch vor diesem Hintergrund ist es umso wichtiger, sich das implizite Konzept guter Elternschaft und guter Pädagogik in Bezug auf Jungen zu vergegenwärtigen, das durch den Krisendiskurs erzeugt und als Gegenstand des Wissens hervorgebracht wird. Dieses umfasst, ein besonderes ›Jungesein‹ anzuerkennen: wild, aber harmlos, voller Bewegungsdrang, nonkonform und mit einer ›normalen‹ Aggressivität ausgestattet. Gute Elternschaft und gute Pädagogik werden mit dieser hegemonialen Konzeption von Jungenmännlichkeit verbunden. Diese Verkoppelung ist keine notwendige. Über die Konstruktion eines Vernachlässigungsverhältnisses und die damit implizite Zuschreibung schlechter Elternschaft und schlechter Pädagogik besitzt der mediale Diskurs um Jungen als (Bildungs-)Verlierer jedoch eine hohe Suggestiv- bzw. im Foucaultschen Sinne Regierungskraft, diesen Sinnkonstruktionen zu folgen und eine traditionale Geschlechterordnung zu stabilisieren. Die Verführung besteht im Anreiz, dass ein entsprechend verändertes Handeln als gutes elterliches bzw. pädagogisches Handeln erscheint. So verleitet der Diskurs dazu, eine Perspektive auf Jungen einzunehmen, die ihnen traditional männlich kodierte Interessen und Bedarfe wesenhaft zuschreibt.

5. Jungen in ihren differenten Bedürfnissen wahrnehmen – eine pädagogische Kommentierung der diskursiven Jungenkrise

Abschließend sollen Einwände gegen diese implizite Figur guter Jungenpädagogik bzw. guter Jungen-Elternschaft formuliert werden: Es sind nicht alle Jungen ›wild und laut, nonkonform und grenzüberschreitend‹ – auch wenn diese Geschlechternormen von vielen Jungen aufgegriffen werden (und auch werden müssen), denn Geschlechternormen sind keine einfache Wahl (vgl. Butler 2009). Aus Forschungen von Ruth Michalek (2006) ist zugleich bekannt, welche Varianz die Selbstverständnisse von Jungen bereits in einer einzigen Grundschulklasse umfassen. Diejenigen Normen, die im Jungenkrisendiskurs wiederholt und naturalisiert werden (wild und laut, ›normal aggressiv‹ und nonkonform) sind traditionale Männlichkeitsnormen die um Konzepte von Autonomie und Dominanz kreisen. Jungen, die ihnen entsprechen, nehmen in Gleichaltrigenverbänden in der Regel hegemoniale Positionen ein und werden durch solche Diskurse weiter gestärkt; Jungen, die ihnen nicht entsprechen, werden weiter untergeordnet. Die Performanz dieser Normen ist darüber hinaus für Jungen individuell mit vielfältigen Ausschlüssen und Beschränkungen verbunden, die von Jösting als ein »Verlust an Spielräumen zur Herstellung der eigenen Identität« (Jösting 2008, S. 58) beschrieben werden. Die Kritische Männer- und Jungenforschung hat früh auf den individuellen Preis traditionaler männlicher Performanz hingewiesen: Distanz, sich nicht mit der Innenwelt beschäftigen, Gewalt und Benutzung, Stummheit und Alleinsein (vgl. Böhnisch/Winter 1993). Aktuelle Studien zeigen, wie sich Jungen anstrengen müssen, angestrebte Bilder von Maskulinität aufrechtzuerhalten, um nicht als weiblich und ›schwul‹ zu gelten (vgl. Phoenix/Frosch 2005). Sie zeigen außerdem, wie eng traditionale Männlichkeitsnormen mit Homophobie verbunden sind und sich auch in dieser Form gegen Jungen richten (vgl. z.B. Pohl 2005). Statt gute Elternschaft und gute Jungenpädagogik an die Anerkennung einer dominanzorientierten Jungenmännlichkeit zu koppeln, wäre insofern *erstens* ein Verständnis von Jungen – auch für diese selbst – weiterführend, das deren unhintergehbare Vielfalt wahrnimmt und reflektiert, welche Ermächtigungen aber auch Begrenzungen und Ausschlüsse für Jungen aus traditionalen Männlichkeitsnormen erwachsen. Wie dargelegt, sind zudem Jungen aus Familien mit niedrigem sozioökonomischem Status und aus Familien mit Migrationsgeschichte häufiger als andere Jungen von Schulmisserfolg betroffen. Diesen Jungen nützt es wenig, wenn – wie im medialen Diskurs – ausschließlich auf Geschlechter- und Generationendifferenzen fokussiert wird. Überzeugender wäre es daher *zweitens,* Perspektiven einzunehmen, die Jungen in ihrer sozialen Situiertheit reflektieren. Dies würde bedeuten, Geschlecht im Zusammenspiel mit anderen Kategorien sozialer Ungleichheit zu thematisieren und zum Beispiel über Passungsverhältnisse zwischen bestimmten Männlichkeiten und Schulkulturen nachzudenken (wie z.B. Budde 2009 sowie hier im Sammelband). Auch wäre die Bedeutung von Männlichkeitsinszenierungen für Jungen selbst ein überzeugender pädagogischer Fokus und mit ihren Lebenslagen zusammenzubringen (vgl. z.B. Spies 2009). Besondere Aufmerksamkeit erfor-

dert das Diskursmuster, eine Haltung der Sorge und Anerkennung auf jene Jungen zu richten, die seltener als andere Jungen von den diskutierten Problemen betroffen sind und stattdessen hegemoniale Männlichkeitsmuster verkörpern (wie zuletzt in der ZEIT vom
05.08.2010). Zu sehen sind hier drei Jugendliche, die weder ethnisch noch migrantisch
konnotiert sind und deren Outfits und Frisuren keinen niedrigen sozioökonomischen Status
repräsentieren.

Abbildung: Die ZEIT, Titelseite vom 05.08.2010

Foto: Andre Zelck

Aus diesen Jungen Krisensubjekte zu machen, die einer besonderen Aufmerksamkeit bedürfen, heißt, ihre hegemoniale Position gegenüber anderen Jungen zu stärken. Eine differenzsensible Pädagogik (vgl. Mecheril/Plößer 2009) steht vor der Herausforderung, solchen
diskursiven Prozessen kritisch zu begegnen und sich zugleich auch diesen Jungen gegenüber immer wieder neu zu verantworten.

6. Zusammenfassung

Fasst man die bisherigen Befunde knapp zusammen, sind mindestens drei Punkte festzuhalten: Der mediale Diskurs um eine Krise der Jungen fokussiert erstens auf geschlechtliche
Differenz von Jungen und Mädchen und positioniert Jungen als Verlierer und Mädchen als
Gewinnerinnen. Er arbeitet zweitens mit einer Figur (mangelnder) guter Elternschaft bzw.
guter Pädagogik, die dazu verführt, Jungen in ihrer Vielfalt und ihren komplexen Bedarfen
nicht zu sehen. Er entwirft drittens ein Konzept von Jungenmännlichkeit, das traditionale
Männlichkeitsnormen reproduziert und als kindliche naturalisiert und verniedlicht. Aus
diskurs- und männlichkeitstheoretischer Perspektive ist interessant, dass und wie
Retraditionalisierungen von Männlichkeit in diesem Diskurs über moralisierende Zuschreibungen schlechter Elternschaft und schlechter Pädagogik funktionieren. Diese Diskursfigur
eines Vorwurfs mangelnder guter Elternschaft und guter Pädagogik hat bislang in der Auseinandersetzung mit den medialen Debatten um Jungen keine Berücksichtigung erfahren,

trägt jedoch viel ihrer Wirkmächtigkeit bei. Das Ergebnis zeigt zugleich die Möglichkeiten eines diskursanalytischen Zugangs auf, sich zu Diskursfiguren und Anrufungen in ein kritisches Verhältnis zu setzen und deren Implikationen zu reflektieren. Die Kritik richtet sich dabei weniger auf Medien als auf die Reflexion von Voraussetzungen und Weisen der Wissensproduktion in einem einflussreichen Feld. Jede Form der Wissensproduktion ist in die (Re-)Konstruktion machtvoller Wissensordnungen eingebunden, auch die wissenschaftliche und die pädagogisch-praktische.

Literatur

Andresen, Sabine/Brumlik, Micha/Koch, Claus (Hg.) (2010): Vorwort. In: Dies. (Hg.): Das ElternBuch. Wie unsere Kinder geborgen aufwachsen und stark werden. 0-18 Jahre. Weinheim/Basel: Beltz, S. 10-13.

Becker-Stoll, Fabienne (2008): Welche Bildung brauchen Kinder? Zu den theoretischen Grundlagen einer Pädagogik der frühen Kindheit – Eine entwicklungspsychologische Perspektive. In: Thole, Werner/Rossbach, Hans-Günther/Fölling-Albers, Maria/Tippelt, Rudolf (Hg.): Bildung und Kindheit. Pädagogik der frühen Kindheit in Wissenschaft und Lehre. Opladen: Barbara Budrich, S. 115-123.

Böhnisch, Lothar/Winter, Reinhard (1993): Männliche Sozialisation. Bewältigungsprobleme männlicher Geschlechtsidentität im Lebenslauf. Weinheim: Juventa.

Brumlik, Micha (Hg.) (2007): Vom Missbrauch der Disziplin. Antworten der Wissenschaft auf Bernhard Bueb. 2. Auflage. Weinheim: Beltz.

Budde, Jürgen (2008a): Bildungs(miss)erfolge von Jungen in der Schule?! In: Henschel, Angelika/Krüger, Rolf/Schmitt, Christof/Stange, Waldemar (Hg.): Jugendhilfe und Schule. Handbuch für eine gelingende Kooperation. Wiesbaden: VS, S. 394-408.

Budde, Jürgen (2008b): Broschüre Nr. 23: Bundesministerium für Bildung und Forschung: Bildungs(miss)erfolge von Jungen und Berufswahlverhalten bei Jungen/männlichen Jugendlichen. Bonn/Berlin: BMBF.

Budde, Jürgen (2009): Perspektiven für die Jungenforschung an Schulen. In: Budde, Jürgen/Mammes, Ingelore (Hg.): Jungenforschung empirisch. Zwischen Schule, männlichem Habitus und Peerkultur. Wiesbaden: VS, S. 73-90.

Bueb, Bernhard (2006): Lob der Disziplin. Eine Streitschrift. Berlin: List.

Bundesjugendkuratorium (2009): Schlaue Mädchen – Dumme Jungen? Gegen Verkürzungen im aktuellen Geschlechterdiskurs. München: Deutsches Jugendinstitut.

Butler, Judith (2009): Die Macht der Geschlechternormen und die Grenzen des Menschlichen. Frankfurt a.M.: Suhrkamp.

Connell, Robert W. (1999): Der gemachte Mann. Konstruktion und Krise von Männlichkeiten. Opladen: Leske + Budrich.

Cornelißen, Waltraud (2004): Bildung und Geschlechterordnung in Deutschland. Einige Anmerkungen zur Debatte um die Benachteiligung von Jungen in der Schule. In: Zeitschrift für Frauenforschung und Geschlechterstudien, 22, H. 1, S. 128-136.

Cremers, Michael (2007): Neue Wege für Jungs?! Ein geschlechtsbezogener Blick auf die Situation von Jungen im Übergang Schule – Beruf. Paderborn: Bonifatius Druck.

Crotti, Claudia (2006): Ist der Bildungserfolg bzw. Misserfolg eine Geschlechterfrage? In: Zeitschrift für Pädagogik. 52, H. 3, S. 363-374.

Fegter, Susann (2012a): Die Krise der Jungen in Bildung und Erziehung. Diskursive Konstruktion von Geschlecht und Männlichkeit in den Medien. Wiesbaden: VS.

Fegter, Susann (2012b): Phänomenstruktur Jungenkrise: Diskursive Regelhaftigkeiten und die Bedeutung der Sprecherposition in den medialen Thematisierungen 1999-2009. In: Keller, Reiner/Truschkat, Inga (Hg.) (2012): Methodologie und Praxis der Wissenssoziologischen Diskursanalyse. Wiesbaden: VS.

Forster, Edgar (2009): »Boy turn«. Geschlechterpolitik und neue Ungleichheitsstrukturen. Vortragsmanuskript. Verfügbar unter: http://www.fes.de/forumpug/inhalt/documents/ Prof.Dr.EdgarVortrag.pdf (30.09.2010).

Forster, E./Rendtorff, B. (2011): Einleitung: Jungenpädagogik im Widerstreit. In: Forster, E./, B./Mahs, C. (Hg.): Jungenpädagogik im Widerstreit, Stuttgart, S. 7-26.

Foucault, Michel (1981): Archäologie des Wissens. Frankfurt a.M.: Suhrkamp.

Foucault, Michel (2005): Subjekt und Macht. In: Ders.: Analytik der Macht. Frankfurt a.M.: Suhrkamp, S. 240-263.

Friebertshäuser, Barbara (2008): Verstehen und Anerkennen. Aspekte pädagogischer Beziehungen in Schule und außerschulischer Jugendarbeit. In: Henschel, Angelika/Krüger, Rolf/Schmitt, Christof/Stange, Waldemar (Hg.): Jugendhilfe und Schule. Handbuch für eine gelingende Kooperation. Wiesbaden: VS, S. 113-124.

Göppel, Rolf (2010): Pädagogik und Zeitgeist. Erziehungsmentalitäten und Erziehungsdiskurse im Wandel. Stuttgart: Kohlhammer.

Helsper, Werner/Sandring, Sabine/Wiezorek, Christine (2005): Anerkennung in pädagogischen Beziehungen – Ein Problemaufriss. In: Heitmeyer, Wilhelm/Imbusch, Peter (Hg.): Integrationspotenziale einer modernen Gesellschaft. Wiesbaden: VS Verlag, S. 179-206.

Jäger, Siegfried (1999): Kritische Diskursanalyse. Eine Einführung. 2., überarb. und erw. Aufl. Duisburg: DISS-Studien.

Jösting, Sabine (2008): Männlichkeit und geschlechtshomogene Praxis bei Jungen. In: Baur, Nina/Luedke, Jens (Hg.): Die soziale Konstruktion von Männlichkeit. Hegemoniale und marginalisierte Männlichkeiten in Deutschland. Opladen/Farmington Hills: Barbara Budrich, S. 45-60.

Keller, Reiner (2005): Wissenssoziologische Diskursanalyse. Grundlegung eines Forschungsprogramms. Wiesbaden: VS.

King, Vera/Flaake, Karin (Hg.) (2005): Männliche Adoleszenz. Sozialisation und Bildungsprozesse zwischen Kindheit und Erwachsensein. Frankfurt a.M./New York: Campus.

Liegle, Ludwig (2002): Über die besonderen Strukturmerkmale frühkindlicher Bildungsprozesse. In: Liegle, Ludwig/Treptow, Rainer (Hg.): Welten der Bildung in der Pädagogik der frühen Kindheit und in der Sozialpädagogik. Freiburg: Lambertus, S. 51-64.

Liegle, Ludwig (2008): Erziehung als Aufforderung zur Bildung. Aufgaben der Fachkräfte in der Perspektive der frühpädagogischen Didaktik. In: Thole, Werner/Roßbach, Hans-Günther/Fölling-Albers, Maria (Hg.): Bildung und Kindheit. Pädagogik der frühen Kindheit in Wissenschaft und Lehre. Opladen/Farmington Hills: Barbara Budrich, S. 85-114.

Mammes, Ingelore (2009): Jungen als Verlierer und Mädchen als Gewinnerinnen des Bildungssystems – Zur Problematik eines Perspektivwechsels in einer polarisierten Diskussion. In: Schweiger, Teresa/Hascher, Tina (Hg.): Geschlecht, Bildung und Kunst. Chancenungleichheit in Unterricht und Schule. Wiesbaden: VS, S. 155-166.

Martschukat, J./Stieglitz, O. (2005): Es ist ein Junge! Einführung in die Geschichte der Männlichkeiten in der Neuzeit. Tübingen: edition diskord.

Mecheril, Paul/Plößer, Melanie (2009): Differenz. In: Andresen, Sabine/Casale, Rita/Gabriel, Thomas/Horlacher, Rebekka/Larcher Klee, Sabina/Oelkers, Jürgen (Hg.): Handwörterbuch Erziehungswissenschaft. Weinheim: Beltz, S. 194-208.

Meyer, Hilbert (2004): Was ist guter Unterricht? Berlin: Cornelsen Scriptor

Michalek, Ruth (2006): »Also wir Jungs sind...« Geschlechtervorstellungen von Grundschülern. Münster/New York/München/Berlin: Waxmann.

Phoenix, Ann/Frosch, Stephen (2005): »Hegemoniale Männlichkeit«. Männlichkeitsvorstellungen und -ideale in der Adoleszenz. Londoner Schüler zum Thema Identität. In: King, Vera/Flaake, Karin (Hg.): Männliche Adoleszenz. Sozialisation und Bildungsprozesse zwischen Kindheit und Erwachsensein. Frankfurt a.M./New York: Campus, S. 19-36.

Pohl, Rolf (2005): Sexuelle Identitätskrise. Über Homosexualität, Homophobie und Weiblichkeitsabwehr bei männlichen Jugendlichen. In: King, Vera/Flaake, Karin (Hg.). Männliche Adoleszenz. Sozialisation und Bildungsprozesse zwischen Kindheit und Erwachsensein. Frankfurt a.M./New York: Campus, S. 249-266.

Rose, Lotte/Schmauch, Ulrike (Hg.) (2005): Jungen, die neuen Verlierer? Auf den Spuren eines öffentlichen Stimmungswechsels. Königstein: Ulrike Helmer.

Schmauch, Ulrike (2005): Was geschieht mit kleinen Jungen? Ein persönlicher Blick auf die Entwicklung des Jungenthemas von den 70er Jahren bis heute. In: Rose, Lotte/ Schmauch, Ulrike (Hg.): Jungen, die neuen Verlierer? Auf den Spuren eines öffentlichen Stimmungswechsels. Königstein: Ulrike Helmer.26-41.

Spies, Tina (2009): »...ich sag Ihnen jetzt mal was...« Subjektpositionierungen unter dem Einfluss gesellschaftlicher Diskurse über Gewalt, Geschlecht und Ethnizität. In: Feministische Studien 1/09. S. 67-82.

Stamm, Margrit (2008): Underachievement von Jungen: Perspektiven eines internationalen Diskurses. In: Zeitschrift für Erziehungswissenschaft, 11, H. 1, 106-124.

Stamm, Margrit (2009): Underachievement von Jungen in der Schule. In: Budde, Jürgen/Mammes, Ingelore (Hg.): Jungenforschung empirisch. Zwischen Schule, männlichem Habitus und Peerkultur. Wiesbaden: VS, S. 131-148.

Voigt-Kehlenbeck, Corinna (2005): Inszenierungen qua Geschlecht. Ein Perspektivwechsel und seine Folgen oder: Geschlecht als Bewältigungsanforderung im Zeitalter der Entdramatisierung der Gegensätze. In: Rose, Lotte/Schmauch, Ulrike (Hg.): Jungen – die neuen Verlierer? Auf den Spuren eines öffentlichen Stimmungswechsels. Königstein, S. 93-116.

Winterhoff, Michael (2008): Warum unsere Kinder Tyrannen werden; Oder: Die Abschaffung der Kindheit, Gütersloh: Gütersloher Verlagshaus.

Dokumente

Chrismon 2003: Das verdächtige Geschlecht (3/2003).

FAZ 2007: Auf der Verliererstraße lauter Männer (20.12.07).

FAZ 2009a: Wir müssen die Jungs wieder lieben lernen (08.04.09).

FAZ 2009b: Mädchen gewinnen, Jungen verlieren? (20.05.09).

GEO 2003: Jungen – die neuen Sorgenkinder? (3/2003).

SZ 2000: Das Feuer entfachen (13.04.00).

SZ 2006: Hilfe für die schwachen Starken (13.03.06).

SZ 2007: Bildungsverlierer (08.08.2007).

TAZ 2005: Männer auf die Schulbank (20.12.05).

TAZ 2007: Vom Wölfchen zum Mann (27.06.07).

Die ZEIT 2002: Die neuen Prügelknaben (25.07.02).

Die ZEIT 2007: Die Krise der kleinen Männer (07.06.07).

Die ZEIT 2010: Jungs sind so! (05.08.2010).

Katharina Debus und Olaf Stuve

Müssen Jungen überlistet werden, um sich mit dem Thema Zukunft zu beschäftigen?

Die wissenschaftliche Begleitung von Neue Wege für Jungs[1] hat in den Jahren 2009-2010 im Rahmen eines mehrperspektivischen Designs unter anderem eine qualitative Untersuchung von Jungenangeboten zu den Themen Erweiterung der Berufs- und Studienfachwahl, Vervielfältigung von Rollenvorstellungen und Ausbau sozialer Kompetenzen durchgeführt. Hierbei wurden sieben Angebote teilnehmend beobachtet, teilnehmende und nicht-teilnehmende Jungen sowie beteiligte Pädagog_innen und Praktikumsanbieter_innen interviewt. Leitend war die Frage nach förderlichen und hinderlichen Bedingungen für Jungen-pädagogik mit einem Fokus auf handlungsleitende Männlichkeitsvorstellungen und das Beschreiten neuer Wege für Jungs. Dabei erwiesen sich Jungenbilder von Pädagog_innen als realitätsfern und hinderlich, die Jungen aufgrund ihres Geschlechts oder ihrer kulturel-len bzw. sozio-ökonomischen Herkunft als eingeschränkt motiviert und entwicklungsfähig wahrnahmen. Diese Haltung schlug sich unter anderem in der Figur der Spaßorientierung von Angeboten als Überlistungsstrategie vermeintlich desinteressierter Jungen nieder, die den in der Untersuchung geäußerten Interessen der Jungen nicht gerecht wurde.

1. Einleitung

Die wissenschaftliche Begleitung des Projekts *Neue Wege für Jungs* wurde im Zeitraum 2009/10 in Kooperation des Zentrums für Sozial- und Bildungsforschung der Uni Halle-Wittenberg (Dr. Jürgen Budde, Stefanie Krüger) und Dissens e.V., einem Berliner Institut für Männlichkeits- und Geschlechterforschung, Fortbildung und Jungenarbeit (Olaf Stuve, Katharina Debus) durchgeführt. Leitend für die Untersuchung war die Frage nach hinderli-chen und förderlichen Bedingungen von Jungenangeboten im Bereich Berufs- und Lebens-planung. Dabei lag der Fokus auf der Frage: Werden *neue* Wege für Jungs beschritten?

Es wurde ein mehrperspektivisches Design entwickelt, welches durch zwei methodische Zugänge charakterisiert ist (vgl. Budde/Krüger 2010): Zum ersten wurden im Rahmen einer quantitativen Untersuchung Schulleitungen zu Präsenz und Inhalten jungenbezogener An-gebote an den jeweiligen Schulen, zu Bedarfs- und Problemeinschätzungen und zu Einstel-

---

1 »Neue Wege für Jungs« ist ein bundesweites Vernetzungsprojekt und Service-Büro, das vom BMFSFJ und aus ESF-Mitteln gefördert wird. Es regt lokale Initiativen zur geschlechtssensiblen Förderung von Jungen bei der Erweiterung der Berufs- und Studienfachwahl, der Vervielfältigung von Rollenvorstellungen und dem Ausbau sozialer Kompetenzen an. Neue Wege für Jungs vernetzt diese Angebote und unterstützt Engagierte mit aktuellen Informationen sowie Print- und Onlinematerialien. Weitere Informationen unter: www.neue-wege-fuer-jungs.de. Das Projekt ist in seiner Entstehungsgeschichte eng mit dem Girls' Day – Mädchen-Zukunftstag verknüpft. An diesem Tag können Mädchen der fünften bis zehnten Klasse am vierten Donnerstag im April ein Schnupperpraktikum in einem Beruf mit einem geringen Frauenanteil machen http://www.girls-day.de. Seit 2011 gibt es auf Bundesebene den Boys' Day – Jungen-Zukunftstag, der sich in seiner inhaltli-chen Ausrichtung an den Themen von Neue Wege für Jungs orientiert.

lungen zum Thema Jungen und Schule in vier bundesdeutschen Modellregionen telefonisch interviewt. Die Modellregionen wurden möglichst kontrastiv im Sinne von Unterscheidungen nach städtisch – ländlich, strukturschwach und -stark, West – Ost sowie starke vs. schwache Strukturen zur Jungenförderung ausgewählt. Zum zweiten wurde mit unterschiedlichen qualitativen Methoden (Interviews, Beobachtungen und Gruppendiskussionen) auf konkrete Jungenangebote fokussiert (vgl. Kuckartz 2008). Hierbei stand die Frage der pädagogischen Durchführung der Angebote und der Bearbeitung von Männlichkeiten im Mittelpunkt. Damit kann das Profil der Erhebungsinstrumente dem Ansatz der Mixed Methods zugeordnet werden (vgl. Bergmann 2008).

Dieser Artikel fokussiert die Ergebnisse des qualitativen Teils der Untersuchung. Dabei wurden sieben kontrastierende Jungenangebote zu den Themen von *Neue Wege für Jungs* in den Blick genommen:

- Drei *Praktika in sozialen Berufen*: ein pädagogisch eingebundenes verpflichtendes eintägiges Praktikum für eine siebte Klasse einer Realschule, ein freiwilliges eintägiges Praktikum für die Sekundarstufe I sowie ein freiwilliges Jahrespraktikum von einem Nachmittag pro Woche, ebenfalls schulformübergreifend für die Sekundarstufe I
- Zwei Seminarangebote zur Berufs- und Lebensplanung: ein einwöchiges, verpflichtendes, koedukatives Seminar mit monoedukativen Einheiten für eine neunte Gesamtschulklasse sowie ein eintägiges freiwilliges Seminar mit Jungen unterschiedlicher Schulformen aus den Klassen sieben und acht
- Zwei eintägige *Parcours zu sozialen Kompetenzen und Männlichkeitsvorstellungen (Stationenlernen):* verpflichtend für alle Jungen des achten Jahrgangs einer Realschule bzw. für alle Jungen des neunten Jahrgangs eines Gymnasiums unter Mitwirkung von Oberstufenschülern, die bei der Betreuung der einzelnen Stationen mitwirkten.

Bei sämtlichen oben genannten Angeboten wurde ethnographisch beobachtet. Zusätzlich wurden insgesamt 14 Gruppendiskussionen mit 48 teilnehmenden und fünf an keinem dieser Angebote teilnehmenden Jungen sowie 21 Expert_innen-Interviews mit beteiligten Lehrkräften, Jungenarbeitern, Sozialarbeiter_innen, Projektkoordinator_innen, Mitarbeiter_innen sozialer Einrichtungen, die Schnupperpraktika für Jungen angeboten hatten, sowie regionalen Experten durchgeführt.

Fokus der qualitativen wie der quantitativen Erhebung war die Frage nach förderlichen und hinderlichen Bedingungen für das Anliegen, mit Jungenpädagogik neue Wege für Jungen zu eröffnen, anstatt – trotz guter Absichten – tradierte Männlichkeitsnormen zu bestätigen und verstärken. Zur Beforschung dieser Fragestellung wurden Anbieter_innen der untersuchten Jungenangebote einerseits danach befragt, welche Bedingungen sie als hinderlich und förderlich für Jungenarbeit empfinden und andererseits, welche Zielsetzungen ihren Angeboten zugrunde liegen. Diese Aussagen wurden mit den Wahrnehmungen der Jungen und den teilnehmenden Beobachtungen kontrastiert. Die Jungen wurden zudem nach ihren Zukunftsvorstellungen befragt. Bei den teilnehmenden Beobachtungen wie auch den Auswertungen der Interviews lag ein Schwerpunkt auf der Analyse von Männlichkeitspraxen der Jungen und Jungenarbeiter (Doing Masculinity, vgl. Meuser 2001, S.

18) sowie auf Praxen, die Männlichkeitsanforderungen zuwiderliefen bzw. Zwischenräume zwischen geschlechtsbezogenen Erwartungen aufsuchten. Die unterschiedlichen Daten wurden im Auswertungsprozess triangulativ aufeinander bezogen (vgl. Flick 2008). Triangulation kann dabei nicht nur als Abgleich unterschiedlicher Datensorten verstanden werden. Vielmehr stellt sie darüber hinaus eine systematische Verknüpfung der theoretischen Prämissen dar, die den jeweiligen Methoden zugrunde liegen. Mit Flick »liegt der Gewinn der Triangulation weniger in der wechselseitigen Überprüfung von Ergebnissen, sondern in Erweiterung der Erkenntnismöglichkeiten durch die Erweiterung von Perspektiven auf den untersuchten Gegenstand« (Flick 2008, S. 112; auch Flick 2003). Die Auswertung folgte der Methode der Grounded Theory (vgl. Strauss/Corbin 1996), indem die Daten mehrerer sequenziellen Codierungsdurchläufen zur Bestimmung von minimalen und maximalen Kontrastierungen unterzogen und anschließend induktiv auswertungsleitende Kategorien gebildet wurden.

In diesem Beitrag legen wir den Fokus auf folgende Fragestellungen:

1. Selbstbeschreibungen von Jungen: Wie sind die Selbstbeschreibungen von Jungen bezüglich des Interesses an der Erprobung sozialer Tätigkeiten? Wie vielfältig sind ihre beruflichen Perspektiven? Welche Familienmodelle favorisieren sie für ihre Zukunft? Diese Selbstbilder der Jungen kontrastieren wir mit den Jungenbildern von Pädagog_innen.

2. Dabei haben wir vier Schemata pädagogischer Sichtweisen auf Jungen herausfinden können: (a) »Jungen machen zu wenig Erfahrungen in manchen Bereichen«, (b) »Jungen fehlt es an Reife«, (c) »Jungen fehlt es an vielfältigen Vorbildern« und (d) »Jungen konkurrieren«.

Im Anschluss daran werden wir exemplarisch »Spaß« als didaktische Funktion im Setting der Jungenförderung problematisieren (4.).

Abschließend werden wir aus dem bis dahin Dargestellten Empfehlungen für eine Weiterentwicklung von Jungenpädagogik benennen (5.).

2. Selbstbeschreibungen der Jungen

2.1 Breites Interesse an der Erprobung sozialer Tätigkeiten

Alle 53 Jungen, die wir interviewt haben, haben großes Interesse an der Erprobung sozialer Tätigkeiten. Exemplarisch seien an dieser Stelle drei Interviewsequenzen wiedergegeben:

Interviewer: »Deshalb will ich jetzt von Euch so ein bisschen hören, wie fandet Ihr gestern den ganzen Tag [...] und was fandet Ihr vielleicht besonders gut, was fandet Ihr aber auch schlecht? [...]«
Sebastian[2]: »Ja, halt so, ich fand das eigentlich gut, dass man überhaupt so was macht, weil man dann halt auch sieht, was zum Beispiel die Mutter so tagtäglich leisten muss.«

2　Alle Namen wurden anonymisiert.

Frederik: »*Ja, also ich fand ihn auch gut, war mal 'ne schöne Erfahrung, weil so was macht man ja auch nicht jeden Tag. Und was halt, wie er auch schon gesagt hat, meine Mutter tagtäglich leisten muss, dass ich das auch mal alles so lerne. Fensterputzen hab ich zum Beispiel noch nie vorher gemacht (-) oder Kartoffelschälen*«.

(Gruppendiskussion G7 mit 8-Klässlern einer Realschule, die an einem Haushaltsparcours teilgenommen hatten)

Interviewerin: »*Wie hat euch das gefallen heute? [...]*«
Samir: »*Okay. Ich war in der Krabbelstube, da war es am Anfang ein bisschen merkwürdig. Dann hab ich mich daran gewöhnt. Ich musste den Kindern so, die Kinder waren da von ein bis drei Jahre alt. Und die waren süß, die sind immer zu mir gekommen, haben gesagt, lies mir was vor und so, mit so 'ner piepsigen Stimme. Das fand ich gut. Und ich durfte auch schon früh gehen, um zwölf Uhr schon. Und die Chefin war sehr nett.*«
Samuel: »*Ja, ich war in der Kita. Ich war bei der lila Gruppe und die Kinder waren ganz nett. Wir sind rausgegangen, spazieren, waren in so 'nem Park, da haben wir Fangen gespielt. Ja, dann sind wir zurückgekommen, haben noch mal Fangen gespielt. Dann haben wir uns auch noch gecatcht. Ja. Und ich fand die Kinder ganz süß. Und die wollten auch die ganze Zeit Händchen halten. Und die haben mir auch gesagt, ich soll denen was vorlesen.*«
Samir: »*Bei uns wollten die auch Händchen halten.*«
Fatih: »*Also, ich war auch in der Kita, in der gleichen wie er.*«
Samir: »*Warst du auch in der lila Gruppe?*«
Fatih: »*Nein, ich war in der roten Gruppe. Wir haben auch einen Spaziergang gemacht und die wollten auch die ganze Zeit Händen halten.*«
Samir: (lacht)
Fatih: »*Die war'n ganz süß und wollten, ja, irgendwie die ganze Zeit mit einem spielen, irgendwie fangen und so.*«
Samir: (leise) »*Das war voll süß.*«
Fatih: »*Und mir hat der Tag ganz schön gefallen.*«
Samir: »*Ich könnte mir vorstellen, nächstes Jahr das noch mal zu machen.*«
Fatih: »*Ja, ich auch.*«

(Gruppendiskussion G1 mit 13-jährigen Hauptschülern, die an einem eintägigen Schnupperpraktikum in sozialen Berufen teilgenommen hatten)

Interviewerin: »*Einer von Euch fängt an, sich vorzustellen?*«
Erol: »*Okay, mein Name ist Erol. Ich bin 15 Jahre alt, arbeite in einem Kindergarten. Ja, das macht mir halt Spaß, mit Kindern halt bisschen was zu machen, mit denen zu spielen. Manche sind auch ein bisschen halt nervig. Aber man gewöhnt sich auch daran. Die sind halt, was soll ich sagen, es gefällt mir halt. Auch wenn es nervig ist, aber man muss halt irgendwas, man muss halt irgendwie, was soll ich sagen, irgendwann gewöhnt man sich halt an die Kinder irgendwie. Ich hab' die jetzt schon vermisst und so. Auch wenn ich nicht da arbeite und so, ich weiß nicht, ich vermiss' die auch.*«
Interviewerin: »*Du hast vor kurzem aufgehört, ne?*«

Erol: »*Ja, ich musste aufhören. Ich hab' jetzt zwanzig³ Stunden schon gemacht, aber ich hab' sechs Stunden gemacht länger, weil es mir gefallen hat. Und die Frau hat gemeint, ja, du arbeitest hier gut und so. Sind halt alle lieb zu mir und so, ich bin auch lieb zu denen.*«
(Gruppendiskussion G5 mit zwei 15-jährigen Realschülern, die an einem Praktikum teilgenommen hatten, in dessen Rahmen sie ein Jahr lang einen Nachmittag pro Woche in einem sozialen Beruf gearbeitet haben)

Andere Jungen, die freiwillig oder verpflichtend an einem Haushaltsparcours oder an einem Praktikum in einem sozialen Beruf (Pflegeheim, Kindergarten, Kinderkrippe, Krankenhaus) teilgenommen haben, berichten: Es habe Spaß gemacht, sie seien von ihren Kompetenzen überrascht gewesen, es sei schön, gebraucht zu werden, sie hätten die Anerkennung genossen, die ihnen von Klient_innen und Mitarbeiter_innen entgegengebracht wurde, die Kinder seien »süß« gewesen, es sei eine Abwechslung zur Schule gewesen, sie hätten für berufliche Entscheidungen etwas gelernt, sie verstünden nun besser, was Frauen täglich leisteten etc.
Die Jungen, die Gelegenheit zu einem Schnupperpraktikum in einem »Frauenberuf« (zur Frage der Benennungen vgl. S. 64) gehabt hätten und sich zugunsten eines Parcours-Angebotes dagegen entschieden hatten, erklärten nach Aufklärung, dass sie beispielsweise in einen Kindergarten hätten gehen können, dass sie daran hohes Interesse gehabt hätten, teilweise aus Neugier, teilweise auch aus beruflichem Interesse. Insgesamt äußerten viele Jungen, unabhängig von der Angebotssorte, an der sie teilgenommen haben, dass sie Gelegenheiten begrüßen, in denen sie praktisch Erfahrungen und Informationen sammeln können, die sie bei der Berufswahl unterstützen. Berührungsängste oder Abneigung bzgl. der Erprobung sozialer Berufe oder Tätigkeiten äußerte keiner unserer Interviewpartner.

2.2 Vielfalt bezüglich beruflicher Perspektiven

Bezüglich ihrer beruflichen Vorstellungen fällt die große Vielfalt unter den Jungen auf. Zwar interessiert sich etwa die Hälfte unter ihnen für männlich konnotierte Berufe, wobei diese Jungen weiblich konnotierte Berufe zwar gerne erproben aber später nicht ausüben wollen würden. Neben einer großen Menge unentschlossener Jungen, die zum Teil noch gar nicht wissen, was sie später arbeiten wollen, oder sowohl weiblich als auch männlich konnotierte Berufe in Betracht ziehen, interessiert sich immerhin etwa jeder achte Junge dezidiert für soziale Berufe. Neben männlichen oder weiblichen Konnotationen spielten bei den beruflichen Überlegungen – in Überschneidung mit gesellschaftlichen Strukturen geschlechtlicher Zuweisungen – Qualifikationsgrad, Prestige und Einkommen eine große Rolle.
Im Folgenden einige beispielhafte Stimmen von Jungen, die an Praktika in sozialen Berufen teilgenommen hatten:⁴

---

3   Hier handelt es sich wahrscheinlich um einen Versprecher, da er nicht 20 sondern 200 Stunden Praktikum absolviert hat.
4   Die oben angegebenen Mengenverhältnisse beruflicher Interessen beziehen sich nicht nur auf die Schnupperpraktikanten sondern auf die Gesamtmenge der Jungen.

Interviewerin: »*Und könnt Ihr Euch vorstellen, so 'nen Job später mal zu machen?*«
Karl: »*Okay, also ich könnte mir das nicht vorstellen, im Krankenhaus zu arbeiten. Weil ich lieber Zahnarzt werden will oder Anwalt.*«
Roy: »*Ich find', Kindergärtner als Zivi ist schon gut, aber Kindergärtner als Job, das find' ich nicht so gut. Ich finde, das passt nicht so richtig. Das sind so viele Kinder und ich glaub', die Frauen machen das besser als die Männer. Ich hab' noch nie mitgekriegt, wie ein Kindergärtner mit Kindern umgeht.*«
(Gruppendiskussion G3 mit 13- und 14-jährigen Gymnasiasten)

Interviewerin: »*Und Ihr habt aber grad' gesagt, Ihr könnt euch das später nicht vorstellen als Beruf?*«
Fatih: »*Ja, auf die Dauer.*«
Samir: »*Doch, für mich schon. Krabbelstube ist voll süß.*«
Fatih: »*Ich war jetzt da schon ziemlich kaputt, obwohl ich da nur bis Eins gewesen bin, aber es hat mir auch gereicht von Viertel nach Neun, weil es war jetzt schon ziemlich anstrengend, weil die dann immer so rumschreien und dann hat man da auch Ohrenschmerzen irgendwie. Und es ist halt schon ziemlich anstrengend. Ja.*«
Interviewerin: »*Und glaubst Du, das ist anstrengender als andere Berufe, die Du Dir auch vorstellen kannst?*«
Fatih: »*Nein, ich mein jetzt vom Körperlichen ist es auch anstrengend.*«
Interviewerin: »*Ja.*«
Fatih: »*Also, ich weiß nicht. Bei manchen Berufen ist es jetzt, ich kann's mir jetzt nicht richtig gut vorstellen, wie jetzt die anderen Berufe sind, aber ich glaub', so einen Beruf werd' ich dann später nicht ausüben. Aber, doch, sonst find' ich's, deswegen kann ich's mir nicht so gut vorstellen, weil es ist ziemlich anstrengend.*«
Samir: »*'Tschuldigung, ich hab' noch was. Also ich kann's mir vorstellen, später da zu arbeiten, aber ich will nicht, weil ich fünf Jahre Abitur machen muss für so was, Erzieher. Das find' ich <u>scheiße</u>.*«
Interviewerin: »*Muss man mittlerweile Abitur machen dafür?*«
Samir: »*Fünf Jahre lang. (unverst.) hat mir das gesagt. Und ich verabschiede mich vom Interview.*«
(Gruppendiskussion G1 mit 13-jährigen Hauptschülern)

Interviewerin: »*Und Dir, würd' Dir das Spaß machen, später im Kindergarten zu arbeiten?*«
Ibrahim: »*Sehr sogar. Aber ich weiß nicht, vom Lohn her weiß ich nicht, wie das so ist. Aber eigentlich würd' ich versuchen, was anderes sein zu wollen. Was Ärztliches oder Polizist oder so was in die Richtung, womit man auch anderen helfen kann.*«
(15-Jähriger Realschüler, Gruppendiskussion G4)

Interviewerin: »*Wisst Ihr schon, wie Ihr später mal leben wollt oder habt Ihr schon [...] so 'ne Idee, also Beruf und Familie, mit Freunden zusammen wohnen oder...?*«
[... Aussagen der Jungen zu WG-Wohnen, Beziehungen und Freunden]

Cem: »*Und ich könnte mir auch ziemlich gut vorstellen, dass ich den Beruf ausübe, Erzieher im Kindergarten...*«
Erol: »*Ja, ich weiß nicht, Erzieher ist auch was für mich. Ich will im Krankenhaus oder im Kindergarten, mir ist es egal, Hauptsache soziale Arbeit.*«
(Gruppendiskussion G5 mit 15-jährigen Realschülern)

In der hier dargestellten Vielfalt beruflicher Vorstellungen zeigten sich, entgegen den Annahmen einiger Pädagog_innen, die wir interviewt haben, Migrationshintergrund und soziale Schicht in unseren Ergebnissen bzgl. beruflicher Interessen nur insofern relevant, als Jungen, die eine andere Schulform als das Gymnasium besuchen, sich stärker an sozialen Berufen interessiert zeigten. Jenseits von Fragen der asymmetrischen Verteilung auf die unterschiedlichen Schulformen hat sich ein Migrationshintergrund nicht als differenzierender Faktor erwiesen. Da wir die Jungen nicht nach sozioökonomischem oder Bildungshintergrund ihrer Eltern gefragt haben, können wir hier bzgl. des Einflusses dieser beiden Faktoren jenseits der besuchten Schulform keine Aussage treffen.

2.3 Verengung bezüglich Familienkonzeptionen mit Ausnahmen

In allen Gruppendiskussionen haben die Jungen bezogen auf die Frage nach Zukunftsvorstellungen geäußert, dass sie heterosexuell heiraten und Kind(er) haben wollen. Zwei der interviewten 53 Jungen können sich vorstellen, auch eine zeitlang zur Kinderbetreuung auf Berufstätigkeit zu verzichten, wenn der Lohn der Partnerin ausreicht und sie das gerne möchte. Einige weitere sind unentschlossen, sie können sich einerseits vorstellen, sich eine zeitlang hauptsächlich um die Kinder zu kümmern, finden aber einen Verzicht auf Berufstätigkeit wiederum nicht gut vorstellbar. Das folgende Zitat zeigt beispielhaft diese beiden wie auch eine weitere Position:

Interviewerin: »*[...] [H]abt Ihr eine Rollenaufteilung, die Euch wichtig wäre?*«
Mesut: »*Nee, das ist bei mir nicht der Fall. Es wär' einfach gut, wenn ich finanziell abgesichert bin, gesundheitlich sollte schon alles stimmen. Und ja, generell eine schöne Lebenssituation und so. Aber eine bestimmte Rollenverteilung, jetzt, das macht der Mann, das macht die Frau, würde ich nicht sagen.*«
Fabian: »*Wir müssen uns ergänzen, mehr nicht.*«
Mesut: »*Ja, genau. Da kann ich nur zustimmen. Meinetwegen würd' ich auch die Kinder großziehen, da hätt' ich kein Problem.*«
[Lachen]
(Gespräch über berufliche Vorstellungen, Arbeitslosigkeit und Rollenverteilungen)

Peter: »*Ich würd' meine Kinder auch nicht den ganzen Tag allein lassen. Ich find', das ist nicht gut. Ich bin zwar viel allein zu Hause mit meiner Schwester, wir kommen relativ gut klar, aber ganz alleine ist es nicht. Ich seh' meine Eltern schon noch relativ häufig, obwohl beide berufstätig sind. Und ja, zu dem Thema, wenn die Frau arbeitet und der Mann ist arbeitslos, ich sag' mal so, wenn meine Frau jetzt einen super Job hat,*

kommt damit gut klar und sie meint, sie bringt genug Geld nach Hause und es gefällt ihr halt der Job, dann würde ich sagen, pass mal auf, dann bin ich jetzt, so lange du da zufrieden bist, mit dem Job, bin ich zu Hause. Ich würd' mich trotzdem drum bemühen, irgendwie Arbeit zu finden und dann könnt' man ja immer noch gucken, zu dem Zeitpunkt dann, wenn's wirklich so weit ist, ob dann lieber ich arbeiten geh' oder sie oder«
Midas: »*Aber*«
Peter: »*wie auch immer. Wenn sie mit dem Job zufrieden ist, hätt' ich kein Problem damit, zu Hause zu sein.*«
Midas: »*ich bin mal ganz ehrlich, ich würd' meinen Job für den Job meiner Frau jetzt nicht aufgeben. Ich würd' sie*«
Mesut: »*Nein.*«
Midas: »*wirklich eher drum bitten, dass sie ein bisschen mehr Zeit für zu Hause für die Kinder hat. Weil, ich mein', so die ganze Hauswirtschaft, Arbeit kann man auch zusammenbringen, das ist kein Problem, nur das mit den Kindern halt. Ich mein'*«
(Gruppendiskussion G11 mit 17- und 18-jährigen Gymnasiasten, die als Stationenleiter an einem gemischten Themenparcours zum Thema ›Zukunft‹ teilgenommen hatten)

Im Interview zeigte sich, dass einer der Jungen (Peter) sich vorstellen konnte, bei ausreichendem Einkommen und einem Interesse seiner zukünftigen Partnerin auf seinen Beruf zu verzichten, wobei das nicht aus Faulheit passieren solle, weshalb er betont, dass er dabei eine Arbeit suchen würde und sie dann zusammen entscheiden würden. Mesut betonte seine Distanz zu einer starren Rollenverteilung, kann sich auch vorstellen, »die Kinder groß[zu]ziehen«, aber als im weiteren Verlauf Midas Peter widersprach, dass er nicht seinen Job für den seiner Frau aufgeben würde, stimmte ihm Mesut zu. Midas wiederum erwartet eine traditionelle Rollenverteilung.

Midas' traditionelle Vorstellung der späteren Familien-Arbeitsteilung entsprach der Position der Mehrheit der Jungen. Neben dem komplett verhandlungsoffenen Modell von Peter und einem weiteren Jungen konnte sich eine weitere Minderheit der Jungen vorstellen, Teilzeit zu arbeiten. Als Voraussetzung des Kinderkriegens nannte die überwältigende Mehrheit, eine sichere Stelle zu haben bzw. selbstständig ausreichend abgesichert zu sein, um die Familie alleine ernähren zu können, sodass es der innerfamiliären Verhandlung frei überlassen ist, ob die Partnerin arbeitet oder nicht – deren Verdienst erschien in den Sichtweisen der meisten Jungen als optionales Zubrot, woraus sich nicht zuletzt erklärt, weshalb beispielsweise der Erzieherberuf auch von manchen inhaltlich deutlich interessierten Jungen als nicht einkommensstark genug empfunden wurde. Mehrere der Jungen betonten beim Darlegen ihrer Präferenz einer traditionellen Rollenverteilung, nicht gleichstellungsfeindlich sein zu wollen. Folgende Passage aus einer Gruppendiskussion zeigt exemplarisch, wie mit den Ambivalenzen der Jungen tendenziell eine Traditionalisierung von Familien- und Geschlechtervorstellungen einherging:

Interviewerin: »*Und wisst Ihr schon, wie Ihr später leben wollt? Also mit wem wollt Ihr zusammen leben? Soll es Kinder geben oder nicht?*«
[...]

Roy: »*Und auch so zwei Kinder, einen guten Job, damit man die Familie ernähren kann und ein großes Haus.*«

Interviewerin: »*Und wie ist das, wenn Eure Frau auch arbeiten will?*«

Matthias: »*Find' ich eigentlich nicht unbedingt so schlimm, aber, ja. Ich find' das nicht unbedingt so schlimm.*«

Karl: »*Also, wenn meine Frau arbeiten gehen will, dann halt entweder nur morgens oder mittags, weil wenn ich auch abends um sechs oder so nach Hause komm', (lachend) bisschen Zeit für sich haben.*«

Roy: »*Ja, mir würde das auch nicht, wär' nicht schlimm, wenn meine Frau arbeiten gehen würde, aber ich würd's halt schöner finden, wenn sie zu Hause auf die Kinder, halt auf die Kinder aufpassen würde.*«

Interviewerin: Das heißt, Ihr selbst habt keine Lust, auf die Kinder aufzupassen?«

Roy: »*Es geht.*«

Matthias: »*Ist ja nicht unbedingt so schlimm, aber [...] ich würde schon lieber arbeiten gehen [...]. Ich weiß nicht, ich denke, das ist auch irgendwo der Männerjob. Okay (lachend) ich bin jetzt nicht irgendwie frauenfeindlich oder so (lacht), aber ich denk' auch, ich würde schon irgendwie arbeiten, weil ich hab' jetzt keine Lust die ganze Zeit zu Hause rumzuhocken und auf die Kinder aufzupassen.*«

Interviewerin: »*Und so halb-halb ist jetzt auch eher nicht so attraktiv für Dich?*«

Matthias: »*Ja, ich will jetzt nicht so den ganzen Tag, dass ich meine Kinder nie sehe, irgendwie arbeiten und dass ich dann nie frei kriege oder so. So'n Job, wo es bisschen unsicher ist, aber ich weiß auch nicht genau. Ma' guck'n. Is' ja auch noch 'ne Weile hin.*«

Interviewerin: »*Und Du?*«

Karl: »*Mhm, also*«

Interviewerin: »*Kannst Du Dir vorstellen, 'ne Weile zu Hause zu bleiben und Dich um die Kinder zu kümmern oder halb zu arbeiten irgendwie so was?*«

Karl: »*Ja, so im ersten Jahr oder in den ersten drei Monaten ein paar Tage frei nehmen, aber sonst würd' ich lieber arbeiten gehen, weil es ist halt, ich sag' mal, so Tradition, dass der Mann arbeitet und die Frau zu Hause bleibt und sich um die Kinder kümmert.*«

Interviewerin: »*Das heißt, Ihr selber habt keine Lust, auf die Kinder aufzupassen?*«

Matthias: »*Ja, ich will jetzt nicht so den ganzen Tag, dass ich meine Kinder nie sehe, irgendwie arbeiten und dass ich dann nie frei kriege oder so. Ma' guck'n. Is' ja auch noch 'ne Weile hin.*«

(Gruppendiskussion G3, 13-14-jährige Gymnasiasten, die an einem Schnupperpraktikum in sozialen Berufen teilgenommen hatten)

Auf besonders interessante Weise zeigt sich in dieser Passage, wie die Jungen sich einerseits explizit auf Gleichstellungsansprüche bezogen, was dann aber zu nicht mehr führte, als dass sie die imaginierte Ehefrau oder Lebenspartnerin zu nichts zwingen wollen. Sie wünschten sich, »irgendwie« auch Zeit mit ihren Kindern zu verbringen. Dennoch bestand bei vielen eine eindeutige Karriereorientierung, die eine praktische Vereinbarkeit dieser drei Ansprüche schwierig werden lässt und in der Zukunftsvorstellung eher zu einer traditionellen Aufgabenteilung zwischen ihnen als Mann und ihrer zukünftigen Partnerin führte.

In einer Gruppendiskussion mit Oberstufenschülern eines Gymnasiums wurde dieser Hinweis als interessante Diskussionsanregung begrüßt und Interesse an mehr Räumen zur Auseinandersetzung mit Fragen von Vereinbarkeit von unterschiedlichen Familienmodellen und beruflichen Pfaden geäußert (Gruppendiskussion G11).

Hier lässt sich zusammenfassen, dass, je näher mit den Jungen an der aktuellen Lebenswirklichkeit gearbeitet wurde – also Gespräche über aktuelle Erfahrungen und Interessen oder die nähere Zukunft geführt wurden –, desto weniger traditionelle Vorstellungen wurden dabei von ihnen entwickelt. Je abstrakter und weiter in der Zukunft und – bzgl. Fragen von Familienplanung – von ihren aktuellen Lebensrealitäten entfernt diskutiert wurde, desto größer war die Traditionalisierungs-Tendenz.

3. Jungenbilder der Pädagog_innen

Nach diesem kursorischen Einblick in die Vorstellungen der Jungen zu den genannten Fragestellungen soll im Folgenden auf die Bilder eingegangen werden, die Pädagog_innen von Jungen haben. Aus der Kontrastierung der Selbstrepräsentationen der Jungen mit den Fremdbildern der Erwachsenen resultieren jeweils unterschiedliche Spannungsverhältnisse mit unterschiedlichen pädagogischen Folgewirkungen, die wir hier nur andeuten können.[5]

3.1 Bild A: »Jungen machen zu wenig Erfahrungen in manchen Bereichen«

Jungen – so das das Bild der Pädagog_innen – kommen nicht unbedingt auf die Idee, dass Tätigkeiten im sozialen Bereich etwas für sie sein könnten, weil der »ja eher weiblich konnotiert ist«. Die pädagogische Folgerung aus dieser Vorstellung lautet, Jungen die Möglichkeit zu schaffen, entsprechende Erfahrungen machen oder »nachholen« zu können. »[D]adurch, dass sie regelmäßig in soziale Einrichtungen gehen, wachsen auch ihre sozialen Kompetenzen«, so die einfache und einleuchtende Konsequenz. Die Intention ist, den Jungen in bestimmten Bereichen »also speziell den männlichen Schülern eine Welt zu offerieren, die sie teilweise nicht kennen.«

Begründet wurde das Bild zum Teil mit der eigenen Erfahrung und dem retrospektiven Wunsch, es in der eigenen Jugend selbst anders ermöglicht bekommen zu haben:

»Als ich selber in dem Alter war, hatte ich auch überhaupt gar keine Ahnung von den Dingen (Bügeln, Essenspläne machen, Geschenke packen ...), und als ich dann ausgezogen bin, bin ich da wirklich ins kalte Wasser gesprungen – und so kalt muss das Wasser ja nicht sein.«
(Experteninterview I15 mit einem Realschullehrer, der einen Haushaltsparcours für Jungen zum Girls' Day an seiner Schule organisiert hatte)

Dieses Bild der Pädagog_innen korrespondiert mit den Selbstbeschreibungen der Jungen auf der Ebene der Interessen an sozialen Tätigkeiten, wobei sich der Grad realer Erfah-

---

5 Bezüglich genauerer Ausführungen vgl. Budde/Debus/Stuve 2011 und Debus 2011.

rungslosigkeit, beispielsweise bei Haushaltstätigkeiten oder im Umgang mit kleinen Kindern, individuell ausdifferenziert. Die Jungen formulierten durchaus Interesse an für sie neuen Tätigkeitsbereichen unabhängig davon, ob sie sich vorstellen können an diesen berufliches Interesse zu entwickeln oder auch nicht, und bemängeln, dass es für solche Erfahrungen im schulischen Alltag wenig Raum gibt.

3.2 Bild B: »Jungen fehlt es an Reife«

»Mit den Jungen der neunten Klasse kann man zum großen Teil Schnupperpraktika in Frauenberufen nicht machen, da gibt es zu viele Widerstände, die sind noch nicht so weit. Es wurde allen angeboten und vier machen das gerade, weil sie's gerne wollen, aber da gehört Mut zu, die werden als schwul und so bezeichnet.«
(Experten-Interview I18 mit einem Gymnasial-Lehrer, der einen gemischten Themenparcours zum Thema ›Zukunft‹ für Jungen zum Girls' Day an seiner Schule organisiert hatte)

Die hier formulierte Vorstellung, dass die Schüler eines neunten Jahrgangs »nicht so weit« seien, um Schnupperpraktika in so genannten Frauenberufen zu machen, kollidiert zumindest mit dem von uns weiter oben beschriebenen Interesse der Jungen an den damit verbundenen Tätigkeiten.

Mit der Erklärung des Lehrers wurde ein von ihm wahrgenommenes Desinteresse hingenommen und nicht weiter hinterfragt. Damit wurde auch darauf verzichtet, Angebote zu schaffen, die es den Jungen – oder zumindest einigen Jungen – ermöglichten, Interesse zu entwickeln und zu formulieren. Vielmehr wurden eigene Vermittlungsstrategien als mögliche Gründe für das Desinteresse der Jungen unhinterfragbar gemacht.

Zu möglichen problematischen Vermittlungsstrategien zählen in diesem Fall einerseits mangelnde Informationen darüber, um welche Berufe und damit verbundenen Tätigkeiten es sich handelt. So assoziierten die Jungen mit »Frauenberufen« spontan ausschließlich niedrig qualifizierte und von ihnen als ausbeuterisch empfundene Berufe. Außerdem war die Bezeichnung »Frauenberufe« dann problematisch, wenn die Bezeichnung nicht selbst zum Gegenstand der Auseinandersetzung gemacht wurde: Soll gerade die vergeschlechtlichte gesellschaftliche Arbeitsteilung zum Thema gemacht werden – und hierfür ist Zeit sowie inhaltliche und pädagogische Kompetenz nötig –, kann die Verwendung des Begriffs durchaus Sinn machen. Bleibt der Begriff allerdings pädagogisch unbearbeitet stehen, fungiert er als gesellschaftlicher Platzanweiser: Es entsteht das Bild, ein »richtiger« Junge interessiere sich nicht für diese Berufe sondern müsse erst dazu ermutigt werden, Interesse an diesen Berufen scheint daher anormal für einen »richtigen« Jungen. Die Jungen gerieten dadurch in eine (Zwei-) Geschlechterfalle, die es ihnen erschwerte, ihr mögliches Interesse an Beruf oder Tätigkeit mit den nahegelegten Geschlechtervorstellungen zu verbinden. Sollen die Jungen also einfach zu Schnupperpraktika in weiblich konnotierten Berufen ermutigt oder verpflichtet werden, dann empfiehlt sich die Verwendung beschreibender Begriffe wie »Soziale Berufe«, »Dienstleistungsberufe« etc.

Zu guter Letzt wurde im Bild des »unreifen« Jungen gar nicht mehr überlegt, was andere Gründe sein könnten, die Jungen einengen. So sprach der Lehrer in dem Zitat zwar den

Peergruppendruck an, indem er darauf hinwies, dass es schon einen gewissen Mut brauche, ein Schnupperpraktikum zu machen, da diejenigen Jungen »als schwul und so bezeichnet« würden. Er benannte es aber nicht mehr als Peergruppendruck, sondern machte aus diesem Problem, das auf männliche Normierungspraxen hinweist, ein entwicklungspsychologische Problem des »die sind noch nicht so weit«. Dieses Bild bewahrheitete sich bei den interviewten Jungen nicht. Bei angemessener Vermittlung der Möglichkeiten zeigten sich alle unsere Interviewpartner alters- und schulformübergreifend interessiert an der Erprobung sozialer Tätigkeiten. Dies bestätigte sich auch im großen Zuspruch im beobachteten freiwilligen Angebot und im positiven Echo der Teilnehmenden eines verpflichtenden Angebots für alle Jungen der siebten und achten Klassen.

3.3 Bild C: »Jungen fehlt es an vielfältigen Vorbildern«

In diesem Bild finden sich richtige und zugleich hochproblematische Anteile wieder, wie sie in den Debatten um Jungenarbeit häufig vorzufinden sind:

Unter anderem wurde konstatiert, dass die gesellschaftlichen Anforderungen an Jungen/Männer immer widersprüchlicher würden. Exemplarisch fasste das ein Interviewpartner folgendermaßen zusammen:

»Wenn ich mich jetzt entscheide, hart zu sein, dann heißt es, Du bist nicht weich genug; entscheide ich mich, empathisch zu sein, für Kinder zu sein, dann ist man ein Softie und Weichei.«
(Experten-Interview I10 mit einem Jungenarbeiter, der die Vor- und Nachbereitung eintägiger Schnupperpraktika in ›Frauenberufen‹ für Jungen einer Realschule durchgeführt hatte)

Jungen, so das Bild von Teilen der Jungenarbeit,[6] würden auf diese Anforderungen mit Traditionalisierung reagieren. Der Grund für diese Reaktion sei der Mangel an vielfältigen Männervorbildern, was durch das Angebot der Jungenförderung ausgeglichen werden soll. Als wichtiger Ansatzpunkt der pädagogischen Arbeit mit Jungen wurde daraus »also dieser Mann-zu-Mann Kontakt« abgeleitet, wodurch die Jungen Vorbilder erleben sollen. Auf diese Weise findet eine bedeutsame Verschiebung von den Interessen und Erfahrungen der Jungen, die in den Hintergrund treten, hin zu der Person des Pädagogen, die in den Vordergrund tritt, statt. Der Jungenarbeiter selbst wird zum Zentrum der Jungenarbeit gemacht.

Die Jungen selbst nennen keinen Mangel an Vorbildern. Über die Frage expliziter Äußerungen hinaus war es schwierig, diese Sichtweise mit den Selbstaussagen der Jungen abzugleichen. Verschiedene Aspekte dieses Bildes von Pädagogen über Jungen erweisen sich allerdings als problematisch:

---

6   Von Jungenarbeit ist hier weniger die Rede im Sinne einer Definition (vgl. dazu exemplarisch Jantz 2008), sondern vielmehr im Sinne einer pädagogischen Praxis, die sich im deutschsprachigen Raum seit etwa 30 Jahren – zunächst sehr langsam und seit ein paar Jahren beschleunigt – neben einer Mädchenarbeit etabliert. Die Ansätze bzw. Praxen, die unter Jungenarbeit firmieren, sind sehr heterogen und zum Teil widersprüchlich. Wissenschaftliche Arbeiten zu der Frage, was Jungenarbeit qualifiziert, sind bisher eine Seltenheit. In Pech 2009 ist der Stand der Jungenarbeit kritisch reflektiert.

Die Annahme, dass Jungen auf widersprüchliche Anforderungen mit einer Traditionalisierung reagieren würden, konnte in unserer Erhebung bzgl. gegenwartsbezogener Tätigkeiten nicht bestätigt werden. Vielmehr schien eine Traditionalisierung der Vorstellungen in manchen Fällen gerade erst durch bestimmte pädagogische Interventionen hervorgerufen zu werden. Dies ging zumeist damit einher, dass die Interessen und Erfahrungen der Jungen in den Hintergrund und die Person des Jungenarbeiters mit seinen Themen in den Vordergrund gerückt wurden. In diesem Zusammenhang sind auch die Rückmeldungen der Jungen dahingehend auffällig, dass sie die Praktika deutlich besser bewertet haben als die Seminaranteile bzw. -angebote. Dies spricht nicht gegen Seminarangebote an sich, sondern für die Notwendigkeit, hier Konzepte weiterzuentwickeln und dabei mehr die Jungen in den Mittelpunkt zu stellen als die Pädagogen. Dies entspricht auch der aktuellen Diskussion innerhalb der Jungenarbeit, in der eine stärkere Subjektorientierung eingefordert wird (vgl. Pech u.a. 2009, S. 245f.). Bezüglich der Wichtigkeit des »Mann-zu-Mann-Kontaktes« sei hier auf Michael Cremers Ergebnisse der ersten wissenschaftlichen Begleitung von Neue Wege für Jungs von 2006-2007 verwiesen, in der die Jungen überraschenderweise die Angebote zum Girls' Day, die von Frauen durchgeführt wurden, besser bewerteten als die von Männern durchgeführten (vgl. Cremers/Puchert/Mauz 2008, S. 63).

3.4 Bild D: »Jungen konkurrieren«

Das vierte Jungenbild bezieht sich auf Verengungen in den Verhaltensweisen von Jungen, deren Grund in den Dynamiken unter Jungen gesehen wird. Jungen würden sich oftmals Erfahrungen gegenseitig unmöglich machen, weil sie sich z.b. oft nicht trauen, Fragen zu stellen, wenn es nicht einen bestimmten Rahmen gibt. Folgendes Zitat gibt eine häufig gemachte Beobachtung wieder:

Die Jungen »sind ganz viele einzelne tolle Persönlichkeiten, aber in der Gruppe agieren die so gegeneinander. Und gerade das spielt ja noch rein, dass sie Angst haben, etwas nicht zu verstehen, weil das wiederum aufgeschnappt wird und gegen sie verwendet wird.« (Expertinnen-Interview I6 mit einer Schulsozialpädagogin, die eine Schulklasse zu einem einwöchigen teils ko- und teils monoedukativen Seminar begleitet hatte)

Dieses Bild wird auch von Jungen bestätigt, die, sollen sie problematische Verhaltensweisen von sich z.b. in der Schule erklären, angeben, dass sie es sich selbst nicht erklären können und dass sie sich zudem außerhalb der Schule ganz anders verhalten würden (vgl. hierzu Krebs 2009). Aus diesem Bild der Konkurrenz entsteht die pädagogische Konsequenz, Experimentierräume zu schaffen.

Auch dieses Bild ist nicht einfach mit den Selbstaussagen der Jungen abzugleichen. Gruppendynamik erwies sich zumindest in der Frage der Teilnahme bzw. Nicht-Teilnahme an freiwilligen Angeboten als einer von mehreren relevanten Faktoren – u.a. neben Vermittlungsstrategien. In einem freiwilligen Seminarangebot hatte sich eine Schulklasse dahingehend aufgeteilt, dass die Schüler, die nicht teilnahmen, betonten, sie wollten sich auf Schule und Erfolg konzentrieren, und nur die nicht so leistungsorientierten bzw. wenig erfolgreichen Schüler hätten an dem Seminar teilgenommen. An einem anderen Ort bzgl. eines freiwilligen Praktikums in sozialen Berufen war die Dynamik genau umgekehrt: Am Angebot teilzunehmen zeichnete einen engagierten Schüler aus, sich nicht um einen Praktikumsplatz zu kümmern, wurde als Faulheit bzw. Unorganisiertheit gewertet. Die Analyse, dass (auch) unter Jungen konkurrierende Vergleiche und Abgrenzungen insbesondere vor einem schulischen Hintergrund eine große Rolle spielen und sich dies auch auf Jungen-Angebote zum Girls' Day auswirkt, wird aus den Untersuchungsergebnissen also bestätigt. In den beobachteten Angeboten gelang es allerdings nur begrenzt, Experimentierräume zu schaffen, in denen diese Dynamiken außer Kraft gesetzt wären. Dies ist zum einen nicht verwunderlich, da alle beobachteten Seminar-Angebote aufgrund des kurzzeitpädagogischen Formats nur begrenzt Gelegenheit hatten, andere Räume gemeinsam mit den Schülern aufzubauen. Zum anderen verweist es aber auf durchaus problematische Verhaltensweisen einiger Pädagogen, auf die wir im folgenden Punkt eingehen werden. Dies trifft aber nicht auf alle beobachteten Seminar-Einheiten zu.

4. Spaß als pädagogisches Gestaltungsmittel

Eine der bereits beschriebenen Annahmen, wie wir sie vonseiten mancher Pädagog_innen in unseren Expert_innen-Interviews gehört haben, ist, dass die Jungen an einer ernsthaften Beschäftigung mit den Themen soziale Kompetenzen und Tätigkeiten sowie Zukunftsplanung kein Interesse hätten. In den von uns beobachteten Angeboten sind wir – als Konsequenz dieser Annahme – auf einen bestimmten didaktischen Einsatz von Spaß gestoßen, genauer: auf Spaß als Überlistungsstrategie. Auf diesen Einsatz soll kurz eingegangen werden, da wir annehmen, dass es sich dabei um ein relativ verbreitetes Motiv handelt.

Wir wollen hier nicht grundsätzlich gegen Spaß in der Arbeit mit Jugendlichen oder Jungen reden. Spaß kann für eine angenehme Lernatmosphäre sorgen, die Arbeit auflockern, Entlastungsmöglichkeiten bieten und zum Aufbau positiver Kontakte zwischen pädagogischen Professionellen und Kindern bzw. Jugendlichen (auch untereinander) führen.

Auffällig war jedoch, dass unter den von uns beobachteten Pädagogen Spaßstrategien dominant waren, die traditionelle Männlichkeit bestätigen, nämlich (Hetero-)Sexualisierungen, auf Konkurrenz und Härte angelegte Spiele und die Betonung von Schlagfertigkeit.

Häufig konnten wir hierbei Situationen beobachten, die die Jungen bei weitem nicht so spaßig fanden wie die Jungenarbeiter. Als es beispielsweise um Rollenspiele als pädagogische Methode ging und der Jungenarbeiter ohne Anlass seitens der Jungen anmerkte, damit seien keine BDSM-Rollenspiele[7] wie Herr und Sklavin oder so gemeint, reagierten die Jungen nicht interessiert. In einer anderen Situation sollten die Jungen Studiengänge nennen, in denen sie bei der Partnerinnensuche sehr erfolgreich wären. Trotz offensichtlicher Ratlosigkeit der Jungen über die geschlechtliche Verteilung von Studiengängen sowie Unverständnis darüber, dass Geschlechterverteilung in und Attraktivität von Studiengängen vom Jungenarbeiter mit Partnerinnensuche gekoppelt wurden, beharrte der betreffende Jungenarbeiter auf diesem Ratespiel und machte Bemerkungen, dass sie da doch besonders einfach eine Freundin finden würden. Die Jungen waren in beiden Fällen an (Hetero-)Sexuali-

---

7   »BDSM« steht für Bondage & Discipline/Domination, Dominance & Submission, Sadism & Masochism und ist die umfassendere Bezeichnung für das landläufige »SM«, die von Menschen verwandt wird, die sehr unterschiedliche Sexualpraxen praktizieren, die konsensuell und – im Gegensatz zum sog. Vanilla-Sex – explizit ausgehandelt mit asymmetrischen Machtverteilungen, Schmerz und/oder Restriktionen spielen (vgl. http://de.wikipedia.org/wiki/BDSM bzw. www.lustschmerz.de).

sierungen deutlich weniger, dafür an berufsbezogenen Informationen bzw. ernsthaften inhaltlichen Auseinandersetzungen deutlich mehr interessiert als die der Jungenarbeiter. Neben der Tatsache, dass diese Spaßstrategien in ihrer beobachteten Einseitigkeit traditionelle Männlichkeitsmuster stärken und denjenigen Jungen Schwierigkeiten bereiten, die diesen nicht entsprechen, hat sich uns der Gedanke aufgedrängt, dass durch diese Form des Einsatzes von Spaß eine ernsthafte Auseinandersetzung mit den benannten Themen eher verhindert wird, obwohl die Jungen sich eine solche dringlich wünschten. So gaben denn auch Jungen bei solchen Einheiten oder Angeboten an, den Sinn nicht verstanden zu haben, während Einheiten mit praxisbezogenen Erfahrungen oder ernsthafter Auseinandersetzung mit dem jeweiligen Thema besser bewertet wurden.

5. Gelingensbedingungen von Angeboten

Abschließend sollen hier einige Schlussfolgerungen aus der bisherigen Analyse gezogen werden. Angebote für Jungen, die darauf angelegt sind, Jungen in ihrer Berufs- und Lebensplanung und damit verbundenen Kompetenzen zu stärken, sollten unmittelbar an für die Gegenwart relevante Fragestellungen und Kompetenzen gekoppelt sein. Jungen formulieren oftmals Interesse an jenen konkreten Angeboten, in denen sie Erfahrungen machen können, die ihnen – aus welchen Gründen auch immer – bis dahin verwehrt gewesen sind. Diese Angebote können von Schnupperpraktika in sozialen und Dienstleistungs-Berufen bis zum Üben haushaltspraktischer Tätigkeiten reichen. »Erfahrungen machen« ist ein zentraler Aspekt. Manche Jungen reden auch gerne darüber, anderen reicht die praktische Erfahrung aus. Gibt es ein Angebot zur verbalen Reflexion der gemachten Erfahrungen, sollte darauf geachtet werden, dass die Auswertung nicht wieder in das Muster der Aufteilung in Geschlechterreviere verfällt.

Manche Jungen äußerten über gegenwartsbezogene Erfahrungen hinaus ein hohes Interesse an Informationen und Auseinandersetzungen zum Thema Zukunft (Berufswahl, Vereinbarkeit unterschiedlicher Lebensbereiche etc.) und bemängelten, dass es hierfür zu wenige Angebote gebe. Andere stiegen dagegen direkt aus, wenn es entweder zu abstrakt wurde, also zu weit von ihren momentanen Lebensrealitäten und Interessen entfernt war, oder aber in Themenbereiche ging, in denen sie mit ihrer gesellschaftlich bedingten Chancenlosigkeit konfrontiert wurden.

Die Aufteilung in Jungen- und Mädchenangebote leuchtete den Jungen nicht leicht ein. Die Dramatisierung von Geschlecht durch die Angebote läuft hohe Gefahr von Stereotypisierung bzw. Unverständnis. Dies spricht nicht prinzipiell gegen Jungen- und Mädchenangebote, allerdings braucht es hierfür ein gutes Konzept und Zeit, um die Dramatisierung wieder in Entdramatisierung zu überführen (vgl. Budde/Debus/Stuve 2011).

Als widerstreitend haben wir die Diskussion über die Frage danach erlebt, ob die Angebote freiwillig oder verpflichtend sein sollten. Hier haben wir beobachtet, dass verpflichtende Schnupperpraktika für gesamte siebte und achte Jahrgänge keine Widerstände bei den Jungen hervorriefen. Dagegen erschien bei der freiwilligen Option eines Schnupperpraktikums in einem so genannten »Frauenberuf« die Gefahr der Verbesonderung (Othering)[8] durch die Peer Group besonders hoch. Verpflichtung bietet also die Möglichkeit, Neues auszuprobieren, ohne in einen Konflikt mit Peergroup-Druck und tradierten Männlichkeitsvorstellungen zu geraten. Bedeutsam ist in diesem Zusammenhang auch die Vermittlung der Inhalte und Ziele des Angebots durch die Pädagog_innen und die Benennung z.b. der Berufe, um die es in den Schnupperpraktika gehen soll. Insbesondere freiwillige Angebote stehen und fallen mit der Vermittlungspraxis. So kann die Bezeichnung »Frauenberufe« bewirken, dass die Jungen meinen, qua Bezeichnung nichts mit diesen Berufen zu tun haben zu können bzw. Interessensbekundungen von der Peergroup sanktioniert werden. Die Bezeichnungen bedürfen also der Erklärung. Außerdem sollte konkretisiert werden, welches Spektrum mit den Berufsbezeichnungen gemeint ist. Geht es beispielsweise ausschließlich um pflegerische und soziale Berufe, dann sollte dies auch in der Bezeichnung zum Ausdruck kommen.

Die Dreigliedrigkeit des bundesdeutschen Schulsystems hat negative Effekte für Angebote der Berufsorientierung und erfordert, dass den Jungen auch realistische Perspektiven eröffnet werden, ohne die Selektionseffekte selbst zu wiederholen. Das heißt, dass für das betreffende Berufsfeld verschiedene Berufe mit unterschiedlichen Ausbildungsvoraussetzungen vorgestellt werden sollten.

Für die Betreuung von Praktika an den Praktikumsstellen haben wir die Beobachtung gemacht, dass die Jungen in Kitas einen leichteren Zugang zu den Kindern hatten als beispielsweise im Altenheim zu alten Menschen. Hieraus ergeben sich Konsequenzen für die Erfordernisse einer Praktikumsbetreuung. Soll durch ein Praktikum nicht nur das Interesse an Fürsorge-Tätigkeiten im privaten Bereich geweckt, sondern auch die Berufswahl tangiert werden, erfordert eine Praktikumsbetreuung auch Informationen über Berufsbild und - alltag, bestenfalls in einem ernsthaften Gespräch über schöne und schwierige Seiten des Berufs.

Literatur

Bergmann, Manfred (2008) (Hg.): Advances in Mixed Methods Research. Theories and Applications. Thousand Oaks/London/New Delhi: Sage.

Budde, Jürgen/Debus, Katharina/Stuve, Olaf (2011): Praktische Tipps für die Durchführung von Angeboten am Boys' Day – Jungen-Zukunftstag/Neue Wege für Jungs. In: Cremers, Michael: Boys' Day – Jungen-Zukunftstag. Neue Wege in der Berufsorientierung und im Lebensverlauf von Jungen, S. 111-122.

Budde, Jürgen/Debus, Katharina/Krüger, Stefanie (2011): Ich denk nicht, dass meine Jungs einen typischen Frauenberuf ergreifen würden. Intersektionale Perspektiven auf Fremd- und Selbstrepräsentationen von Jungen in der Jungenarbeit. In: Gender – Zeitschrift für Geschlecht, Kultur, Gesellschaft, Jg. 3, H 3, S. S. 119-127.

Budde, Jürgen/Krüger, Stefanie (2010): Mehrperspektivische Evaluationsstudie: Jungenförderung durch das bundesweite Projekt Neue Wege für Jungs. In: Zeitschrift für Evaluationsforschung, Jg. 9, H. 1, S. 125-136.

Cremers, Michael/Puchert, Ralf/Mauz, Elvira (2008): Jungen auf traditionellen und neuen Wegen. Ergebnisse der wissenschaftlichen Begleitforschung des Pilotprojekts Neue Wege für Jungs. In: Kompetenzzentrum Technik

---

8 Der Begriff ›Othering‹ beschreibt eine Differenzierung (und Distanzierung) gegenüber einer Gruppe ›Anderer‹, um eine eigene ›Normalität‹ zu bestätigen. Dabei werden vermeintliche Merkmale einer Gruppe besonders betont, die eine Minderheit von der Mehrheit differenziert (vgl. Kalpaka 2009). Mittlerweile wird der Begriff auch über die Beschreibung rassistischer Verhältnisse hinaus für vergleichbare Mechanismen bspw. entlang von Geschlecht oder sexueller Orientierung verwendet.

– Diversity – Chancengleichheit e.V. (Hg.): So gelingt aktive Jungenförderung. Neue Wege für Jungs startet Netzwerk zur Berufs- und Lebensplanung. Bericht der wissenschaftlichen Begleitforschung. Bielefeld, Schriftenreihe Heft 8, S. 22-109.

Debus, Katharina (2011): Die wissenschaftliche Begleitung der zweiten Förderphase (2008-2010). In: Michael Cremers: Boys' Day – Jungen-Zukunftstag. Neue Wege in der Berufsorientierung und im Lebensverlauf von Jungen, S. 97-109.

Flick, Uwe (2003): Qualitative Forschung – Stand der Dinge. In: Barbara Orth/Thomas Schwietring/Johannes Weiß (Hg.): Soziologische Forschung. Stand und Perspektiven. Opladen: Leske + Budrich, S. 309-322.

Flick, Uwe (2008): Triangulation. Eine Einführung. Wiesbaden: VS.

Jantz, Olaf (2008): Wo bleibt die Jungenarbeit im Gendermainstreaming? http://web16. buschjena.info/uploads/media/OLAF_JANTZ_Wo_bleibt_die_Jungenarbeit_im_Gender_Mainstreaming_02.pdf, Zugriff 07.06.2011.

Kalpaka, Annita (2009): Das funktionale Wissen und Nicht-Wissen in der Migrationsgesellschaft. Ansatzpunkte für reflexive politische Bildungsarbeit. In: Dirk Lange/ Ayça Polat (Hg.): Unsere Wirklichkeit ist anders. Migration und Alltag. Bonn: Bundeszentrale für politische Bildung, S. 176-188.

Krebs, Andreas (2009): »Wir Jungs sind halt nicht so eine Gemeinschaft«. Personenzentrierte Jungenforschung als Zugang zum psychosozialen Erfahrungswissen jugendlicher Schüler. In: Jürgen Budde/Ingelore Mammes (Hg.): Jungenforschung empirisch. Zwischen Schule, männlichem Habitus und Peerkultur. Wiesbaden: VS, S. 103-114.

Kuckartz, Udo (2008): Qualitative Evaluation. Der Einstieg in die Praxis. Wiesbaden: VS.

Meuser, Michael (2001): Männerwelten. Zur kollektiven Konstruktion hegemonialer Männlichkeit. In: Janshen, Doris/Meuser, Michael (Hg.): Schriften des Essener Kollegs für Geschlechterforschung, 1, H. II, digitale Publikation, http://www.uni-due.de/imperia/md/content/ekfg/michael_meuser_maennerwelten.pdf, Zugriff 01.06.2011.

Pech, Detlef u.a. (2009): Eine Didaktik der Jungenarbeit? In: Detlef Pech (Hg.): Jungen und Jungenarbeit. Eine Bestandsaufnahme des Forschungs- und Diskussionsstandes. Baltmannsweiler: Schneider Verlag Hohengehren, S. 245-263.

Strauss, Anselm/Corbin, Juliet (1996): Grounded Theory. Grundlagen Qualitativer Forschung. Weinheim: Psychologie Verlags Union.

Marc Schulz

»Du schmeckst ganz schön salzig!«
Selbstinszenierungen von Jungen in
sozialpädagogischen Institutionen

Der Beitrag diskutiert aus einer performativitätstheoretischen Perspektive die Inszenierungen und Aufführungen des ›Junge/n-Sein/s‹ in sozialpädagogischen Institutionen. Die Perspektive, diese Aufführungen als institutionell hervorgebrachte Praktiken zu betrachten, stellt einen Versuch dar, die Kategorien jugendlicher Eigenlogiken und pädagogischer Konstruktionsprozesse zu relationieren. Damit wendet sich der Beitrag gegen geschlechterpädagogische Blicke, die auf entsprechende Praktiken von Jungen ausschließlich Deutungsfolien eines alters- und geschlechtertypischen Verhaltens anlegen, und zeigt alternative Handlungsmöglichkeiten für die pädagogische Arbeit mit Jungen auf.

1. Einleitung

Die pädagogische Arbeit mit Jungen steht unter der Anforderung, auf Basis von verschiedenen Deutungsangeboten für ihr Handeln jungenkulturell anschlussfähige Angebote zu machen. Der folgende Beitrag diskutiert vor dem Hintergrund eigener Forschungsarbeiten die Ambivalenzen, sich den Selbstinszenierungen von Jungen verstehend anzunähern. Nach einer Skizze zu verstehenden Zugängen zu jugendlichem Handeln (2.) lege ich anhand von Auszügen aus ethnografischen Beobachtungsprotokollen (3.) zwei Interpretationswege dar und zeige, wie die Denkfigur der Gender-Inszenierung als Annäherung an die Sinnhaftigkeit der Selbstinszenierungen von Jungen verstanden werden kann und wie diese Aufführungen mit den pädagogischen Institutionen verzahnt sind. In den darauf aufbauenden Schlussfolgerungen gehe ich auf die Anforderungen sowohl an die jungenpädagogische Fachdebatte als auch an die Profession ein (4.).

2. Das Handeln von Jungen und der Wunsch nach dessen Dechiffrierung

Es gilt als eine konsensfähige Forderung, dass die Perspektiven von Jungen Ausgangspunkt für die eigene pädagogische Arbeit mit Jungen sein müssen – schließlich verbindet sich mit dem Wissen über diese heterogenen Perspektiven die pädagogische Hoffnung, die jeweilige Zielgruppe besser zu verstehen und die eigenen pädagogischen Ansätze weiter optimieren zu können. Hinsichtlich der Erforschung von Lebenslagen und Lebenswelten Jugendlicher kann hierzu im deutschsprachigen Raum generell auf eine wachsende Zahl qualitativ angelegter Studien zurückgegriffen werden, die über die Aktivitäten von Jugendlichen und die Bedeutungen in deren Lebenskontexten informieren, indem sie bspw. die Gewohnheiten und Interessen dokumentieren und diese auf spezifische Muster hin untersuchen. Zum Teil verleihen die Studien den Jungen als Experten ihrer eigenen Kultur eine eigene Stimme, interpretieren zugleich aber, je nach theoretischen Bezugsgrößen, die Sinnhaftigkeit dieser Aktivitäten für die Jugendlichen selbst höchst unterschiedlich. Während etwa kulturtheoretische Lesarten die Tätigkeiten als Praktiken der Kulturerzeugung identifizieren und demnach diese als Peer-Kultur fokussieren (vgl. u.a. Willis 1991; Engelmann 1999), lenken entwicklungstheoretische Lesarten den Blick mehrheitlich auf die inneren Vorgänge und Spannungen von (männlicher) Adoleszenz und die damit verbundenen Bewältigungs- bzw. Verarbeitungsstrategien (vgl. u.a. Böhnisch 2004; Sielert 2005).

Eine zunehmend auch in der erziehungswissenschaftlichen Forschung etablierte Strategie der Erkundung von jugendlichen Lebenswelten stellt die Ethnografie dar (vgl. u.a. Hünersdorf/Maeder/Müller 2008; Heinzel u.a. 2010). Diese beanspruchen für sich zwei Besonderheiten: *Erstens* beschreibt Ethnografie die kulturellen Praxen von sozialen Gruppen in ihrer ›natürlichen‹ Umgebung. Die Forschenden sind vor Ort, nehmen an den dortigen Aktivitäten teil, zeichnen diese auf und verdichten sie in Beschreibungen, ohne sich selbst jedoch zu assimilieren. Dabei konzentriert sich die Ethnografie auf die Verläufe und Verzahnungen von Interaktionen in ihren jeweiligen Kontexten und weniger auf die Ergebnisse von Interaktionen. *Zweitens* bietet sie alternative Verstehenszugänge an, indem sie die Sinnzusammenhänge der Interaktionen aus der Perspektive der handelnden Akteure zu erschließen versucht. Hierzu holt sie nicht nur die sprachlich-reflexiven Selbstauskünfte der Akteure ein, sondern fokussiert auch die körperliche Seite der Handlungen der Beteiligten. Damit wird auch das routinisierte »Stumme des Sozialen« erfasst (Hirschauer 2002, S. 40), welches der Körper zwar in seinem Vollzug weiß, welches aber für ihn nicht oder zumindest kaum sprachlich verfügbar ist.

3. Was kann mit der Kategorie Geschlecht ›gemacht‹ werden?

Selbst eine oberflächliche Sichtung einschlägiger Literatur über Jugendliche stabilisiert den Eindruck, dass jene Lebensphase in dramatischer Weise von einem zeitlichen Zusammenfallen von körperlichen Umbrüchen und adoleszenten Entwicklungsprozessen geprägt ist. Eine teils exzessive geschlechtliche Körperthematisierung, die den Jugendlichen und vor allem den Jungen allseits bescheinigt wird, ist demnach die Folge dieser ›Körperkrise‹. Jedoch finden sich wiederum kaum Studien darüber, wie diese jugendlichen Körperthematisierungen konkret aufgeführt werden und mit welcher Sinnhaftigkeit diese aus der Perspektive der jugendlichen Akteurinnen und Akteure rekonstruiert werden können. Diese Fragen standen im Mittelpunkt eines mit Lotte Rose realisierten Forschungsprojektes (vgl. u.a. Rose/Schulz 2007; Rose/Schulz 2011), an dessen Ergebnisse ich im Folgenden anknüpfe. Anhand von Ausschnitten aus meinen ethnografischen Beobachtungsaufzeichnungen,[1] die Interaktionen von Jungen innerhalb eines Jugendzentrums beschreiben und im Rahmen von längerfristigen Forschungsaufenthalten erhoben wurden (vgl. dazu im Detail Rose/Schulz 2007, S. 26-36 und Schulz 2010, S. 69-84), diskutiere ich verschiedene Blickschneisen auf diese Selbstinszenierungen.

---

1   Diese entstammen aus meinen Feldstudien im Handlungsfeld der Jugendarbeit (vgl. Schulz 2010 zu Performances von Jugendlichen in der Offenen Kinder- und Jugendarbeit; Rose/Schulz 2007 zu Gender-Inszenierungen in pädagogischen Kontexten; Müller/Schmidt/Schulz 2008 zu Bildungsgelegenheiten in der Jugendarbeit).

3.1 Ein Protokollausschnitt: Kampf zwischen zwei Jungen

Die folgenden Ausschnitte einer teilnehmenden Beobachtung beschreiben eine Interaktion zweier Jungen im Eingangsbereich eines Jugendzentrums mit mir als Forschendem. Ich setze mich zum 13-jährigen Heiko, mit dem ich plaudere, während vor dem Fenster ein jüngerer Junge, Michel, herum hüpft und Affengebrüll imitiert. Dieser kommt schließlich durch die Tür. Nach einem kurzen Gespräch

»... macht er einen Satz, schreit und haut Heiko auf den Kopf. Dieser packt den Angreifer von hinten, umklammert ihn. Heiko setzt sich auf die Bank, Michel auf seinem Schoß arretierend, der versucht, sich frei zu ringen [...]. Michel versucht, mit seinen Kopfbewegungen Heikos Kopf zu treffen, der weicht aber immer wieder aus. Dann versucht Michel, ihm auf die Füße zu treten, dreht dabei seinen Kopf und beißt Heiko einige Haare ab, die er dann ausspuckt [...]. Dann dreht Michel seinen Kopf ganz weit nach hinten, sodass er mit seiner Zunge Heikos Hals erreicht, den er leckt [...]. Dabei fängt Michel an zu stöhnen und sagt: ›Du schmeckst ganz schön salzig!‹ Daraufhin beißt Heiko ihn in den Hals [...]« (Rose/Schulz 2007, S. 41).

Das gemeinsame Ringen der beiden Jungen setzt sich noch eine Weile fort, bis sie sich voneinander lösen. Michel fordert, in der Tür stehend, Heiko auf, mit nach draußen zu gehen, zum Kiosk, wozu dieser aber keine Lust hat:

»Michel sagt: ›Deine Eltern sind Geschwister.‹ Heiko: ›Deine Mutter hat eine Kackbrille.‹ Michel: ›Deine Mutter kackt aus dem Mund‹, und grinst Heiko auffordernd an. Heiko fällt offenkundig nichts mehr ein, ich grinse ihn an und sage ironisch, dass ich mir das nicht bieten lassen würde. Dieser grinst zurück, springt auf und beide rennen in den Offenen Bereich« (vgl. ebd.).

3.2 Erste Variante der Dechiffrierung: Männliche Inszenierungszwänge

Die Sequenzen könnten einen geradezu kritischen (jungen-)pädagogischen Blick herausfordern. Männliche Inszenierungen wie diese dokumentieren die exzessiven körperlichen Aufführungen, die aus der Perspektive von Jugend(-kultur)- und Jungenforschung kaum überraschen, weisen diese doch nach, dass in den Interaktionen der Jungen expressive Körperlichkeit und vor allem die Kämpfe im Sinne eines ›doing masculinity‹ eine dominante Rolle spielen.[2] In den Protokollausschnitten lassen sich auch nahezu alle körperlichen und verbalen Grenzüberschreitungen wiederfinden, die von Jungen geradezu erwartet werden: Sexismen, Diskriminierungen und körperliche Gewalt, die eventuell durch die Anwesenheit des männlichen Erwachsenen noch zusätzlich angefacht werden.

Somit lässt sich vordergründig die Beobachtung in die psychologisierenden Fachdiskurse um Jungen einpassen, die das Verhalten von Jungen als für sie selbst problematisch

---

2   Vgl. aus differenten theoretischen Perspektiven etwa Herwartz-Emden 2009; Rohrmann 2007; Strobel-Eisele/Noack 2006; Meuser 2005; Sielert 2005; Böhnisch 2004.

thematisieren: Gerade Jungen sind demnach mit ihrem Körper beschäftigt, da der Druck auf ihnen liegt, sich gelungen in die geschlechtliche Rolle einzufinden. Ihre exzessiven körperlichen Selbstinszenierungen werden nach wie vor häufig adoleszenztheoretisch über die Kategorie Geschlecht verhandelt, wobei weitere Kategorien wie Ethnie, Alter und Schichtzugehörigkeit als ergänzende Behelfskategorien hinzugezogen werden können. Die stattfindenden Prozesse der Körperreifung wie auch die anstehende sexuelle Entwicklungsaufgabe haben nach diesen theoretischen Folien zur Folge, dass diese Art der Selbstinszenierungen ›überschießt‹. Dieser individualistischen Logik folgend ist es naheliegend, die beobachtbare starke Körperpräsenz in den männlichen Inszenierungen auf die adoleszente Entwicklungskrise zurückzuführen (vgl. u.a. Böhnisch 2004). Die Selbstinszenierungen der Jungen scheinen in ihrer ursächlichen Bedeutung bereits bekannt zu sein: Sie werden als schlichter und vor allem zwangsläufiger Reflex auf eine körperliche Entwicklung und die damit einhergehenden krisenhaften sozialen Statuspassagen problematisiert und zugleich – und das ist entscheidend – plausibilisiert.

Diese die Jungenpädagogik nach wie vor dominierenden Deutungen sind deshalb problematisch, da sie ihren Beitrag zu einer Praxis des institutionellen »doing social problems« (Groenemeyer 2010) leisten: Die beobachteten Phänomene fallen umgehend mit dominanten Deutungsmustern zusammen, die das Verhalten der Jungen als ihre individuelle Abweichung vereindeutigen, normalisieren und naturalisieren. Problematisch ist dabei vor allem, dass das Handeln von Jungen vom Entstehungskontext abgekoppelt und als ein ontologisches ›So-Sein‹ verhandelt wird. Gerade vor dem Hintergrund der Entstrukturierung der Jugendphase stellen sich aber durchaus die kritischen Fragen, ob und wann eine Körperkrise und in deren Folge geschlechtliche Körperthematisierungen akut werden und ob nicht auch bei weiteren Statuspassagen des Lebenslaufes ähnliche Geschlechterinszenierungen, die auf neue Kontexte hin zugeschnitten werden müssen, immer wieder neu hervorgebracht werden. Diese normativierende Verengung des pädagogischen Blickes auf die Praktiken der Jungen blendet die nuancierten Feinheiten der Aufführungen aus. Die ›ernsthaften‹ und eindeutig als ›Männlichkeits‹-Themen zu kategorisierenden Inhalte erhalten gegenüber dem spielerischen und ritualisierten Charakter, der Inszenierungs- und Aufführungsform sowie dem Aufführungskontext ein starkes Gewicht. Ein weiteres Problem ergibt sich, wenn zwar bisweilen die ›authentische Stimme‹ der jugendlichen Akteure zitiert wird, diese jedoch nur zur pädagogischen Beweisführung sprechen darf.[3] Dies führt häufig dazu, dass die Perspektiven dieser Jungen und schließlich die Binnenlogik und die Sinnhaftigkeiten der Praktiken im Nachgang, selbst wenn diese von den Jungen positiv besetzt werden, als prekäre oder problematische Verhaltensweisen disqualifiziert und nicht sozial anerkannt werden.

3.3 Zweite Variante: Gender zur Herstellung von intensiven Ereignissen

Alternativ dazu können die Selbstinszenierungen der beiden Jungen zunächst nach ihrem Inszenierungs- und Aufführungscharakter analysiert werden. Im Vordergrund einer ent-

---

3   Besonders fragwürdig sind jene Empirisierungen eines entsprechenden Jungen-Verhaltens, die als vermeintliche Originaltöne von Jungen eingeführt werden, um die Beweisführung zu authentifizieren, sich dann aber als stereotypisierende Erfindungen der Forschung herausstellen, exemplarisch etwa bei Sielert 2005, S. 66f.

sprechend performativitätstheoretisch ausgerichteten Analyse steht insbesondere die praktische Sinnerzeugung im gemeinschaftlichen, körperlichen Vollzug, welcher nicht über die
ihm zugewiesene relativ eindeutige *Bedeutung* oder *Intention*, sondern über die unmittelbar
sinnliche *Wirkung* erfahren wird, sodass die Begriffe ›Aufführung‹ und ›Inszenierung‹ als
deskriptive Kategorien gebraucht werden. Die Fokussierung der Praktiken als Gender-
Inszenierungen präzisiert, dass es sich um die aktive Seite des Körperumganges handelt, die
Differenz erzeugt. Dies bedeutet aber nicht, die Analyse wolle suggerieren, frei von normativen Vorstellungen zu sein, und liefere ausschließlich eine ›authentische‹ Perspektive
von Jungen. Vielmehr begrenzt sie sich selbst, indem sie die Handlung sowohl in ihrem
Vollzug als auch in ihrer Wirkung analysiert und fragt, wie und mit welchen Sinnhaftigkeiten Jugendliche in ihren Praktiken Geschlecht als soziale Unterscheidung ›ins Spiel bringen‹.

Damit wendet sich die Frage nach der Inszenierung und Aufführung von ›Geschlecht‹.
Entgegen psychologisch inspirierten Deutungsansätzen sucht eine performativitätstheoretisch orientierte Perspektive nicht nach der Bedeutung hinter der Handlung um zu klären,
ob das beobachtbare Handeln als ›authentisch‹ oder ›theatral‹ bzw. ›inszeniert‹ im Sinne
einer (absichtsvollen) Täuschung bezeichnet werden kann. Folgt man stattdessen Richard
Shusterman (vgl. 2005, S. 110), so können Aufführungen darin unterschieden werden, dass
sie einerseits sich als formaler Akt vom Alltag absetzten, etwas auf die Bühne bringen und
damit etwas exponiert wird. Andererseits aber ist die Aufführung mit einer ästhetischen
Dramatisierung und folglich auch eng mit der leiblich spürbaren »Intensität« (ebd.) verbunden. Folglich wird damit die Handlungs- und Erfahrungsebene der Aufführung selbst thematisiert. Aufführungen wie die der Jungen Heiko und Michel können in diesem Sinn als
Praktiken der Intensivierung und Verdichtung betrachtet werden, in denen die Jungen sich
selbst in Facetten mit der »mitreißenden Energie der intensiven Handlung selbst« (ebd.)
ästhetisch in Szene setzen.

Diese Aufführungen schaffen Zentren der Aufregungen und der Aufmerksamkeit, sie
kreieren Bühnen und Zuschauerräume, Positionen von Akteurinnen und Akteuren, Co-
Akteurinnen und Co-Akteuren sowie eines Publikums. Die Jungen schaffen dabei sowohl
vielschichtige soziale, aber auch ästhetische Ereignisse: Erika Fischer-Lichte (2004) weist
darauf hin, dass ästhetische Ereignisse wie beispielsweise das Theater »für alle Beteiligten
erfahrbar [macht], dass eine Aufführung immer ein soziales Ereignis darstellt: In ihr geht
es, wie verborgen auch immer, um die Aushandlung oder Festlegung von Positionen und
Beziehungen und damit um Machtverhältnisse« (ebd., S. 68). Für die Aufführungen innerhalb der Kinder- und Jugendarbeit ist die Umkehrung dieser Perspektive produktiv: Die
Aufführungen sind nicht nur soziale Ereignisse, in denen u.a. Machtverhältnisse[4] oder Positionierungen (vgl. Schulz 2012) ausgehandelt werden, sondern sie sind zugleich auch ästhetische Ereignisse. Die Aufführungen bringen folglich immer beides – also das Soziale als
auch das Ästhetische – hervor, transformieren »gefährliche Begegnungen in der Wirklichkeit in weniger gefährliche Zustände sozialer *und* ästhetischer Wirklichkeit« (Schechner
1989, S. 67) und schaffen so Zwischenzustände. Auf die Aufführung der beiden Jungen
Heiko und Michel bezogen, lassen sich diese Zwischenzustände rekonstruieren: Im ge-

---

4   Auf diese strukturelle Ebene kann ich im Folgenden nicht weiter eingehen.

meinsamen Interaktionsverlauf sind sie nicht nur Konfliktpartner, sondern auch Kooperationspartner. Einerseits droht ihr Konflikt in seiner Brutalität zu eskalieren, andererseits zeigen sie paradoxerweise eine wechselseitige Vorsicht im groben Umgang miteinander. Sie führen die Normverletzung einer gleichgeschlechtlichen Intimität öffentlich auf und aktivieren abschließend einen Schlagabtausch, der an ein Battleritual erinnert. Schließlich zeigt sich am Gesamtprotokoll, wie Michel sich gegenüber Heiko bemüht, diesen aus seiner Bindung zum erwachsenen Forscher zu lösen, um ihn wieder zurück in die Peergroup zu führen (vgl. Rose/Schulz 2007, S. 41-43).

Aus der Perspektive der Jungen können die genutzten Aufführungselemente, die sich dem erwachsenen Blick als ›typisch männliche‹ Strategien aufdrängen, folglich eine soziale Funktion in einer ästhetischen Form haben. Es geht um Inklusion und Exklusion, Vergemeinschaftung und Abgrenzung, Verführung und Verweigerung, wechselnde Bündnisse, und es geht schließlich auch darum, etwas Aufregendes zu schaffen und damit andere ›anzustecken‹. Die Aufführung der beiden Jungen dokumentiert damit auch ein komplexes Beziehungsgeschehen. Es werden Beziehungen geklärt und aufgeführt, Distinktionen geschaffen, und es wird geprüft, wie viel Aggressivität zugelassen ist.

3.4 Die Multifunktionalität von Selbstinszenierungen

Gerade für die im Rahmen der Forschungsaufenthalte beobachteten Selbstinszenierungen der Jungen konnte – analog zu anderen Studien – dokumentiert werden, dass vor allem die Form des Kampfes als Ritual der Statusaushandlung und Beziehungsbestätigung genutzt wurde. Diese jenseits sozialfunktionaler Verstehenszugänge *auch* als ästhetische Transformationen anzuerkennen, kann für Erwachsene – vor allem, wenn Sexismen im Spiel sind – auch deshalb problematisch sein, da sie auf jene manchmal eine abstoßende und verstörende Wirkung haben. Eine ritualisierte und ästhetisierte Form der Konflikt- und Differenzbearbeitung erfordert jedoch von den beteiligten Jungen eine hohe Kompetenz. Die Kämpfe können auf den ersten Blick unkontrolliert und aggressiv wirken, während sie bei genauerer Betrachtung in ihrer ästhetischen Form hochgradig formalisiert und damit entschärft sein können (vgl. dazu vertiefend Schulz 2010, S. 195-202). So deutet sich die Doppelspur der vorder- und hintergründigen Themenebenen von Gender-Inszenierungen an.

Jedoch können vielfältige andere Aufführungsformen, die vorder- und hintergründige Themenebenen einspeisen, im Alltag der Jugendzentren registriert werden. Der folgende Ausschnitt kann als Kontrast zur ersten Beobachtung gelten. Als Ethnograf stehe ich an der Theke und schaue den regen Betrieb im Offenen Bereich eines Jugendzentrums an. Während dessen unterhalte ich mich mit Georg, einem 15-jährigen Jungen, der gerade hinter der Theke seinen Dienst macht.

»Wir trinken beide Cola. Währenddessen kommt Flo (Jugendlicher) an die Theke und stellt sich neben mich. Ich sage: ›Hi!‹, schlage in seine Hand ein und er sagt: ›Na, und?‹ Ich setze gerade mit der Antwort an, als Flo mit dem Zeigefinger Richtung Anlage zeigt, Georg verblüfft ansieht und sagt: ›Das Lied!‹ Georg dreht sich schnell um und macht ein wenig lauter [...]. Währenddessen hat Flo, neben mir stehend, plötzlich angefangen zu tanzen [...]. Georg tanzt ebenfalls hinter der Theke. Ich beobachte, dass sie

ab und zu mal Blicke wechseln. Einige Besucher/innen, die in der Sofaecke nebenan sitzen, sehen rüber und klatschen im Takt« (vgl. Schulz 2010, S. 109).

Im Vergleich zur ersten Beobachtung erscheint die Herstellung von ästhetischen Ereignissen wie die Tanzaufführung der beiden Jungen Flo und Georg pädagogisch unbedenklich – die Aufführung ist unterhaltsam, aber vergleichsweise banal. Sie kann als ein flüchtiger Spaß interpretiert werden, bei dem es um nichts geht. Folglich müsste diesen männlichen Selbstinszenierungen aus pädagogischer Perspektive auch keine große Bedeutung beigemessen werden. Bedeutsam wurden diese für uns Forschende aber deshalb, da sie in ihrer Form offenkundig für die aufführenden Jungen relevant waren. Dies zeigten sie in ihren Wiederholungen, die über alle Einrichtungen hinweg beobachtet wurden. Auch wenn sie ohne die Verletzung von sozialen Normen arbeiten, sind Aufführungen wie diese für die Jungen gleichfalls riskant, da sie labil sind – die Aufführungen können gelingen, aber auch misslingen, und nicht jede stößt auf Beachtung und Resonanz. Folglich ist nicht nur die Herstellung von Ereignissen grundsätzlich diffizil, wenn sie tatsächlich einen Raum erfolgreich beleben und wenigstens temporär die Aufmerksamkeit der Beteiligten binden soll. Mit der Herstellung von Ereignissen produzieren beide Jungen auch Momente der Selbstwirksamkeitserfahrung. Dennoch ist die Aufführung keineswegs bloß selbstbezüglich, denn sie schafft nicht nur Vergnügungs- und Profilierungsgelegenheiten für die Aufführenden, sondern auch für das Publikum.

Somit können Inszenierungen und Aufführungen des ›Junge/n-Sein/s‹ aus der Perspektive der jugendlichen Aufführenden als multifunktional gelten. Diese als von Kompensationsstrukturen geprägten Darstellungsformen zu analysieren (vgl. etwa Sielert 2005, S. 67 und Voigt-Kehlenbeck 2009, S. 132) verkürzt ihre Multifunktionalität erheblich, da damit vor allem der Blick auf diejenigen Aufführungen gelenkt wird, in denen soziale Normen verletzt werden. Die Aufführungsvarianten von ›Junge sein‹ können vielmehr als Interaktionsressourcen verstanden werden, die als distinktive Unterscheidungsfiguren in sozialen Situationen inszeniert und aufgeführt werden können und damit jene organisieren. Die hier entfaltete Denkfigur, Gender-Inszenierungen und deren Aufführungen als Ereignisse wahrzunehmen, ist ein Vorschlag, zunächst zu registrieren, dass *etwas* passiert, ohne dass das aufgeführte Gender-Thema als zentral gelten muss. Vielmehr kann ›Gender‹ als dramatisierende Form und manchmal als »heißer Begriff« (Foucault 1983, S. 8) genutzt werden, um weitere Themen zu platzieren. Die Selbstinszenierungen der Jungen können folglich als performative Akte der Integration und Desintegration gedeutet werden, die auf verschiedene soziale Partnerinnen und Partner – in den vorliegenden Ausschnitten auf Peers, aber auch auf die co-agierenden Erwachsenen – und Situationen ausgerichtet sind und situativ wechseln.

3.5 Der Aufführungsort von Selbstinszenierungen

Der eingangs skizzierte dominante Diskurs zu Selbstinszenierungen von Jungen hat, neben den bereits erwähnten, noch einen weiteren problematischen Effekt: Mit der Diagnose, dass jenes als ›Verhalten‹ exklusiv in der Person des Klienten zu verorten sei und sich unabhängig von den jeweiligen institutionellen Kontexten entfalte, wird der Institution die Rolle eines bloßen Containers zugewiesen, in dem sich Jungen aufführen.

Dieser ›Import‹-Vorstellung jugendlicher Aufführungen widersprechen zahlreiche Studien: So hat in der Schulforschung etwa Jürgen Budde (2009) mehrfach auf die institutionelle Kontextualität der Aufführungen von Jungen verwiesen; auch konnten die Studien der Kinder- und Jugendarbeit zeigen, dass diese keine architektonischen Behälter darstellen, die von männlichen Aufführungen einfach nur gefüllt werden (vgl. Cloos u.a. 2009; Schulz 2010). Vielmehr ist die Materialität der Institutionen selbst als ›stumme Anweisung‹ mit an diesen Aufführungen beteiligt: Die dinglichen Ausstattungen der jeweiligen Einrichtungen transportieren Präskripte, die als Tätigkeitsvorschläge von den Jungen aufgenommen und schließlich aufgeführt werden. So kann bspw. kaum abgestritten werden, dass die Einrichtung eines Klassenzimmers als Präskript den Personen andere Tätigkeiten nahe legt als die eines Jugendzentrums. Das Gleiche kann aber auch für die dingliche Ausstattung und das räumliche Arrangement innerhalb der pädagogischen Institution gelten: So konnten Lotte Rose und ich (2007) zeigen, dass einige Angebote der Jugendzentren offenkundig geschlechtliche Selbstinszenierungen nahelegen, da diese Inszenierungen bspw. im Rahmen der Jugendzentrumsdisco oder am Billardtisch wesentlich häufiger zu beobachten waren. Somit funktionieren diese Präskripte als Bricolagematerial und kanalisieren spezifische Arten von Aufführungen an den jeweiligen Orten, ohne jedoch deterministisch zu sein. Viel mehr provozieren diese Tätigkeitsvorschläge unentwegt Auseinandersetzungen, Verschiebungen und Neuanordnungen.

Neben diesem institutionellen Aufforderungscharakter von Institutionen, deren dingliche Ausstattung eine bestimmte Art von Routinen nahe legt, haben ebenfalls Studien aus dem Schulkontext nämlich gezeigt, dass die Hervorbringung attraktiver Ereignisse umso mehr gefordert ist, je unstrukturierter Situationen sind (vgl. u.a. Breidenstein/Kelle 1998; Tervooren 2001). Die Ereignisse lassen sich aus der Perspektive der Jungen somit *auch* als Praktiken verstehen, mit denen in strukturschwachen Situationen soziale Ordnung und damit Halt organisiert wird. Auf den institutionell schwach strukturierten Ort des Jugendzentrums bezogen, an dem gleichzeitig die Besucherschaft durch ein hohes Maß an Heterogenität und Flexibilität geprägt ist, lässt sich nachvollziehen, weshalb unentwegt Aufführungen stattfinden. Die Besucherinnen und Besucher füllen damit die institutionelle Unbestimmtheit mit Leben. Die Ethnografien aus der Offenen Kinder- und Jugendarbeit zeigen, dass Selbstinszenierungen dort besonders exzessiv und provokant aufgeführt werden, wo der haltende Rahmen durch erwachsene Fachkräfte fehlt oder schwach ausgebildet ist. In dieser Leere wird die Gender-Inszenierung zu einer populären Füllmasse und es sind vor allem Jungen, die diese Füllmasse nutzen – und infolge dessen von den pädagogischen Fachkräften kritisch in den Blick genommen werden.

4. Pädagogische Anschlussmöglichkeiten

Daran knüpft sich eine komplexe Herausforderung sowohl an die Fachdebatte als auch an die jungenpädagogische Profession, da die aktuelle Aufmerksamkeit auf ›die Jungen‹ nicht nur Probleme zu lösen versucht, sondern, wie bereits gezeigt wurde, neue Probleme produziert:

Die pädagogische Profession muss – auch entgegen den manifestierten Deutungen zu den jugendkulturellen Phänomenen – die situative und interaktive Binnenlogik der jugendlichen Handlungen verstehen. Jungen nutzen zur Selbstkonturierung vielfältige Unterscheidungsfiguren. Dies bedeutet auch, sich von ontogenetischen Identitätsmodellen zu distanzieren, die den Kern der ›Jungen-Identität‹ suchen, um vielmehr die Situativität, Komplexität und Widersprüchlichkeit von Identitäten zu fokussieren. Dabei sollte die pädagogische Profession grundsätzlich auf die Expertenschaft der Jungen als Experten ihrer eigenen Kultur vertrauen und diese anerkennen. Zugleich aber muss der öffentliche Ort Kinder- und Jugendarbeit als ein multifunktionales Feld betrachtet werden, das nicht nur seinem gesetzlich festgeschriebenen Bildungsanspruch gerecht zu werden hat. Vielmehr knüpfen sich an dieses Feld gesellschaftliche Erwartungen, die sozialintegrative, präventive und disziplinierende Perspektiven ebenso einbringen wie konkrete Forderungen nach messbaren Bildungserfolgen. Daher wäre es gerade zu kurz gedacht, für eine Jungenarbeitspraxis zu appellieren, die allen Praktiken der Jungen einfach nur Raum gibt *oder* diese stärker kontrolliert und umfassender normierend eingreift *oder* mit einer archetypischen Pädagogik antwortet, die diese Praktiken als typisch männliche Rituale überhöht und stärkt.

In dieser spannungsreichen Dynamik muss die pädagogische Profession vielmehr reflektieren, dass sie ihren ›Arbeitsgegenstand‹, den männlichen Jugendlichen, einerseits ›empirisch‹ beobachtet, aber andererseits als ihren ›pädagogischen Arbeitsgegenstand‹ entwirft und daraus ihre methodisch-didaktischen Zugänge formuliert. Die verbreitete jungenpädagogische Denkfigur hingegen begründet ihre professionelle Haltung mit ihrer besonderen Aufmerksamkeit ›den Jungen‹ gegenüber. Dieser Entwurf ist aus professionstheoretischer Perspektive deshalb schwierig, da er nahelegen kann, die Herausforderung an das eigene pädagogische Handeln exklusiv im jugendlichen Gegenüber zu verorten. Damit verdeckt diese Denkfigur, dass der Arbeitsgegenstand ihrer Pädagogik nicht einfach schon vorhanden ist, sondern vielmehr sie selbst diesen mit konstruiert und Relevanzkorridore formuliert und bestimmt, unter welchen Bedingungen und anhand welcher Klassifizierungen die Profession ihre Klientel beobachtet.

Folglich muss Pädagogik für und mit Jungen selbst klären, wie sie an diesen Konstruktionen der Differenzkategorie ›Junge‹ selbst beteiligt ist und inwiefern sie die von ihr wahrgenommenen konkreten Tätigkeiten von Jungen *als* Geschlechterkategorien zuschneidet und welche Art der ›Sprecher-Rolle‹ sie ihrer Klientel zugesteht. Dabei können Ethnografien den Diskurs darin unterstützen, die verschiedenen Deutungsangebote zu relationieren. Dabei hat sie zumindest das Potenzial, nicht nur das Handeln der Personen in pädagogischen Institutionen dicht zu beschreiben und dabei zwischen jugendlichen Peer-Aktivitäten und pädagogischen Erwachsenen-Tätigkeiten als Hervorbringungen ihrer jeweils eigenen Kultur zu polarisieren – mit der Konsequenz, dass sie ›nur‹ zeigt, wie jugendkulturelle und pädagogische Ordnungen miteinander konkurrieren. Vielmehr kann sie zeigen, wie die Akteurinnen und Akteure gemeinschaftlich die Spezifik des jeweiligen pädagogischen Handlungsfeldes hervorbringen. Mit diesem spezifischen Blick auf den Aspekt der Performativität der Hervorbringung könnte auch die normative Perspektive der Erwachsenen auf die Jugendlichen sowohl mit den Perspektiven der Jugendlichen als auch der Einbettung der Praktiken aller Beteiligten in die institutionellen Handlungskontexte relationiert werden.

Eine Chance zur Relationierung der statischen Deutungsangebote könnte sein, die Anregungen aus der Intersektionalitätsdebatte aufzunehmen und die situative Komplexität von
Differenzkategorien in den Blick zu nehmen, so wie Mart Busche und Michael Cremers
(2009) vorgeschlagen hatten. Dies darf jedoch keinesfalls zur Potenzierung von potenziell
›problematischen‹ Kategorien führen. Vielmehr können sie immer nur als Orientierungs-
hilfen dienen, von denen aus es zu untersuchen gilt, wie, wo und wann aus der Perspektive
der Jugendlichen mögliche Kategorien überhaupt relevant werden. Somit wäre professio-
nelles Handeln auch, als pädagogische Fachkraft Gender nicht nur fortlaufend zu thematisieren, sondern stattdessen gezielt zu de-thematisieren, also Situationen zur Entlastung der
Jungen zu de-gendern und andererseits den pädagogischen Antworten gegenüber den pädagogischen Initiativen einen Vortritt zu gewähren (vgl. Rose/Schulz 2007) – immer mit der
professionellen Achtsamkeit verbunden, die jugendlichen Aktivitäten nicht »›ernster‹ [zu
nehmen] als es die Akteure selbst es tun« (Kelle 1999, S. 44).

Literatur

Böhnisch, Lothar (2004): Männliche Sozialisation. Eine Einführung. Weinheim/München: Juventa.

Breidenstein, Georg/Kelle, Helga (1998): Geschlechteralltag in der Schulklasse, Ethnografische Studien zur
    Gleichaltrigenkultur. Weinheim/München: Juventa.

Budde, Jürgen (2009): Herstellung sozialer Positionierungen. Jungen zwischen Männlichkeit und Schule. In: Pech,
    D. (Hg.): Jungen und Jungenarbeit. Eine Bestandsaufnahme des Forschungs- und Diskussionsstandes.
    Baltmannsweiler: Schneider Verlag Hohengehren, S. 155-168.

Busche, Mart/Cremers, Michael (2009): Jungenarbeit und Intersektionalität. In: Pech, D. (Hg.): Jungen und Jun-
    genarbeit. Eine Bestandsaufnahme des Forschungs- und Diskussionsstandes. Baltmannsweiler: Schneider
    Verlag Hohengehren, S. 13-30.

Cloos, Peter/Köngeter, Stefan/Müller, Burkhard/Thole, Werner (2009): Die Pädagogik der Kinder- und Jugendar-
    beit. 2., durchges. Aufl., zuerst 2007. Wiesbaden: VS.

Engelmann, Jens (Hg.) (1999): Die kleinen Unterschiede. Der Cultural Studies-Reader. Frankfurt a.M./New York:
    Campus.

Fischer-Lichte, Erika (2004): Ästhetik des Performativen. Frankfurt a.M.: Suhrkamp.

Foucault, Michel (1983): Der Wille zum Wissen. Sexualität und Wahrheit. Frankfurt a.M.: Suhrkamp.

Groenemeyer, Axel (Hg.) (2010): Doing Social Problems. Wiesbaden: VS.

Heinzel, Friederike/Thole, Werner/Cloos, Peter/Köngeter, Stefan (Hg.) (2010): »Auf unsicherem Terrain« Ethno-
    graphische Forschung im Kontext des Bildungs- und Sozialwesens. Wiesbaden: VS.

Herwartz-Emden, Leonie (2008): Interkulturelle und geschlechtergerechte Pädagogik für Kinder im Alter von 6
    bis 16 Jahren. Düsseldorf: Landtag.

Hirschauer, Stefan (2002): Grundzüge der Ethnographie und die Grenzen verbaler Daten. In: Schaeffer, D./Müller-
    Mundt, G. (Hg.): Qualitative Gesundheits- und Pflegeforschung. Bern: Huber, S. 35-46.

Hünersdorf, Bettina/Maeder, Christoph/Müller, Burkhard (2008): Ethnographie und Erziehungswissenschaft.
    Methodologische Reflexionen und empirische Annäherungen. Weinheim/München: Juventa, S. 11-25.

Kelle, Helga (1999): Necken, Klauen, Piesacken. Rituelle Inszenierungen des Geschlechterverhältnisses. In:
    Schüler '99. Seelze: Friedrich, S. 42-44.

Meuser, Michael (2005): Frauenkörper – Männerkörper. Somatische Kulturen der Geschlechterdifferenz. In:
    Schroer, M. (Hg.): Soziologie des Körpers. Frankfurt a.M.: Suhrkamp, S. 271-294.

Müller, Burkhard/Schmidt, Susanne/Schulz, Marc (2008): Wahrnehmen können. Informelle Bildung und Jugend-
    arbeit. 2., erw. Auflage, zuerst 2005. Freiburg i. Br.: Lambertus.

Rohrmann, Timm (2007): Brauchen Jungen eine geschlechtsbewusste Pädagogik? In: PÄD Forum: unterrichten
    und erziehen, 26, H. 3, S. 145-149.

Rose, Lotte/Schulz, Marc (2007): Gender-Inszenierungen. Jugendliche im pädagogischen Alltag, Königstein i.Ts.: Ulrike Helmer.

Rose, Lotte/Schulz, Marc (2011): Casting-Shows als Faszinosum für Mädchen und Jungen. Was kann Jugendarbeit daraus lernen? In: deutsche jugend. Zeitschrift für Jugendarbeit. 01/2011, S. 13-21.

Schechner, Richard (1990): Theater-Anthropologie. Spiel und Ritual im Kulturvergleich. Reinbek: Rowohlt.

Schulz, Marc (2010): Performances: Jugendliche Bildungsbewegungen im pädagogischen Kontext. Eine ethnografische Studie. Wiesbaden: VS.

Schulz, Marc (2012): Was machen Jugendliche in und mit der Jugendarbeit? Jugendliche Akteurinnen und Akteure und ihre Performances. In: Deinet, Ulrich/Sturzenhecker, Benedikt (Hg.): Handbuch Offene Kinder- und Jugendarbeit. Wiesbaden: VS, i.E.

Shusterman, Richard (2005): Leibliche Erfahrung in Kunst und Lebensstil. Berlin: Akademie-Verlag.

Sielert, Uwe (2005): Jungen. In: Deinet, Ulrich/Sturzenhecker, Benedikt (Hg.): Handbuch Offene Kinder- und Jugendarbeit. Wiesbaden: VS, S. 65-71.

Strobel-Eisele, Gabriele/Noack, Marleen (2006): Jungen und Regeln. In: Schultheis, C./ Strobel-Eisele, G./Fuhr, T. (Hg.): Kinder: Geschlecht männlich. Stuttgart: Kohlhammer, S. 99-128.

Tervooren, Antje (2001): Pausenspiele als performative Kinderkultur. In: Wulf, C. u.a. (Hg.): Das Soziale als Ritual. Zur performativen Bildung von Gemeinschaften. Opladen: Leske + Budrich, S. 205-216.

Voigt-Kehlenbeck, Corinna (2009): Gender Crossing – Nachdenken über die Implikationen der gleich- bzw. gegengeschlechtlichen Beziehung. In: Pech, D. (Hg.): Jungen und Jungenarbeit. Eine Bestandsaufnahme des Forschungs- und Diskussionsstandes. Baltmannsweiler: Schneider Verlag Hohengehren, S. 119-142.

Willis, Paul (1991): Jugend-Stile. Zur Ästhetik der gemeinsamen Kultur. Hamburg: Argument.

Mike Younger

Single-sex teaching in co-educational schools: A panacea for raising achievement?

Within the United Kingdom, there has been an ideological resistance to the notion that single-sex teaching has any place in co-educational, secondary comprehensive schools, supported by evidence which suggests that single-sex classes for boys can reinforce stereotypical images and attitudes, and marginalize boys who do not identify with notions of hegemonic masculinity. In some contexts, however, recent research suggests that some boys and some girls feel more comfortable and more motivated in single-sex classes, and that academic achievement can be enhanced. This paper explores the pre-conditions which need to be in place if single-sex teaching is to be effective in transforming the achievement levels of both girls and boys, and addresses a number of crucial questions related to curriculum and pedagogy. It concludes by asking whether single-sex teaching is really a panacea for raising achievement or simply another false dawn.

1. Introduction

The last twenty years have seen a dramatic reorientation of the gender equity debate, as concerns about equal opportunities for girls (Stanworth 1981; Mahony 1985; Arnot/Weiner 1987; Acker 1988) have been superceded by a preoccupation with boys (Myers 2000; Weaver-Hightower 2003). Within the United Kingdom, the emphasis of successive governments upon students' academic performance and standards (Arnot/Miles 2005) has put the focus centrally upon the apparent ›under-achievement‹ of boys in national assessments, and similar concerns have been expressed in mainland Western Europe, about the lower levels of academic achievements of boys in Belgium (Van Houtte 2004) and in Germany (Sutherland 1999), and about boys' negative attitudes to and dislocation from their schooling in the Scandanavian countries (Gordon 1996; Kruse 1996; Ohrn 2001; Johanneson 2004).

The responses by government, nationally, regionally and locally, and by schools, have frequently been to develop organisational and pedagogic responses within a framework of recuperative masculinity politics (Lingard/ Douglas 1999), recognizing boys as being disadvantaged in their schooling by feminist approaches and policies, and attempting to rectify this through ›male-repair‹ agendas. Thus the concern with the apparent under-achievement of boys is constructed within the ›poor boys‹ discourse (Epstein et al. 1998), with strategies which focus on short-term essentialist policies related to boy-friendly pedagogies (Biddulph 1997; Hannan 1999; Pollack 1998), affirmative-action for boys programmes (critiqued by Martino and Berrill 2003) and the advocacy of teaching strategies which apparently favour boys and ›guy-ify‹ schools (Pollack 1998, p. 250). It is within this context that teaching boys and girls in separate classes in mixed comprehensive schools as an explicit strategy to address boys' apparent under-achievement caught the interest of academics, policy-makers and headteachers in the early years of the twenty-first century (Sukhnandan et al. 2000; Younger et al. 2005b).

In the United Kingdom, there has been a long-standing tradition of single-sex schooling for boys and girls. Many privately-funded independent schools were established within this context, and the involvement of religious and charitable bodies in endowing and helping to establish state schools – particularly those where entry was selective on the basis of ability – saw this trend develop further in the first half of the twentieth century. Patterns of entry, linked to social class, affluence, income, meant that levels of achievement were high, because of the background of the students, their social capital, the expectations and aspirations of the home background. Such schools regularly top school performance league tables in England, to this day. More latterly, however, the number of single-sex schools has decreased dramatically, partly because of the reorganisation of state education, which led to the establishment of comprehensive, co-educational schools and partly because long-established independent single-sex schools opened their doors to the other sex in order to sustain economic viability (Robinson/Smithers 1999). Thus in the United Kingdom the number of single-sex state schools fell by 80% in the last three decades of the last century, and around 50% of independent schools are now co-educational.

Conversely, however, there has been an emerging interest in the potential of single-sex classes within co-educational schools, not only in the United Kingdom (Swan 1998; Warrington/Younger 2001, 2003; Jackson 2002; Younger/Warrington 2002), but in Australasia (Martino et al. 2005) and most recently in the United States (Herr/Arms 2004; Hubbard/Datnow 2005; Sax 2005). Significantly, this interest *is* very recent; in both the United Kingdom and Australasia, the concern with equal opportunities for girls, throughout much of the period 1970-1995, saw little implementation of single-sex classes as a form of organisation which might enhance *girls'* learning. Although there was some acknowledgement that such classes might support girls, there remained an ideological resistance to the notion amongst many teachers and administrators, and a recognition that boys, in particular, benefited from mixed classes (Faulkner 1991; West and Hunter 1993; Watson 1997). It is ironic, therefore, that the issue should re-emerge within the context of supporting *boys'* learning, and a sharp reminder of the extent to which the dominant discourse associated with under-achieving boys has gained prominence over the last decade (Arnot et al. 1999; Collins et al. 2000; Francis/Skelton 2005; Younger et al. 2005a).

The resurgence of the debate, and the subsequent introduction of single-sex classes in some co-educational schools in England, has occurred despite the lack of any clear agreement about the impact of such classes on boys' and girls' learning. There is a lack of detailed and specific data through time, which restricts informed debate, and few sustained longitudinal studies with a particular focus on outcomes and on the longer-term effects of such initiatives. This paper, then, considers a number of themes:

- A review of recent research which hints at a number of benefits which might accrue from single-sex teaching in mixed comprehensive schools.
- Perspectives from the Raising Boys' Achievement Project in the UK, 2001-2005, a major research and intervention project established by the national government in England (Younger et al. 2005b).

- The pre-conditions which appear to need to be in place if single-sex teaching is to be effective in transforming the achievement levels of both girls and boys
- Some cautionary words, leading to a consideration as to whether single-sex teaching really is a panacea for raising achievement or simply another false dawn in the gender debate.

2. Initial Research

Work carried out by Sukhnandan et al. (2000) and our own in-depth case study of a school in the early years of this century (Warrington/Younger 2001; Younger/Warrington 2002) were attempts to evaluate the impact of such initiatives. Sukhnandan et al. reported that teachers perceived single-sex classes as offering a number of advantages for the teaching of boys:

- the opportunity to use a variety of teaching strategies which were targeted to boys' needs and interests;
- a context in which they could challenge boys' stereotypes more effectively;
- an all-male environment which was more conducive to learning, with fewer distractions and less embarrassment (Swan 1998).

Research studies also suggested that single-sex classes sometimes created contexts where boys could share feelings and emotions without embarrassment (Sukhnandam et al. 2000), where they could participate more in lessons and be more open and responsive without fear of compromising their laddish image in front of girls (Warrington/Younger 2003). In some schools, teachers spoke of modifying their teaching strategies and curriculum materials to target boys' perceived needs and interests (Younger/Warrington 2002), of being able to devote more time to teaching rather than behaviour management per se, and of providing a protected environment for learning which is ›insulated from the distractions and off-task behaviour of the other sex, where there is less harassment ... and confidence can be built up‹ (Warrington/Younger 2001, p. 353).

Although the debate about single-sex classes has been re-visited within the boys' under-achievement discourse, research suggested that such a mode of organisation could benefit girls as much as or more than boys (Herr/Arms 2004). Such an approach enabled teachers to challenge some girls' stereotypical responses to subjects such as mathematics and science, for example (Sukhnandam et al. 2000), and enabled girls to develop confidence in their own abilities and judgements, in protected hassle-free environments for learning away from the ›peacock behaviour‹ of boys (Slater 1996; Ball/ Gewirtz 1997; Kenway et al. 1998). Girls in such classes were frequently assured of their own abilities and worth, willing and able to take responsibility for their own learning, quietly determined and persistent, with a high level of self-belief. Conversely, however, Sukhnandan et al. reported an unease that any adaptations to teaching strategies and curriculum materials ›tended to be in relation to the all-boy classes rather than the all-girl classes‹ (op cit. 2000, p. 25/26), with little or no consideration of girls' learning needs.

Our own in-depth study of a large, coeducational comprehensive school was unusual both because of its longitudinal nature and because it offered an intensive study of a school where single-sex teaching had been long standing, since the school's establishment as a coeducational comprehensive in the early 1970s. As such, single-sex teaching was part of the central ethos of the school, across all subjects in years 7-9 (11-13 years), and for core subjects (English, Maths, Science) in years 10-11 (14-16 years). We concluded that single-sex teaching was one factor which appeared to contribute to the high achievement levels of *both* girls and boys through time, without apparent accompanying social disadvantages. Both boys and girls construed single-sex classes as safe and secure places for learning, and there was little evidence, from classroom observations or interviews with students, to support the notion of sexist behaviour and of male bonding between boys and male teachers. Girls spoke of a ›hassle-free‹ environment which was clearly more conducive to learning, of being enabled to be themselves, to explore the private and the personal, to develop self-esteem, within the context of ›normal‹ heterosexual development. It is worth emphasising that many girls felt *extremely* comfortable within the school environment, and displayed high levels of confidence and maturity (Younger/Warrington 2002). Overall, there were encouraging signs from this in-depth case study to suggest that single-sex teaching, where embedded in the whole school culture, had the potential to contribute both to the raising of academic standards and to the social development of more confident, assured young people, with high levels of self-esteem.

Subsequently, we conducted a review of single-sex teaching in thirty-one comprehensive schools in England (Warrington/Younger 2003). This revealed an ambivalent state of affairs, much more in line with the male recuperative / male repair agenda. It was clear that often schools implemented single-sex classes in an ad hoc way, for short time periods, frequently with little preparation and without consideration of the advantages which the distinctiveness of context might bring. Some schools believed it had raised achievement levels, while others did not; some had seen behaviour improve, while in others it had worsened; in some schools, girls were blossoming away from the distractions and the implicit need to help sustain boys' learning, in others, girls and boys resented the single-sex context. In some schools, furthermore, single-sex teaching was abandoned as abruptly as it was introduced, before a sustained time period had elapsed, and without careful evaluation of its benefits or disadvantages. In such contexts, it is not surprising that it was difficult to come to any clear conclusions about the effects on examination and test results, not least because of the diversity of subjects, year groups, sets and length of time the strategy was used.

This review exacerbated our unease about the extent to which single-sex classes might more often contribute to discourses related to male ›disadvantage and repair‹ than to gender relational debates. We were disturbed that, in some schools at least, such a strategy focused almost entirely on boys, assumed that girls would learn regardless of context or teacher, and sometimes targeted more experienced (›better‹) teachers to all-boys' classes. There was emerging evidence, too, of overtly ›boy-orientated‹ curriculum materials and exemplification through sport which – although developed with enthusiasm and commitment by teachers understandably striving to increase access and interests amongst disengaged boys – assumed that all boys conformed to norms of hegemonic masculinity. Indeed, such an approach often identified some boys as ›surrogate‹ girls, with the attendant risks of such boys experiencing greater levels of bullying.

3. Single-Sex Classes within the Raising Boys' Achievement project

The *Raising Boys' Achievement (RBA) Project* was a four year research and intervention project, which involved us working with over 60 primary and secondary in contrasting socio-economic areas in different parts of England – some in affluent suburban areas, others in areas of multiple deprivation. The principal aim of the project was to try to evaluate strategies that were particularly helpful in raising boys' achievement *without disadvantaging girls*, and to see how those strategies could be transferred into other schools.

Although the initial concern was with ›under-achieving‹ boys, it was rooted in a consensual view that was beginning to emerge in England and in many other parts of the world at the time:

- that the debate over boys' and girls' learning and schooling was complex and multi-faceted,
- that the discourse about ›poor boys‹ and ›solutions‹ rooted in a male-repair agenda were inadequate and short-sighted,
- that short-term essentialist approaches that assumed that there was no diversity within the concept of ›boy‹ and ›girl‹ needed resisting,
- and that instead we needed to develop a diversity and variety of gender constructions (Reay 2001; Lingard 2003; Martino/Pallotta-Chiarolli 2003; Skelton 2003; Titus 2004).

3.1 Learning in single-sex classes: the students' perspective

So what of the outcomes of this research which stretched over four years in these schools? Questionnaire returns and interviews suggested that most students agreed that single-sex classes aided their concentration and helped them to feel more confident about their work. They felt they were better behaved in class, and were able to participate more, particularly in terms of being able to ask questions to clarify understanding. Girls and boys felt that the quality of their work was better, and that it was easier to accept praise from teachers.

When asked to identify the two best things about being taught in single-sex classes, girls and boys both stated that it was easier to concentrate because there were fewer distractions from the opposite sex. To girls, these distractions might range from »*the noise generated by immature boys*' to the fact that we ›*don't have to worry about what we look like if boys are not there*‹. To boys, it was easier to concentrate when there were no temptations to look at or talk with girls, since in the memorable words of one boy ...›*my hormones are not dancing to the beat of the night!*‹ Both girls and boys welcomed the removal of social pressures, to perform to an image to sustain femininity or laddishness...›... *you don't need to act as though you're really cool, especially when you're not feeling as though you are!*«

Students felt able to participate more readily, to offer answers and ask questions, to offer opinions because they felt less intimidated ... ›*You feel braver and less embarrassed in*

*offering answers, because there are no boys to make fun of you when you are wrong‹ ...
and ...›It gives you a lot more confidence to answer questions in class because there is not
so much pressure and embarrassment if you are wrong as there would be with girls about.‹*
Girls felt that they learned better because the teachers could *teach* more, with less need to
be continually disciplining disruptive boys. Boys felt that they received more teaching and
more attention from their teachers because girls were not there to dominate the questioning.

The perspectives of students suggest therefore that single-sex classes can be developed
to support the learning of girls as well as boys, rather than discriminating against or undermining girls' achievements. Some questions remain, however. Boys' reactions in partner
schools highlight a common concern about issues of classroom management in single-sex
classes. In some schools, boys were clear that all-boys' classes were more challenging for
teachers. In some instances, this was because ›*there are no girls present, so boys don't
worry how they act and behave*‹ or because ›*everyone is trying to outshine each other all
the time with jokes and distractions*‹. In some schools, boys generally were not attracted to
the idea of the single-sex teaching because ›*when you're with all your mates, then the lesson isn't a lesson at all ... you just talk and mess around ... it gets more rowdy*‹ and ›*there
are more of us in this group who mess around, so we get into more trouble*‹. Equally, however, there was a feeling that girls exerted a positive influence in classes, ... ›*you'd miss the
girls, because they calm you down, and they help you with the work, too*‹.

The notion that girls should be seen as having a supporting and servicing role for boys'
learning needs challenging, of course, but macho behaviour *can* be exacerbated simply
through a concentration of numbers, and in some schools, a worsening of boys' behaviour
has led to single-sex teaching being abandoned. But equally, we observed lessons and in-
terviewed teachers where girls were equally disruptive ... through a sheer bitchiness to each
other, through assuming surrogate male behaviour, through reacting to a male teacher who
had assumed the girls would be less demanding to teach, through not forgetting long-
standing grievances held against other girls. Such classes can be challenging for teachers, as
some girls and their teachers forcefully told us. In the words of one female science teacher
...

*»... It's high energy teaching when it's all girls together, with different issues to a
mixed class ... they can be so bitchy towards each other... they need calming down at
times, getting rid of any arguments they've had, because they don't forget or let go as
easily as boys ... one or two girls will usurp the male role, to behave as surrogate boys
... and when you discipline a girl, they retain a grudge for longer than a boy«.*

Equally, it is important not to forget the position of ›other‹ boys in this discussion. There is
the view that single-sex classes encourage male bonding between male teachers and boys,
and reinforce laddishness and hegemonic forms of masculinity. Our interviews with ›non-
macho‹ boys suggest, however, that these boys did not feel exposed in single-sex classes.
Whilst, at one level, there *were* hints of more banter and occasional rowdiness in all-boys'
lessons, the occasional sexist comment at girls' expense, and discussion about football,
such boys told us – without exception – that they felt at ease and comfortable, that they did
not experience bullying or aggressive behaviour from other boys, that they were not intimi-

dated by the atmosphere in all-boys' classes. The project team recognised the difficulty of probing this issue and getting to the heart of the matter, particularly when we met individual boys only on a limited number of occasions over a two-year time span. In our ongoing interviews with non-stereotypical boys, however, and in our classroom observations, we encountered no evidence which supported the view that boys-only classes were sites of exclusion and antagonism against such boys. On the contrary, our evidence suggested that such boys felt a greater sense of inclusion and less vulnerability than in some other mixed sex classes.

3.2 Teaching: gender-specific pedagogies?

What, though, about the teaching strategies used in single-sex classes? Throughout three years of observing lessons, and talking with students and teachers, there was no doubt that the teaching of boys in single-sex classes was perceived as the major challenge. Whilst teachers across schools acknowledged that girls, too, *could* be challenging and were entitled to proactive, stimulating teaching, most of the discussion in staff development sessions revolved around how to engage boys effectively in lessons, so that their achievements might be enhanced. Thus in one school, classroom observations suggested that considerable emphasis in boys'-only classes was placed on firmly structured lessons, based around a variety of short, tightly-timed activities, with clear targets to be achieved within each activity, and an energetic and supportive teacher presence. Our initial work on the *RBA Project* developed, therefore, with boys very much in mind. As the research developed, however, it became evident that these developing classroom strategies were equally applicable to all-girls' classes, and equally effective in stimulating motivation and engagement amongst girls.

As both girls and teachers were quick to point out to us, however, the most effective and interesting lessons – as in boys' classes – were those which had similar characteristics:

- Fast and vibrant teacher-pupil interactions
- High levels of teacher input / variety of activity / public praise
- The use of a proactive and assertive approach, which avoided the negative or confrontational
- Constant reinforcement of high expectations
- Active promotion of a team ethic, to forge an identity of ›belonging‹ for the class
- Short-term targets, with variety of activity, to tight and agreed time limits
- Humour, informality and discussion of topics with which the students identified, to consolidate rapport.

This does not suggest a gendered pedagogy, differing for boys and girls, therefore, and emphasising essentialist constructions of boys' and girls‹ learning styles. Indeed, our research with the partner schools suggested that there was little evidence to support a specifically ›boy-friendly‹ pedagogy, and in most cases demeaned the worth of girls.

There is more complexity here, though, in implementing these strategies than might be obvious at first glance. Interviews with senior staff and with teachers, and lesson observations, suggested that successful teaching of single-sex classes does not simply require the implementation of a series of pedagogic practices, but the contextualisation of these within a set of beliefs, attitudes and expectations held by teachers, articulated within the ethos of the school, and perceived as real by students. In our experience, establishing, maintaining and giving daily expression to these beliefs is the key to successful teaching of single-sex classes. Generating a sense of self-belief amongst students, recognizing and acknowledging achievements in different activities and domains, engaging positively with students through humour, informality and irony, were all strategies used by good effect by teachers we observed. In each case, students were aware of the boundaries, of the frontier zone beyond which they must not go, were aware that sexist comments and stereotyping would not be accepted, and respected and valued the clear definition of the parameters. Equally, though, the humour used by the teacher, the smiling informality of tone and approach, the willingness to engage with students' ›banter‹ and ›chat‹, established a rapport between teacher and students which encouraged and sustained learning.

This brings us to the heart of the issue in our discussion of gender-specific pedagogies. The more the project team explored this issue of different teaching and learning styles, and the nature of ›boy-friendly‹ and ›girl-friendly‹ pedagogies, the more complex the issue became, and ultimately we were not convinced that these so-called ›boy-friendly‹ and ›girl-friendly‹ pedagogies existed in reality. In terms of research outcomes, then, it is important to emphasise that, in single-sex classes, the nature of the most effective lessons is similar for boys' and for girls' classes: characterised by pace / purpose, by humour, by variety / structure, by strong teacher presence and high expectations: interactive & assertive; we find no case for a gendered pedagogy, with teaching styles which differ for girls and for boys, nor does our research support the notion of a differentiated curriculum, with different subjects and different topics for girls and for boys.

4. If single-sex classes, … preconditions for implementation?

In some schools, teaching boys and girls in single-sex classes can be challenging, sometimes demoralising, and negativity of behaviour can become the norm; in such contexts, the morale of teachers and the learning of pupils can deteriorate rapidly. Initially some all-boys' classes were very boisterous, some all-girls' classes passive; male teachers sometimes made the mistake of being ›too relaxed‹ in all-girls' classes, whilst some female teachers ›flirted‹ with all-boys' classes. What, then are the pre-conditions which must be established and fulfilled if single-sex teaching is to be effective in enabling boys and girls to learn more effectively?

Crucially, there is the need to articulate a coherent and vibrant pedagogy to support such classes. This research does not lend support to the view that there is a boy-specific pedagogy which is different from a girl-friendly pedagogy, but it is important to recognise that single-sex classes, whilst offering opportunities to generate distinctive classroom contexts in which girls and boys can learn more effectively, can present more pedagogic and management challenges, particularly with some all-boys classes. It is essential, then, to identify appropriate teaching strategies which engage and motivate these students, to ensure that the pedagogy employed makes it worthwhile and valuable for students to turn up to lessons.

Successful implementation of single-sex teaching needs staff to feel involved and supported, to have access to strategies which have proved effective in other contexts, and to have a means whereby they can exchange experiences without feeling threatened or undermined. It is crucial that senior management within the school is actively on board, taking a proactive and high profile role, willing to give clear and unequivocal support. In our experiences within the *RBA Project*, it is not enough for senior managers to adopt a permissive role, facilitating and subsequently monitoring developments. Successful implementation of singles-sex teaching needs more active involvement and identification from senior managers, rationalising the initiative to parents, carers and students, and keeping the issue high profile one within the school community.

In all the case study schools, the most effective teaching took place when common expectations had been clearly established and were accepted by all, when it was understood that learning required high standards of behaviour, work and commitment, and when a sense of self-belief had been established amongst students. This mutuality of understanding created a context of high expectation, and particularly a climate in which boys particularly could perform without fear of undermining their own image or losing face with their friends of either sex. The mix of collaboration and engagement with persuasion and requirement enabled them to associate with and publicly acknowledge the aspirations of the school ... or in the words of this ladette ... »*I love it. Girls are more hard-working and work better without the boys around. Girls want to do their best and this is an environment where they're not afraid to show what their best is*«.

5. Cautionary Words

For school leaders, or for those subject teachers considering introducing single-sex classes in their subject, there are some cautionary words from this research:

- Make certain you are prepared to offer public commitment and support, rather than guiding from the sidelines.
- Avoid essentialist statements about the differing nature of ›boys‹ and ›girls‹.
- Define specific success criteria and commit to a sustained pilot, over a reasonable period of time.
- Ensure that there is a sufficient body of support within staff to carry the initiative through, because a very small number of active, charismatic supporters is not enough.
- Promote the initiative actively and openly to the whole school community, including parents and carers.

Finally ... do not expect miracles!
Our intensive work with some of our research schools confirms that single-sex teaching is no panacea for either boys or girls; it is not clear that there will be a positive impact on achievement levels. In one of the research schools, the evidence was very positive: both boys and girls in single-sex classes for English recorded higher levels of achievement in the subject than they obtained in all other subjects overall; equally, we had examples where

boys' achievements in French were sustained at a level comparable to their performances in other subjects, and did not follow the ›usual‹ under-performing boys' pattern in modern languages. In a second school, both boys and girls in single-sex classes performed better in Mathematics than might have been predicted from an analysis of their cognitive ability scores, with typically over 50% of both boys and girls exceeding predictions in any year. But this pattern was also apparent from the results of boys and girls, drawn from a similar population in the other half of the year group, and taught in *mixed* classes for mathematics. In a third school, the initiative was abandoned because the gender gap widened as a result of girls' results improving more than boys. In achievement terms, we concluded, not surprisingly, that it was difficult to isolate the impact of single-sex teaching from other variables within any school, especially because in many schools single-sex teaching was only one of a whole series of strategies implemented to maximise students' achievements. Definitive claims for the advantages of single-sex teaching on the basis of achievement data are difficult to sustain with any confidence, therefore, although there is clear evidence from some schools of positive impacts... and it is from those schools that I have derived the list of pre-conditions outlined a few moments ago.

Our work on single-sex classes has been a journey of discovery and enlightenment, for us at least! Starting from a sceptical position, sharing the view that comprehensive schools ought by their very title to be inclusive and undifferentiated, we have moved to a position which acknowledges that both girls and boys can gain from single-sex classes. It is clear to us, however, that single-sex classes – when well-focused, giving due emphasis to teaching styles and resources, offering a common rather than a differentiated curriculum, supported strongly by senior managers and classroom teachers within the school – have the potential to transform the achievement levels of both girls and boys, and are strongly welcomed in certain contexts and for certain subjects by most students – regardless of their gender, class or sexual orientation. In recognising this, however, we set our face firmly against a specifically ›boy-friendly‹ pedagogy, convinced that such an approach has been sustained neither by research nor by classroom experience, and demeans the worth of girls. Carelessly implemented, as an ad hoc, almost spontaneous response to issues of male disenchantment and poor achievement, within a recuperative masculinity context, single-sex classes can be a recipe for disaster. At the extreme within such contexts, stereotypes can be exacerbated, gentle boys exposed, and many girls under-valued. Certainly, our ongoing work has confirmed that it can be implemented in ways which impact strongly on achievement, and do not antagonise or disenfranchise girls and boys who are different in their interests, outlooks and sexuality.

References

Acker, Sandra (1988): Teachers, gender and resistance. In: British Journal of Sociology of Education, 9, pp. 307-321.

Arnot, Madeleine/David, Miriam/Weiner, Gaby (eds.) (1999): Closing the Gender Gap: Postwar Education and Social Change. Cambridge: Polity Press.

Arnot, Madeleine/Miles, Philip (2005): A reconstruction of the gender agenda: the contradictory gender dimensions in New Labour's educational and economic policy. In: Oxford Review of Education, 31(1), pp. 173-189.

Arnot, Madeleine/Weiner, Gaby (eds.) (1987): Gender and the Politics of Schooling. London: Hutchinson.

Ball, Stephen/Gewirtz, Sharon (1997): Girls in the education market: choice, competition and complexity. In: Gender and Education, 9, pp. 207-222.

Biddulph, Steve (1997) (ed.): Raising Boys: Why boys are different – and how to help them become happy and well-balanced men. Sydney: Finch.

Collins, Cherry/Kenway, Jane/McLeod, Julie (eds.) (2000): Factors Influencing the Educational Performance of males and females in School and their Initial Destination after Leaving School. Adelaide: Deakin University.

Epstein, Debbie/Elwood, Janette/Hey, Valerie/Maw, Janet (eds.) (1998): Failing Boys? Issues in Gender and Achievement. Buckingham: Open University Press.

Faulkner, Joy (1991): Mixed-sex schooling and equal opportunities for girls: a contradiction in terms? In: Research Papers in Education, 6, pp. 197-223.

Francis, Becky/Skelton, Christine (2005) (eds.): Reassessing Gender and Achievement. London: Routledge.

Gordon, Tuula (1996): Citizenship, Difference and Marginality in Schools: Spatial and Embodied Aspects of Gender Construction. In: Patricia Murphy and Caroline Gipps (eds.): Equity in the Classroom: Towards Effective Pedagogy for Girls and Boys. London: Falmer Press.

Hannan, Geoff (ed.) (1999): Improving Boys' Performance. London: Folens.

Herr, Kathryn/Arms, Emily (2004): Accountability and Single-Sex Schooling: A Collision of Reform Agendas. In: American Educational Research Journal, 41, pp. 527-555.

Hubbard, Lea/Datnow, Amanda (eds.) (2005): Do Single-Sex Schools Improve the Education of Low-Income and Minority Students? An Investigation of California's Public Single-Gender Academies. In: Anthropology and Education Quarterly, 36, pp.115-131.

Jackson, C./Smith, I. (2000): Poles apart? An exploration of single-sex and mixed-sex educational environments in Australia and England. In: Educational Studies, 26, pp. 409-421.

Jackson, Carolyn (2002): Can Single-Sex Classes in Co-educational Schools Enhance the Learning experiences of Girls and / or Boys? An Exploration of Pupils' Perceptions. In: British Educational Research Journal, 28, pp. 37-48.

Johannesson, Ingólfur (2004): To teach boys and girls: a pro-feminist perspective on the boys' debate in Iceland. In: Educational Review, 56, pp. 33-42.

Kenway, Jane/Willis, Sue/Blackmore, Jill/Rennie, Leonie (eds.) (1998): Answering Back: girls, boys and feminism in school. London: Routledge.

Kruse, Anne-Mette (1996): Single-sex settings; pedagogies for girls and boys in Danish schools. In: Murphy, Patricia/Gipps, Caroline (eds.): Equity in the Classroom: towards effective pedagogy for girls and boys. London: Falmer Press.

Lingard, Bob (2003): Where to in gender policy in education after recuperative masculinity politics? In: Journal of Inclusive Education 7(1), pp. 33-56.

Lingard, Bob/Douglas, Peter (eds.) (1999): Men engaging feminisms: Pro-feminism, backlashes and schooling. Buckingham: Open University Press.

Mahony, Pat (ed.) (1985): Schools for the Boys? Co-education Reassessed. London: Hutchinson.

Martino, Wayne/Berrill, Deborah (2003): Boys, Schooling & Masculinities: interrogating the ›Right‹ ways to educate boys. In: Educational Review, 55, pp. 99-117.

Martino, Wayne/Mills, Martin/Lingard, Bob (2005): Interrogating single-sex classes as a strategy for addressing boys' educational and social needs. In: Oxford Review of Education. 31, pp. 237-254.

Martino, Wayne/Pallotta-Chiarolli, Maria (2003) (eds.): So What's a Boy? Addressing Issues of Masculinity and Schooling. Buckingham: Open University Press.

Myers, Kate (ed.) (2000): Whatever Happened to Equal Opportunities in Schools? Gender Equality Initiatives in Education. Buckingham: Open University Press.

Ohrn, Elisabet (2001): Marginalization of democratic values: a gendered practice of schooling? International Journal of Inclusive Education, 5, pp. 319-328.

Pollack, William (eds.) (1998): Rescuing our sons from the myths of boyhood. New York: Random House.

Reay, Diane (2001): ›Spice girls‹, ›nice girls‹, ›girlies‹ and tomboys: gender discourses, girls' cultures and femininities in the primary classroom. In: Gender and Education, Vol. 13(2), pp.153-166.

Robinson, Pamela/Smithers, Alan (1999): Should the sexes be separated for secondary education – comparisons of single-sex and co-educational schools? In: Research Papers in Education, Vol. 14, pp. 23-49.

Sax, Leonard (ed.) (2005): Why Gender Matters. New York: Doubleday.

Skelton, Christine (2003): Typical boys? Theorising masculinity in educational settings. In: Francis, Becky/Skelton, Christine (eds.): Investigating Gender: Contemporary Perspectives in Education. Buckingham: Open University Press.

Slater, Andrea (1996): The lost boys. In: Managing Schools Today, pp. 24-26.

Stanworth, Michelle (ed.) (1981): Gender and Schooling. London: Century Hutchinson.

Sukhnandan, Laura/Lee, Barbara/Kelleher, Sara (eds.) (2000): An Investigation into Gender Differences and Achievement: phase 2: school and classroom strategies. Slough: NFER.

Sutherland, Margaret (1999): Gender Equity in Success at School. In: International Review of Education, Vol. 45, pp. 431-443.

Swan, Beverley (1998): Teaching boys and girls in separate classes at Shenfield High School, Brentwood. In: Kevan Bleach (ed.): Raising Boys' Achievement in Schools. Stoke-on-Trent: Trentham Books.

Titus, Jordan (2004): Boy Trouble: Rhetorical Framing of boys' underachievement, Discourse, Vol.25, pp.145-169.

Van Houtte, Mieke (2004): Why boys achieve less at school than girls: the difference between boys' and girls' academic culture. In: Educational Studies, Vol. 30, pp.159-173.

Warrington, Molly/Younger, Mike (2001): Single-sex classes and equal opportunities for girls and boys: perspectives through time from a mixed comprehensive school in England, Oxford Review of Education, Vol. 27, No. 3, pp. 339-356.

Warrington, Molly/Younger, Mike (2003): ›We decided to give it a Twirl‹: single-sex teaching in English comprehensive schools. In: Gender and Education, Vol. 15, No. 4, pp. 339-350.

Watson, Susan (1997): Single-sex education for girls: heterosexuality, gendered subjectivity and school choice. In: British Journal of Sociology of Education, Vol. 18, pp. 371-383.

Weaver-Hightower, Marcus (2003): The »Boy Turn« in Research on Gender and Education. In: Review of Educational Research, Vol. 73(4), 471-498.

West, Anne/Hunter, Jan (1993): Parents' views on mixed and single-sex secondary schools. In: British Educational Research Journal, Vol. 19, pp. 369-379.

Younger, Mike/Warrington, Molly (2002): Single-sex classes in co-educational comprehensive schools in England: an evaluation based upon students' performance and classroom interactions. In: British Educational Research Journal, Vol. 28, No.3, pp. 353-374.

Younger, Mike/Warrington, Molly/Gray, John/Rudduck, Jean/McLellan, Ros/Bearne, Eve/ Kershner, Ruth/Bricheno, Pat (2005a): Raising Boys' Achievement. In: DfES Research Report 636.

Younger, Mike/Warrington, Molly/McLellan, Ros (eds.) (2005b): Raising Boys' Achievement in Secondary Schools: issues, dilemmas and opportunities. Open University Press: Maidenhead.

2. Theoretisch-konzeptionelle Zugänge

Ulrike Graff

Sonderangebot oder Notlösung? Zum Status geschlechtshomogener Pädagogik in der »reflexiven Koedukation«

Der Beitrag nimmt anlässlich der aktuellen geschlechterpädagogischen Debatte Ko- und Monoedukation als verschiedene Organisationsformen von Pädagogik erziehungswissenschaftlich in den Blick. Dabei werden ausgehend von der Erziehungsgeschichte beider Konzepte zunächst sowohl emanzipatorische Chancen als auch essenzialisierende Risiken geschlechtshomogener Settings diskutiert. Im Anschluss daran wird gefragt, inwieweit das heutige Erziehungsverständnis Pädagogik eigentlich mit Koedukation gleichsetzt und damit Monoedukation als das Besondere konstruiert. In dekonstruktivistischer Perspektive wird dann darüber nachgedacht, das bestehende hierarchische Verhältnis zwischen beiden hin zu einem gleichwertigen zu verändern und damit homogene und heterogene Organisationsformen erziehungswissenschaftlich systematisch neu zu verorten.

1. Einleitung

Geschlechtshomogenität ist eine wesentliche Organisationsform emanzipatorischer Jungenarbeit und Mädchenarbeit. Ihr Ziel ist, Jungen und Mädchen Freiraum für persönliche Entwicklungen zu geben, die kulturelle Normierungen überschreiten können und damit einen Beitrag zur Dekonstruktion von Geschlechterstereotypen zu leisten. Die aktuell zitierten Erfolge der Mädchenarbeit weisen auf gute Erfahrungen mit dieser Praxis hin (vgl. Bundesjugendkuratorium 2009). Dennoch haben neue geschlechtshomogene Konzepte keinen systematischen Eingang in die allgemeine Pädagogik gefunden. Ein allgemeiner Pädagogikbegriff, und das ist die These, die im Folgenden diskutiert wird, setzt heute im Terminus »reflexive Koedukation« Pädagogik faktisch mit Koedukation gleich und konstruiert damit Monoedukation als das Besondere. Das führt in der Praxis vielfach dazu, dass Mädchen- und Jungenarbeit als Sonderpädagogiken mit Projektcharakter gedacht werden, die mit geschlechtsspezifischen Defiziten aufseiten der Jugendlichen begründet werden. Der aktuelle mediale Diskurs um die »Krise der Jungen« knüpft auch hier an und formuliert eine pädagogisch unsinnige Konkurrenz zwischen Jungen und Mädchen. Er zeigt aber auch, dass die Organisationsformen der Geschlechterpädagogik und ihr Verhältnis zueinander neu überdacht werden müssen.

2. »Die Jungskonferenz«

Ein Beispiel für die Wirkmächtigkeit des Verständnisses von Koedukation als »Normalpädagogik« (vgl. Wenning 2001) im Kontext der pädagogischen Fachdebatte war die Rezeption einer Veranstaltung zum Thema: »Eine Schule für Mädchen und Jungen«, zu der die damalige Präsidentin der Kultusministerkonferenz, Ute Erdsiek-Rave Ende 2006 nach Berlin eingeladen hatte. In der Presse wurde das Treffen allgemein als »Jungskonferenz« bezeichnet (vgl. Füller 2006). Das Resümee trifft wohl insofern zu, weil erstmals in dieser Runde um geschlechterdifferenzierte Pädagogik gestritten wurde, und zwar mit dem Fokus auf Jungen – es ging zum Beispiel um eigenen Deutschunterricht und Leseecken für Jungen. Bislang kannte man diese Parteilichkeit in erster Linie für Mädchen. Dort wurde der hauptsächliche Gegenstand der Aufmerksamkeit gewechselt, aber es passierte etwas Typisches: die Beachtung der positiven Effekte geschlechtshomogener Erziehung endete in einer Grundsatzdebatte um die Koedukation. Im Mittelpunkt stand plötzlich die entrüstete Frage: Sollen wir denn Jungen und Mädchen jetzt wieder trennen? Sollen wir zurück in die traditionelle Erziehung?

Um einen Ausweg aus dieser festgefahrenen Debatte zu finden, lohnt es sich, genauer hinzuschauen. Monoedukativer Unterricht bedeutet nicht, wie oft befürchtet, das Ende der Koedukation. Aber geschlechterbewusste Erziehung sollte Pädagogik nicht länger mit Koedukation gleichsetzen, sondern sie vielmehr als das behandeln, was sie ist: eine der möglichen Organisationsformen im Hinblick auf Geschlecht. Jungen und Mädchen können gemeinsam oder getrennt unterrichtet werden, je nach Thema, Alter oder Ziel. Es scheint sinnvoll, beide Formen nicht als sich gegenseitig ausschließende Prinzipien zu verstehen, sondern sie als zwei mögliche pädagogische Settings zu nutzen.

An dieser Stelle kann zu Recht eingewandt werden, dass genau dies seit einigen Jahren in Schule und Jugendarbeit praktiziert wird: Es gibt die »reflexive Koedukation«, die Geschlechtertrennung als Ergänzung vorsieht. Auch wenn dies richtig ist, scheint dieses Konzept das Problem der Gleichsetzung nicht zu lösen. Es schreibt die Koedukation als Prinzip fort und setzt Monoedukation als Ausnahme von der Regel. Und das macht es Lehrern und Lehrerinnen wie auch Schülern und Schülerinnen schwer, selbstverständlich mit Jungen- und Mädchenkursen umzugehen (vgl. Breitenbach 2010). Sie gelten in heutiger Zeit als obsolet, sind besonders erklärungsbedürftig und sie werden häufig mit einem besonderen Förderbedarf der Jugendlichen gerechtfertigt.[1]

3. Pädagogik wird heute mit Koedukation gleichgesetzt

Pädagogik wird heute in der Regel koedukativ organisiert und als Normalität weitgehend mit Koedukation gleichgesetzt. Unsere Sprache verrät viel über unsere Überzeugungen: Koedukation ist heute ein ganz selbstverständlicher Begriff. Bis vor gut 100 Jahren hatte der Begriff keine Bedeutung, weil Pädagogik als höhere Bildung in der Regel geschlechtshomogen organisiert wurde. Heute hingegen fehlt eine geläufige Bezeichnung für getrenntgeschlechtliche Erziehung. Selbst im pädagogischen Diskurs sind ›geschlechtshomogene Pädagogik‹ oder auch ›Monoedukation‹ noch immer eher umständliche Begriffe. Die Geläufigkeit des Terminus »Koedukation« bildet hier auf der Ebene des Sprachgebrauchs das hohe Maß kultureller Selbstverständlichkeit dieses Konzeptes ab. Interessant ist auch,

---

1   Ein gegenläufiges Phänomen ist, Geschlechtertrennung als scheinbar einfache Lösung gegen schulische Probleme mit Jungen und Mädchen einzusetzen (vgl. Budde und Younger in diesem Band). Der vorliegende Beitrag grenzt sich von diesem unkritischen Umgang mit Monoedukation ab.

dass Monoedukation und Geschlechtshomogenität in pädagogischen Wörterbüchern nicht auftauchen (vgl. Lenzen 2007; Böhm 2005; Reinhold/Pollak/Heim 1999). Koedukation hat seit ihrer Einführung in den 1960er-Jahren in der BRD den Status eines Paradigmas für die Pädagogik. Die Erziehungswissenschaftlerin Hannelore Faulstich-Wieland hat den Begriff »reflexive Koedukation« Ende der 1980er-Jahre geprägt und damit erste Bewegung in die koedukative Schulpädagogik gebracht. Ihre Definition sagt, dass alle pädagogischen Gestaltungen daraufhin zu durchleuchten sind, ob sie die bestehenden Geschlechterverhältnisse eher stabilisieren oder eine kritische Auseinandersetzung fördern. Dabei sind getrennte Gruppen keineswegs ausgeschlossen (vgl. dies. z.B. 2011 und 1994). Diese haben sich im schulischen und außerschulischen Bereich als Maßnahmen der »Jungenförderung« und »Mädchenförderung« etabliert. Das geschlechtshomogene Setting hat spezifisches pädagogisches Potenzial (vgl. Baumert 1992; Lemmermöhle 1996; Leonard 2006; Pech 2009). Mit der Begründung geschlechtsspezifischer Förderung wird jedoch ein defizitorientierter Ansatz geschaffen, der stigmatisierend auf die beteiligten AkteurInnen wirkt, und zwar sowohl auf die Jungen und Mädchen als auch auf die Pädagoginnen und Pädagogen.

Um aber die positiven Potenziale geschlechtshomogener Pädagogik nutzen zu können, die darin liegen, dass Raum für Reflexion und Überschreitung geschlechtsspezifischer kultureller Zuschreibungen eröffnet wird, ist es daher notwendig, Koedukation als »Normalpädagogik« (vgl. Wenning 2001) zu relativieren und Mono- und Koedukation als gleichrangige pädagogische Settings zu etablieren (vgl. Graff 2008). Damit würde der Relevanz von Geschlecht als sozialer Konstruktion Anerkennung gegeben, die im Gleichheitsdenken der Koedukation praktisch übergangen wurde (vgl. Rendtorff/Moser 1999). Sowohl Gleichheit als auch Differenz würden im Hinblick auf Geschlecht für Bildungs- und Erziehungssettings zunächst strukturell etabliert werden. Dass dies für Ziele und Inhalte nicht egal ist, wird noch zu zeigen sein.

Mit diesem Gedanken wird quasi ein dekonstruktiver Prozess beschrieben, da der eingeschriebene Dualismus Koedukation – Monoedukation, der beides in ein Verhältnis von Vorrangigkeit – Nachrangigkeit setzt, verschoben wird in ein Verhältnis von Gleichrangigkeit.

Vor diesem Hintergrund wird verständlich, dass eine Distanznahme von der Koedukation als Paradigma von Pädagogik in Theorie und Praxis schwierig ist.

4. Der erziehungsgeschichtliche Hintergrund

Die Geschichte der Pädagogik zeigt, dass vom Altertum bis ins 19. Jahrhundert hinein Bildung und Erziehung »Knabenführung« war. Mädchenbildung war selten und ebenfalls monoedukativ (vgl. Kleinau 1996). Erst die Forderung nach allgemeiner höherer Mädchenbildung hatte die Geschlechterfrage im Hinblick auf Inhalte und Form von Erziehung thematisiert, die in den Jahrhunderten selbstverständlicher Geschlechtertrennung keiner expliziten Begrifflichkeit bedurfte.

Monoedukation und Koedukation sind Organisationsformen von Pädagogik in Bezug auf Geschlecht, in denen bestimmte Erziehungsziele verfolgt werden. Es geht hier also auch, wenn man so will, um die Klärung des Verhältnisses von Form und Inhalt in der Pädagogik. Folgende Konstellationen lassen sich erziehungsgeschichtlich aufzeigen:

- Das Leitbild komplementär hierarchischer Geschlechtskonstruktionen korrespondiert mit geschlechtshomogener Pädagogik. Geschlechtshomogenität hat sich für geschlechtsspezifisch traditionelle Erziehungsziele als die geeignete Form erwiesen (vgl. Naundorf u.a. 1986).
- Das Modell der Gleichberechtigung von Frauen mit Männern drückt sich in der Koedukation aus (vgl. Schimpf 1999). Beim Wandel zum Erziehungsziel Gleichberechtigung wurde mit der Koedukation lediglich die äußere Form geändert. Inhalte und Interaktion blieben lange unbeachtet. Die Praxis hat dann gezeigt, dass eher traditionelle Verhältnisse reproduziert werden. Dass dies spezifische Gewinne und Verluste für Mädchen und Jungen bedeutet, hat PISA für den schulischen Bereich gezeigt. Die Organisationsform Koedukation scheint also gerade für die Realisierung des positiven Erziehungszieles »Jungen und Mädchen lernen gleichberechtigt miteinander und voneinander« nicht hinreichend förderlich zu sein.
- Gender Pädagogik richtet sich auf »Selbstbestimmung« für Jungen und Mädchen und kombiniert dieses Ziel wiederum mit der Form Geschlechtshomogenität. Die Praxis von, im außerschulischen oder schulischen Kontext eingerichteten, geschlechtshomogenen Gruppen hat gezeigt, dass sie Freiraum für persönliche Entwicklungen bieten, die bestehende geschlechtsspezifische Zuschreibungen überschreiten können (vgl. Boldt 2008; Kreienbaum 2008; Tillmann 2008; Bentheim u.a. 2004).

Koedukation ist also ein Fortschritt gegenüber der konservativen Geschlechtertrennung. Historisch entstandenes Ziel der Koedukation ist die Gleichbehandlung von Mädchen und Jungen. Ihre Grundlage ist ein anthropologisches Verständnis von Frauen und Männern als grundsätzlich gleich fähig und gleichwertig. Sie kann jedoch vorhandene Dominanzstrukturen nur schwer aufheben, da gesellschaftlich nach wie vor hierarchische Geschlechterverhältnisse bedeutsam sind. Im Ergebnis reproduzieren koedukative Gruppen leicht das Verhältnis der Geschlechter und lassen Jungen und Mädchen mit den Verlustseiten geschlechtsspezifischer Identitäten allein.

5. Emanzipatorische Potenziale geschlechtshomogener Pädagogik

Produktive Effekte der Monoedukation können darin liegen, dass Dominanzstrukturen, die im koedukativen Miteinander das Verhältnis zwischen Mädchen und Jungen eher reproduzieren, im geschlechtshomogenen Kontext suspendiert sind. Sie kann den Charakter »paradoxer Intervention« (vgl. Teubner 1997, zit. in Metz-Göckel 1999, S. 136) haben, wenn sie nicht mit normierenden Vorstellungen von Weiblichkeit und Männlichkeit verbunden ist. Eine geschlechterdifferente Organisationsform muss an die Offenheit gegenüber geschlechtsspezifischen Vorgaben gebunden sein, d.h. an différance (Derrida 1999), die unhintergehbar ist, jedoch unbestimmt bleibt, wenn sie im Sinne demokratischer Geschlechterverhältnisse Gültigkeit haben soll (vgl. Metz-Göckel ebd.).

In diesem Zusammenhang sind aktuelle Begründungszusammenhänge zu kritisieren, die essenzialistisch auf ein »So-Sein« von Mädchen oder Jungen rekurrieren und damit neue Geschlechterbilder determinieren (vgl. Matzner/ Wyrobnik 2010; Matzner/Tischner 2009; Hurrelmann 2008).

In der Monoedukation ist Geschlecht Kriterium für Gruppenbildungen und tritt dann als direkte Einflussgröße auf Gruppenprozesse in den Hintergrund. Der Soziologe Stefan Hirschauer spricht von der »geschlechtlichen Entspannung dieser Situation selbst« (Hirschauer 1994, zit. in Kessels 2002, S. 228). Das hat den Effekt, dass Unterschiedlichkeiten innerhalb der Geschlechtergruppen sichtbar werden und auch die Positionen und Aufgaben von einem Geschlecht übernommen werden, die in der gemischten Gruppe leicht geschlechtsspezifisch verteilt werden. Diese Erfahrung beschreibt Sigrid Metz-Göckel, wenn sie über die women's colleges in den USA spricht:

»Die women's colleges bieten den jungen Frauen viele Übungsfelder an für das Überschreiten von Geschlechtergrenzen, sei es durch die Übernahme von Führungsrollen, das Spielen von Männerrollen auf der Theaterbühne, die Akzeptanz weiblicher Homosexualität und andere ›gender transgression.‹ Ein monoedukativer Kontext bietet daher andere Möglichkeiten für Grenzüberschreitungen als ein koedukativer« (Metz-Göckel 1999, S. 132).

Im außerschulischen Feld nennt es Benedikt Sturzenhecker (vgl. 2002) »über uns – für uns – unter uns«, um Qualitäten und Prinzipien der Jungenarbeit zu pointieren, und hebt vor allem die Möglichkeit der Erfahrung von Solidarität untereinander hervor – eine Solidarität, die vertrauensvolle Beziehungen unter Jungen unterstützen kann.

5.1 Monoedukative Praxis unter den Bedingungen der Koedukation

Monoedukation kann für Mädchen und Jungen die Möglichkeit eines Freiraums für Selbstbestimmung im Hinblick auf Geschlecht haben, die über Stereotype hinausgehen kann (vgl. Stuve 2001; Yiligin 2012). Dennoch wird der geschlechtshomogene Ansatz bis heute oft mit der konservativen Geschlechtertrennung gleichgesetzt. »Nur« für Jungen oder »nur« für Mädchen – gilt als überholt. Und zu Recht wollen Mädchen keinen Physikkurs, wenn sie spüren, dass er im Grunde als Mädchenförderung angesehen wird. Es ist anzunehmen, dass die Jungen den Deutschkurs boykottieren werden, wenn er als Jungenförderung angeboten wird. Untersuchungen im Rahmen von Schule haben gezeigt, dass sich die Monoedukation mit ihren positiven Potenzialen unter diesen Bedingungen langfristig nicht etablieren wird. Sie rangiert dann bestenfalls als Sonderangebot und schlimmstenfalls als Notlösung – wenn es eben doch nicht so gut klappt mit den Mädchen in Informatik und den Jungen bei der Textinterpretation (vgl. Younger/Warrington 2006).

Die Konsequenzen aus der Koedukationskritik waren bisher Maßnahmen zu ihrer Verbesserung und keine Relativierung ihres paradigmatischen Charakters. Diagnostiziert wurde im schulischen wie im außerschulischen Bereich zunächst eine Benachteiligung von Mädchen, auf die in der Logik von Gleichstellung mit spezifischer »Mädchenförderung« reagiert wurde. Die Erfahrungen dieser Arbeit sind im Hinblick auf pädagogische Ziele durchaus positiv. Insgesamt muss aber festgestellt werden, dass geschlechtshomogene Angebote für Mädchen als Reform der Koedukation, als Instrumente einseitiger Mädchenförderung institutionell einen nachrangigen und häufig sogar diskriminierten Status haben. Übergeordnet bleibt die Koedukation.

5.2 Jungenförderung: ein problematischer Begriff

Der aktuelle Diskurs über Alpha Mädchen und Jungen als Bildungsverlierer speist sich auch aus diesem defizitorientierten Verständnis von Gender Pädagogik. Dabei hat die öffentliche Debatte durchaus einen warnenden Unterton: »Wie eine neue Generation von Frauen die Männer überholt«, so lautete der Untertitel der Spiegel Serie im Jahr 2007. Hier liegt folgender Subtext zugrunde: ›Es hat jetzt so viel Feminismus gegeben, dass nun die Männer benachteiligt werden‹. Der lautet in der Jungen-Mädchen Variante: ›Ihr habt uns immer gesagt, die Mädchen sind benachteiligt, das stimmt ja gar nicht, eigentlich sind die Jungen die Armen, jetzt sind aber mal die Jungen dran!‹.

Diese Argumentation formuliert eine pädagogisch unsinnige Konkurrenz zwischen Mädchen und Jungen. Das Bundesjugendkuratorium hat im Jahr 2009 in einer differenzierten Stellungnahme unter dem Motto »Schlaue Mädchen – dumme Jungen?« Verkürzungen im aktuellen Geschlechterdiskurs deutlich gemacht. Interessant und positiv an dieser Rhetorik ist jedoch, wie sie im Grunde zeigt, dass der Geschlechterdiskurs im Alltagsverständnis der Gesellschaft angekommen ist, wird doch nunmehr verstanden, dass geschlechterreflektierte Erziehung und Bildung erfolgreich ist und auch für Jungen sinnvoll sein könnte.

Damit zeigt sich aber auch, dass ein Verständnis von »Jungen- und Mädchen*förderung*« im Verständnis einer »reflexiven Koedukation« zu kurz greift. Warum ist der Förderbegriff im genderpädagogischen Kontext so wenig hilfreich? Der Ansatz sagt: Jungen und Mädchen sind defizitär qua Geschlecht und bedürfen der besonderen Förderung. Im Gegensatz dazu steht – und hier ein Beispiel aus einem anderen Kontext – der Förderbegriff im Sport, der eine völlig andere Botschaft hat: Dort wird von bereits vorhandenen Fähigkeiten ausgegangen, die optimiert werden. Ganz anders bei Maßnahmen der Mädchen- und Jungenförderung. Sobald sie wirksam sind, stehen ihre Konzepte eher zur Disposition, als dass sie ausgebaut werden. Gerade in der Jugendarbeit und in der Schule ist der Begriff »Mädchen-/Jungenförderung« sehr gebräuchlich, wenn es um geschlechtshomogene Gruppen, Projekte oder auch Einrichtungen geht. Im pädagogischen Diskurs sollte er durch Jungenpädagogik, Jungenarbeit oder Angebote für Mädchen, Angebote für Jungen ersetzt werden, denn hier geht es nicht um geschlechtsspezifische Defizitfeststellungen, sondern um Konzepte für gute Schulen und gute Jugendhilfe für Jungen und Mädchen.

6. Resümee: Das Verhältnis zwischen Koedukation und Monoedukation neu denken

Doris Lemmermöhle (vgl. 1996) sieht den Zusammenhang zwischen Koedukation als Prinzip von Pädagogik und dem Problem der Etablierung einer die überkommene Geschlechterhierarchie überwindenden Praxis. Sie fordert eine geschlechtsdifferenzierte Pädagogik für die Schule, in der getrennt- und gemischtgeschlechtliche Formen gleichermaßen praktiziert werden.

»Eine geschlechterbewusste Pädagogik würde – ohne das Geschlechterverhältnis zu dramatisieren oder das eine Geschlecht gegenüber dem anderen als defizitär zu diffamieren – z.B.

• die gemeinsame oder zeitweilig getrennte Erziehung von Mädchen und Jungen als unterschiedliche pädagogische Möglichkeiten nutzen, die jeweils, wie andere Unterrichtsformen auch, unter Berücksichtigung des Entwicklungsstandes der Jungen und Mädchen, der zu bearbeitenden Probleme und Inhalte sowie der angestrebten Ziele begründet ausgewählt und bewusst gestaltet werden;
• vom ersten Schuljahr an Schülerinnen und Schüler – ohne dies an Defiziten des einen oder anderen Geschlechts festzumachen – eigene Räume und/oder Zeiten zu Verfügung stellen, in denen sie ihre Konflikte mit der eigenen Geschlechtsidentität und mit dem anderen Geschlecht reflektieren können, ohne sich einengenden geschlechterspezifischen Zumutungen und Zuweisungen unterordnen zu müssen« (ebd., S. 194).

Doris Lemmermöhle vertritt die These, dass alle guten Erfahrungen emanzipatorischer Jungen- und Mädchenpädagogik in geschlechtshomogenen Formen folgenlos bleiben werden, wenn sie nicht von allen Beteiligten, Mädchen und Jungen, Pädagoginnen und Pädagogen, als normal erlebt und selbstverständlich praktiziert werden. Das würde ein Modell geschlechtsbewusster Pädagogik (vgl. Biermann 2004; Rauw u.a. 2001) verlangen, in dem Mädchen- und Jungenpädagogik sowie Ko- und Monoedukation im Verhältnis egalitärer Differenz zueinander stünden, d.h. als verschiedene, pädagogisch-konzeptionell gleichermaßen zur Verfügung stehende Möglichkeiten.

Es scheint einiges dafür zu sprechen, das Denkmuster *Pädagogik = Koedukation* zu verändern. Der Beitrag soll daher mit einem Gedankenexperiment schließen: Wie wäre es, in die pädagogische Systematik eine neue Kategorie mit dem Titel »Organisationsform in Bezug auf Geschlecht« einzuführen? Dazu gehören würden Koedukation, Monoedukation und potenziell weitere, z.B. queere Formen (vgl. Czollek u.a. 2009) als gleichrangige Settings. Dort jedenfalls wären Geschlechterkonstruktionen gut aufgehoben, ganz im Sinne der »Pädagogik der Vielfalt« von Annedore Prengel (vgl. 1993).

Literatur

Baumert, Jürgen (1992): Koedukation oder Geschlechtertrennung. In: Zeitschrift für Pädagogik, 38, S. 83-110.

Bentheim, Alexander/May, Michael/Sturzenhecker, Benedikt/Winter, Reinhard (Hg.) (2004): Gender Mainstreaming und Jungenarbeit. Weinheim/München: Juventa.

Biermann, Christine (2004): »Geschlechterbewusste Pädagogik« an der Laborschule in den Zeiten vor und nach PISA. Schulentwicklung in einer Reformschule. In: Popp, Ulrike/ Reh, Sabine (Hg.): Schule forschend entwickeln. Weinheim/München: Juventa, S. 167-179.

Böhm, Winfried (2005): Wörterbuch der Pädagogik. 16., vollst. überarb. Aufl. unter Mitarbeit von Frithjof Grell. Stuttgart: Kröner.

Boldt, Ulrich (2008): Jungen und Koedukation. In: Matzner, Michael/Tischner, Wolfgang (Hg.): Handbuch Jungen-Pädagogik. Weinheim/Basel: Beltz, S. 136-149.

Breitenbach, Eva (2010): »Mittlerweile ist es doch egal, ob es ein Junge oder ein Mädchen is« – Die Bedeutung der Kategorie Geschlecht in der rekonstruktiven Forschung. In: Herwartz-Emden, Leonie/Schurt, Verena/Waburg, Wiebke (Hg.): Mädchen in der Schule. Empirische Studien zu Heterogenität in monoedukativen und koedukativen Kontexten. Opladen/Farmington Hills: Barbara Budrich. S. 27-48.

Bundesjugendkuratorium (2009): »Schlaue Mädchen – Dumme Jungen? Gegen Verkürzungen im aktuellen Geschlechterdiskurs«. Zugriff am: [19.09.2011] unter http://www. bundesjugendkuratorium.de/pdf/2007-2009/bjk_2009_4_stellungnahme_gender.pdf.

Czollek, Leah Carola/Perko, Gudrun/Weinbach, Heike (2009): Lehrbuch Gender und Queer. Grundlagen, Methoden und Praxisfelder. Weinheim: Juventa.

Derrida, Jacques (1999): Die Différance. In: Engelmann, Peter (Hg.): Jacques Derrida: Randgänge der Philosophie. Wien: Passagen, S. 31-56.

Faulstich-Wieland, Hannelore (1994): Reflexive Koedukation. In: Bracht, Ulla/Keiner, Dieter (Hg.): Geschlechterverhältnisse und die Pädagogik. Jahrbuch der Pädagogik. Frankfurt a.M.: Peter Lang, S. 325-345.

Faulstich-Wieland, Hannelore (2011): Koedukation. In: Ehlert, Gudrun/Funk, Heide/ Stecklina, Gerd (Hg.): Wörterbuch Soziale Arbeit und Geschlecht. Weinheim und München: Juventa, S. 235-237.

Füller, Christian (2006): Eklat bei erster Jungskonferenz. In: Die tageszeitung, 1.9.2006.

Graff, Ulrike (2008): Tough enough to wear pink! Impulse der neuen Geschlechterdebatte in der Pädagogik. In: Böllert, Karin (Hg.): Von der Delegation zur Kooperation – Bildung in Familie, Schule, Kinder- und Jugendhilfe. Wiesbaden: VS, S. 85-93.

Horstkemper, Marianne/Kraul, Margret (Hg.) (1999): Koedukation. Erbe und Chancen. Weinheim: Beltz.

Hurrelmann, Klaus/Naundorf, Gabriele/Rabe-Kleberg, Ursula/Rodax, Klaus/Spitz, Norbert/Wildt, Carola (1986): Koedukation – Jungenschule auch für Mädchen? Alltag und Biografie von Mädchen, Band 14, Opladen: Leske + Budrich.

Hurrelmann, Klaus (2008): Lasst sie Männer sein! In: Die Zeit, 25.10 2008.

Kessels, Ursula (Hg.) (2002): Undoing Gender in der Schule. Eine empirische Studie über Koedukation und Geschlechtsidentität im Physikunterricht. Weinheim/München: Juventa.

Kleinau, Elke (Hg.) (1996): Geschichte der Mädchen- und Frauenbildung. Bd. 1. Vom Mittelalter bis zur Aufklärung. Frankfurt a.M.: Campus.

Kreienbaum, Maria-Anna (2008): Schule: Zur reflexiven Koedukation: In Becker, Ruth/ Kortendiek, Beate (Hg.): Handbuch Frauen- und Geschlechterforschung. Wiesbaden: VS, S. 689-696.

Lemmermöhle, Doris (1996): Persönlichkeitsbildung und Geschlecht. In: Die Deutsche Schule, H.2, S. 192-197.

Lenzen, Dieter (Hg.) (2007): Pädagogische Grundbegriffe, Bd. 2: Jugend – Zeugnis. 8. Aufl. Reinbek: Rowohlt.

Leonard, Diana (2006): Single-Sex Schooling. In: Skelton, Christine/Francis, Becky/ Smulyan, Lisa (Hg.): The SAGE handbook of gender and education. 1. publ. London: Sage, S. 190-204.

Matzner, Michael/Tischner, Wolfgang (Hg.) (2008): Handbuch Jungen-Pädagogik. Weinheim/Basel: Beltz.

Matzner, Michael/Wyrobnik, Irit (Hg.) (2010): Handbuch Mädchen-Pädagogik. Weinheim/ Basel: Beltz.

Metz-Göckel, Sigrid (1999): Koedukation – nicht um jeden Preis. Eine Kritik aus internationaler Perspektive. In: Behm, Britta L./Heinrichs, Gesa/Tiedemann, Holger (Hg.): Das Geschlecht der Bildung. Die Bildung der Geschlechter. Opladen: Leske + Budrich, S.131-147.

Pech, Detlef (Hg.) (2009): Jungen und Jungenarbeit. Eine Bestandsaufnahme des Forschungs- und Diskussionsstandes. Baltmannsweiler: Schneider.

Prengel, Annedore (1993): Pädagogik der Vielfalt. Opladen: Leske + Budrich.

Rauw, Regina/Jantz, Olaf/Reinert, Ilka/Ottemeier-Glücks, Franz Gerd (Hg.) (2001): Perspektiven geschlechtsbezogener Pädagogik. Opladen: Leske + Budrich.

Reinhold, Gerd/Pollak, Guido/Heim, Helmut (Hg.) (1999): Pädagogik – Lexikon. München/Wien: Oldenbourg.

Rendtorff, Barbara/Moser, Vera (Hg.) (1999): Geschlecht und Geschlechterverhältnisse in der Erziehungswissenschaft. Opladen: Leske + Budrich.

Schimpf, Elke (1999): Geschlechterpolarität und Geschlechterdifferenz in der Sozialpädagogik. In: Rendtorff, Barbara/Moser, Vera (Hg.): Geschlecht und Geschlechterverhältnisse in der Erziehungswissenschaft. Eine Einführung. Opladen: Leske + Budrich, S. 265-282.

Der Spiegel (2007): Die Alpha-Mädchen. Wie eine neue Generation von Frauen die Männer überholt. H. 24, 11.6.07.

Sturzenhecker, Benedikt (Hg.) (2002): Praxis der Jungenarbeit: Modelle, Methoden und Erfahrungen aus pädagogischen Arbeitsfeldern. Weinheim/München: Juventa.

Stuve, Olaf (2001): »Queer Theory« und Jungenarbeit. Versuch einer paradoxen Verbindung. In: Fritzsche, Bettina u.a. (Hg.): Dekonstruktive Pädagogik. Erziehungswissenschaftliche Debatten unter poststrukturalistischen Perspektiven. Opladen: Leske + Budrich, S. 281-294.

Tillmann, Angela (Hg.) (2008): Identitätsspielraum Internet. Lernprozesse und Selbstbildungspraktiken von Mädchen und jungen Frauen in der virtuellen Welt. Weinheim/München: Juventa.

Wenning, Norbert (2001): Differenz durch Normalisierung. In: Lutz, Helma/Norbert Wenning (Hg.): Unterschiedlich verschieden. Differenz in der Erziehungswissenschaft. Opladen: Leske + Budrich, S. 275-295.

Yiligin, Fidan (2010): Sich selbst stärken! Mädchen of Color in der Empowermentbildung. In: Busche, Mart (Hg.): Feministische Mädchenarbeit weiterdenken. Zur Aktualität einer bildungspolitischen Praxis. Bielefeld: transcript (Gender studies), S. 107-126.

Younger, Michael R./Warrington, Molly Title (2006): Would Harry and Hermione have done better in single-sex classes? A review of single-sex teaching in coeducational secondary schools in the United Kingdom. In: American educational research journal, 43, No. 4, S. 579-620.

Michael Drogand-Strud

»Normal- oder?« Genderpädagogik mit gemischtgeschlechtlichen Jugendgruppen

Koedukation ist das zentrale Arbeitssetting in Pädagogik und Sozialer Arbeit. Der Artikel befasst sich mit der Frage, inwieweit Geschlechterstereotypen, Zuschreibungen und Festlegungen auf ein Geschlecht in der Koedukation reflektiert und bearbeitet werden können. Dazu werden die Themen, Inhalte, Qualifizierungen und die Ebene der Zusammenarbeit unter Kollegen und Kolleginnen beleuchtet. Ausgangspunkt des Artikels ist die 25-jährige Praxis koedukativer und geschlechtshomogener Genderpädagogik Jugendlichen und in der Fortbildung mit Fachkräften in der Heimvolkshochschule ›Alte Molkerei Frille‹.

1. Einleitung

Geschlechtsbezogene Pädagogik ist ein Fachbegriff, der zuerst in der Jugendbildung der Heimvolkshochschule »Alte Molkerei Frille« (HVHS) entwickelt wurde. In dieser Jugend- und Erwachsenenbildungsstätte im Ostwestfälischen wurde bereits von 1986-1988 ein Modellprojekt zur »Parteilichen Mädchenarbeit und Antisexistischen Jungenarbeit« durchgeführt (vgl. Frille 1988). Lange bevor der Begriff Genderpädagogik überhaupt geprägt wurde, haben hier pädagogische Fachkräfte aus der Mädchen- und der Jungenarbeit ein Konzept entwickelt, welches einen geschlechterbezogenen Ansatz in die pädagogische Arbeit der HVHS eingeflochten hat. Dazu wurden – mit dem erklärten und praktizierten Ziel, diese aufeinander zu beziehen – Konzepte für Mädchenarbeit und Jungenarbeit unabhängig voneinander entwickelt und gemeinsam diskutiert. Gemeinsam war die Ausrichtung auf Geschlechtergerechtigkeit, gegen Hierarchisierung und Zuschreibungen. Bis heute hat sich im Selbstverständnis dieser Bildungseinrichtung der Blick auf Gender als einer wirksamen Strukturkategorie als Thema erhalten und wurde theoretisch und praktisch weiterentwickelt (vgl. Glücks/Ottemeier-Glücks 1994; Rauw/Jantz/Reinert/Ottomeier-Glücks 2001; Jantz/Grote 2003; Busche/Maikowski/Pohlkamp/Wesemüller 2010). Dazu gehören auch Erweiterungen des Genderansatzes um die Themen »Partizipation«,[1] »Politische Bildung in der Einwanderungsgesellschaft« (vgl. Yiligin 2010), »Klassenzugehörigkeit« (vgl. Wesemüller 2010; Pohlkamp/Soluch 2010), »Transgender« (vgl. Pohlkamp 2010) und »Andersbefähigung« (vgl. Maikowski 2010). Seit 1990 findet in der »Alten Molkerei Frille« jährlich eine Weiterbildungsreihe für soziale und pädagogische Fachkräfte statt, die in sechs Bausteinen à drei Tagen die Grundlagen Geschlechtsbezogener Pädagogik vermittelt. Regina Rauw und Michael Drogand-Strud haben dieser Reihe einen eigenen Fachartikel in der jüngsten Veröffentlichung der HVHS Frille zur Mädchenarbeit gewidmet (Drogand-Strud/ Rauw 2010).

---

1   Projekt: Demokratie leben. Partizipation von Mädchen und Jungen; Bundesjugendplanförderung der HVHS
     Frille von 1999-2010.

2. Jungen – Mädchen – Genderpädagogik !?

Jungen und Mädchen sind Kinder und Jugendliche unter dem Aspekt von Geschlecht betrachtet. Sie wachsen nicht geschlechtsneutral auf, sondern werden stets mit eindeutigen, sich gegenseitig ausschließenden Anforderungen geschlechtlich sozialisiert. Dabei wird den einen eher mit Anforderungen von Schön-Sein, Freundlich-Sein oder Fürsorglich-Sein begegnet, während den anderen nahegelegt wird Verhalten einzuüben, welches mit Stärke, Funktionalität und aktivem Handeln verbunden wird.

Diese unterschiedlichen Anforderungen an die Geschlechter werden durch viele personale und gesellschaftliche Instanzen offen und subtil vermittelt. Gleichzeitig eignen sich die Kinder und Jugendlichen diese Aspekte selbst aktiv in einem Prozess des »doing gender« (West/Zimmerman 1987)[2] an. Während die Aneignung von Körperhaltungen oder Sprachmustern zu einem sehr frühen Zeitpunkt erfolgt und sich damit früh körperlich manifestiert, sind andere Weichenstellungen, etwa die Berufswahl, zwar ebenso von klaren Gendervorgaben beeinflusst, können aber über eine bewusste Reflexion hinterfragt und korrigiert werden.

Geschlechtervorstellungen gehen in der Regel von einer zweigeschlechtlichen Wirklichkeit aus, die sich normativ als unveränderbare essenzialistische Wahrheit darstellt. Damit sind nicht nur die Einhaltung von Normalitäten und die ständige Zuweisungen von Verhaltensweisen, Körperhaltungen, Kleidung, sexuelle Orientierung etc. verknüpft. Diese dualistische Sicht vereinheitlicht alle Jungen und alle Mädchen in homogene Gruppen, die je genau das auszeichnet, was die »andere« Gruppe nicht aufzuweisen hat: Rosa-blau, gefühlvoll-entschlussfreudig, redend-handelnd, sanft-hart sind daraus resultierende Eigenschaftspaare. Da biologische Wurzeln als Basis dieser Dualismen angenommen werden, stellt die Aufteilung in genau zwei sich gegenseitig ausschließende Geschlechter für »geschlechtlich non-konforme Menschen«[3] eine Unmöglichkeit dar, die häufig von gewaltvoller Leiderfahrung begleitet wird. Gleichzeitig ist jedoch festzustellen, dass Bewegung in die Akzeptanz von Gender-Irritationen gekommen ist, z.B. bei der gesellschaftlichen Anerkennung homosexuellen Lebens bei Schauspielerinnen oder Spitzenpolitikern. Dennoch existiert nach wie vor eine anhaltende Diskriminierung nicht-heterosexueller Orientierungen in Form von Beleidigungen, Verletzungen etc.

Ziel einer Genderpädagogik ist in erster Linie die Bereitstellung einer Möglichkeit für Jungen, Mädchen und alle anderen, ihre Interessen, Entscheidungen, Gefühle, Identifikationen etc. reflektieren und bewusst wählen zu können. Dieser Gedanke ist von der Erkenntnis geleitet, dass soziale und pädagogische Fachkräfte nicht Vorgaben für eine »richtige« Entwicklung junger Menschen vermitteln sollten, sondern Jugendliche stärker dazu befähigen sollen, eigene Entscheidungen zu treffen. Dazu gehören Ausbau der Selbstwahrnehmung und Reflexionsfähigkeit sowie auch das Aufzeigen von Veränderungen und Ermöglichen/Zulassen, für ein »So-oder-Anders-Sein«. Notwendig ist diese Vermittlung von Alternativen, um einen Gegenpol bzw. eine Erweiterung der normativen Vorgaben von Geschlechterbildern aufzuzeigen.

---

2 Doing gender bezeichnet den Prozess der aktiven Auseinandersetzung und Aneignung von Gender.
3 Gemeint sind alle Menschen, die sich nicht eindeutig zu einer geschlechtlichen Seite zugehörig fühlen. Dies sind u.a. Intersexuelle, Transsexuelle, androgyne Menschen, Hermaphroditen, Transgender, Tomboys (vgl. Polymorph 2002).

3. Koedukation als Arbeit mit gemischtgeschlechtlichen Gruppen

Mit der Bildungsreform der 1970er-Jahre wurde in Westdeutschland u.a. das Ziel verfolgt, die bis dato bestehende Bildungsbenachteiligung der Mädchen zu korrigieren und ihnen durch eine koedukative Regelschule gleiche Bildungschancen zu eröffnen. Auch die Jugendhilfe oder die Jugendverbandsarbeit organisiert sich seit dieser Zeit überwiegend koedukativ.[4] Diese Konzepte einer gemischtgeschlechtlichen Pädagogik rühren allerdings bis heute kaum am Thema der Geschlechterverhältnisse: So verstehen sich soziale und pädagogische Einrichtungen überwiegend als ein geschlechtsneutrale Räume, die allen (Geschlechtern) scheinbar gleiche Chancen und Möglichkeiten bieten. Pädagogische Teams werden selten geschlechtsparitätisch eingesetzt – ihr Geschlecht spielt pädagogisch ›offensichtlich‹ keine Rolle. Auch Arbeits- oder Unterrichtsmaterialien werden nur in Einzelfällen auf die Frage hin durchleuchtet, ob sie ein herrschendes, hierarchisches Geschlechterverhältnis »selbstverständlich« oder »natürlich« mittragen oder über dieses hinausreichen. Mechanikerinnen, Säuglingspfleger oder gleichgeschlechtliche Lebenspartnerschaften, wie in niederländischen Schulbüchern vorhanden, finden sich hierzulande kaum (www.orf.at/stories/2008 240/2008221; vgl. Audiovisuelles und Kultur (EACEA P9 Eurydice) 2010).

4. Voraussetzung für genderpädagogische Koedukation

Grundlage für eine geschlechtergerechte Pädagogik ist die Vermittlung von Genderkompetenz an die Fachkräfte. Ausgehend von jeweils aktuellen gesellschaftlichen Fragestellungen sind Informationen zu Geschlechterverhältnissen sowie zu Sozialisationsbedingungen und Lebenslagen von Jungen und Mädchen neben der Selbstreflexion die Basis dieser Kompetenz. Genderpädagogik setzt an einer gendersensiblen Haltung der Fachkraft zu Kindern und Jugendlichen, aber auch zu Kollegen und Kolleginnen an, welche sich durch praktische Methoden und pädagogische Alltagsreflexionen vermittelt. In der Haltung der pädagogischen Fachkräfte dürfen die jungen Menschen nicht auf ein bestimmtes Bild von Mädchen-Sein oder Junge-Sein festgelegt werden.

Dies betrifft die Einengung auf Stereotypen genauso wie die Festlegung auf »moderne« Rollenerwartungen, auch wenn diese aufgrund eigener Erfahrungen gewünscht werden. Hierzu gehören auch Vermutungen, dass Mädchen großen Wert auf eine gemütliche Atmosphäre legen oder Jungen eine Technik- bzw. Produktorientierung brauchen, um motiviert zu sein. Vorannahmen verstellen den Blick auf die realen Jugendlichen und tragen zur Stabilität von Geschlechterstereotypen bei. Wichtig ist hingegen, junge Menschen darin zu unterstützen, sich auszuprobieren, und sie zu befähigen, selbst-bewusst eigene Entscheidungen zu treffen.

---

4   Exemplarisch sei hier auf den Bund der Pfadfinderinnen und Pfadfinder (BdP) verwiesen, der sich 1971 für Mädchen öffnete. Für die DDR galt die Koedukation mit dem Grundgedanken der Geschlechtergerechtigkeit schon seit den 1950er-Jahren. Dies führte in vielen gesellschaftlichen Bereichen (besonders Berufe, Lohn, Wissenschaft) zu einer größeren Chancengleichheit, jedoch muss bezweifelt werden, ob die Frage hierarchischer Geschlechterverhältnisse kritisch diskutiert werden konnte, da sie ja programmatisch als überwunden galten (vgl. Faulstich-Wieland 1991).

5. Zur Praxis der Genderpädagogik: das koedukative Setting

Was zeichnet nun eine geschlechtsbewusste oder gendersensible Pädagogik in koedukativen Situationen besonders aus, was unterscheidet sie von einem monoedukativen[5] Setting? Zunächst findet unter den oben genannten Zielsetzungen in beiden Fällen eine Arbeit statt, die Geschlechternormierungen und Zuschreibungen überwinden soll.

Die besondere Qualität des koedukativen Settings ist, Jugendliche nicht in Geschlechtergruppen zu separieren und die Geschlechtszugehörigkeit damit nicht zu dramatisieren. Die Kategorie Geschlecht wird in der Koedukation nicht schon durch die bloße Definition des Settings ins Zentrum des Bewusstseins gerückt und stereotype Zuspitzungen (»Wir Jungs unter uns können mal ohne schlechtes Gewissen ...«) somit vermieden. Zugleich ist aber die Frage zu beantworten, ob sich in dem koedukativen Setting Differenzen unter den Geschlechtergruppen zeigen können, ohne von den Peers unmittelbar wieder auf ein Gemeinsames reduziert zu werden. In der koedukativen Gruppe stellt sich z.B. schnell die Frage, was denn *die* Mädchen oder *die* Jungen wollen. Auch die Bemerkung: »Ich brauche mal ein paar starke Männer« wirkt in einer koedukativen Gruppe als Initialzündung für viele Jungs, sich produzieren zu müssen, während dies in einer Jungengruppe »nur« die bekannte Hierarchie abbildet und die Unterschiede zwischen den Jungen sichtbar macht.

Die Qualität einer geschlechtsbewussten Koedukation[6] besteht darin, deutlich werden zu lassen, dass Interessen, Befähigungen, Leistungen, Gefühle, Pläne etc. in einer Gruppe breit gestreut sind und zu sehr unterschiedlichen Untergruppen führen können, welche tatsächlich nicht in erster Linie vom Geschlecht abhängen. Damit können einerseits individuelle Besonderheiten wichtiger werden als Zuschreibungen aufgrund eines (Gender-)Status. Andererseits gibt dies auch die Möglichkeit für einen Austausch und gegenseitige Lernprozesse unabhängig von Geschlechtergruppen.

Das Ziel, einengende Gender-Zuschreibungen zu überwinden, stößt in Fortbildungen mit Fachkräften zuweilen auf den Einwand, das Postulat einer klaren Rollenverteilung gebe den jungen Menschen notwendige Orientierung und Halt, nach denen diese gerade in der Jugendphase dringend suchten. Dieses Argument beruht allerdings auf der Annahme, dass den Jungen und Mädchen die zugewiesenen Eigenschaften und Aufgaben adäquat entsprechen und sie diese für eine erfolgreiche Lebensführung verwenden könnten. Das Festhalten an den Stereotypen ist aber nicht nur eine ungeheure Belastung für all diejenigen, die hier abweichen (vgl. Fußnote 3, S. 101), es vernachlässigt auch den Aspekt der Geschlechterhierarchie. Zuschreibungen und Eigenschaften sind hierarchisch bewertet und weisen denen, die qua Geschlecht die untergeordnete, abgewertete Seite repräsentieren, auch einen abgewerteten Platz zu. Dies betrifft besonders Mädchen und Jungen, welche die gesellschaftlich höher bewerteten Eigenschaften nicht repräsentieren, also z.B. Jungen, die nicht als cool, stark, clever und hetero gelten oder Mädchen, die vermeintlich keinem sexualisierten Körperbild oder sozial-kompetenten Verhalten entsprechen.

---

5   Der Fachterminus Koedukation bezeichnet hier die gemeinsame Erziehung junger Menschen unabhängig von ihrem Geschlecht. Monoedukation bedeutet die Arbeit in sog. geschlechtshomogenen Gruppen, also Jungen- bzw. Mädchenarbeit (vgl. Kessels 2002).

6   Im schulischen Kontext ist hier auch von *reflexiver Koedukation* die Rede, wobei die Reflexion von Geschlechterverhältnissen im pädagogischen Prozess gemeint ist (vgl. Hochrieser 2007).

Geschlechtsbewusste Koedukation wirkt also gegen die Hierarchisierung von Eigenschaften, wenn sie Unterschiede, Differenzen und Vielfalt individuell bestärkt und im Zusammenspiel aller Gruppenmitglieder wertschätzt. Zentrales Element in einer koedukativen Pädagogik ist die Gruppenleitung! Pädagogische Fachkräfte verschiedenen Geschlechts können aufzeigen, wie ein wertschätzender Umgang mit Unterschiedlichkeiten unabhängig vom Geschlecht zu einem guten Ergebnis führt.

Ein »gutes Ergebnis« beinhaltet demnach, dass Kinder und Jugendliche Erfahrungen machen, die sie nicht auf Stereotype reduzieren. Das geschieht dann, wenn die Gruppenleitung Kinder und Jugendliche mit ihren jeweils individuell verschiedenen Stärken, Bedürfnissen, Kompetenzen, Ängsten wahrnehmen und wertschätzen kann. Damit nicht Bewertungen und andere Gender-Fallen (»Für einen Jungen ist das aber ein tolles Sozialverhalten«; »Ich brauche mal eben drei starke Jungs«) diesen Lernprozess unterlaufen, setzt eine geschlechtsbewusste Koedukation einen reflektierten Umgang mit sich und der Kollegin bzw. dem Kollegen voraus. Dabei ist es sicher hilfreich, wenn es nicht durchgehender Standard ist, dass der Kollege technikkompetent, lautstark regelsetzend und mit größerem Redeanteil agiert und die Kollegin für das soziale Klima, die Trosteinheiten und die hübsche Dekoration verantwortlich ist.

Eine gendersensible Gruppenleitung reproduziert nicht ständig Geschlechterklischees, sie »spielt« auch nicht Rollentausch, sondern reflektiert Auftritt, Wirkung, Raumeinnahme, Aufgabenverteilung etc. und setzt damit ein Zeichen gelingender Zusammenarbeit.

Für Fachkräfte stellt sich hier die Frage, wie sie gemeinsam mit Kollegen und Kolleginnen Vielfalt und Unterschiedlichkeit präsentieren können. Notwendig ist dazu die Selbstreflexion eigener Genderstereotypen und die Abweichung von Klischeebildern. Bestandteil eines derartigen Teamaustauschs ist dann auch die Frage, welche eigenen Anteile in der Arbeit mit Kindern und Jugendlichen offensiv und welche nicht gerne eingebracht werden.

6. Zur Praxis der Genderpädagogik: Themen und Prozessorientierung

Eine geschlechtsbewusste Koedukation kann verschiedene Themen zum Gegenstand haben. Übungen, Diskussionen und Reflexionen zu Rollenbildern, Privilegien, Diskriminierung, Schönheit, Familienmodellen oder Berufsfeldern können in koedukativen Gruppen von allen Geschlechtern wahrgenommen werden. Die pädagogische Leitung muss allerdings Vorkehrungen treffen, damit der beschriebene Effekt der Homogenisierung von Mädchen- und Jungenpositionen nicht erfolgt. Eine Möglichkeit ist es, Fragen und Positionen zunächst in geschlechtshomogenen Gruppen zu sammeln und zu besprechen, um sie dann als breite Ergebnispalette in die geschlechtsgemischte Gruppe einzubringen. Dabei zeigen sich dann Übereinstimmungen in der Bandbreite und möglicherweise Unterschiede oder unterschiedliche Gewichtungen. Die gemischte Gruppe kann dann Einschätzungen vornehmen, welchen Themen Priorität eingeräumt werden soll, und ergründen, woher Unterschiede zwischen den und auch innerhalb der Geschlechtergruppen resultieren.

Eine koedukative Diskussion zu Themen mit einem Genderbezug kann dazu dienen, hierarische Bewertungen herauszuarbeiten ohne in ein einfaches Täter-Opfer-Schema zwischen Jungen und Mädchen bzw. Frauen und Männern zu verfallen. Die gemeinsame Diskussion und Aufdeckung unterschiedlicher Geschlechterzwänge und -zurichtungen, aber auch -profite erhöht nicht nur die Sensibilität gegenüber dem Thema, sie lässt auch Differenzierungen und eine gemeinsame Verantwortung für Chancengleichheit und Geschlechterdemokratie zu. Ein Beispiel hierfür ist die Durchführung einer Zukunftswerkstatt[7] mit einer geschlechtergemischten Jugendgruppe zum Thema: »Zusammenleben der Geschlechter«

Nach einer Öffnung des Themas auf unterschiedliche Felder (Schule, Freizeit, Beruf, Familie, Pflege, Geld, Körper, Konflikte, Sprache, Sexualität …) können bereits in der Kritikphase Varianzen in den Einschätzungen und Prioritäten unter Jungen und unter Mädchen sowie zwischen Jungen und Mädchen sichtbar und diskutabel werden. Möglicherweise findet hier auch die Frage Raum, ob sich alle in Jungen und Mädchen eindeutig zuordnen wollen.

Mit diesem Ansatzpunkt können Utopien und besonders Realisierungsschritte auch eine Basis zur spannenden Bewusstwerdung von Geschlechterverhältnissen und zur Erweiterung eigener Optionen dienen.

7. Koedukation und Gender als Alltagssituationen

Neben diesen programmatischen Angeboten ist es die alltägliche Aufgabe pädagogischer Fachkräfte, Gender als Querschnittsthema im koedukativen Setting zu berücksichtigen.

Dies ist als eine genderkompetente Grundhaltung gemeint, deren Ausdruck es ist, sich im pädagogischen Kontext selbst auch als eine geschlechtlich identifizierte Person zu sehen. Pädagogische Fachkräfte werden i.d.R. von Jugendlichen als Frau oder Mann identifiziert und pädagogische Aktionen als Aktionen gewertet, die ein Mann oder eine Frau anleitet.

Diese Erkenntnis über die normativen Wahrnehmungsstrukturen ist als Basis für die Selbstreflexion von Bedeutung, da sie eine Einschätzung darüber ermöglicht, auf welchen Interpretationsgrund die Angebote, Inszenierungen oder Interventionen fallen können:

So wirkt ein kompetentes Technikangebot, das ein Mann in eine koedukative Gruppe einbringt, rollenkonform und motiviert einige Mädchen in geringerem Maße sich einzulassen, während die Jungen eher unter dem Druck stehen, Technikkompetenz zu repräsentieren. Ganz anders wirkt dieses Angebot, wenn eine Frau dies einbringt. Hier fühlen sich die Mädchen möglicherweise eher positiv motiviert, während die Jungen damit konfrontiert werden, dass Technikkompetenz unabhängig vom Geschlecht wirkt. Möglicherweise versuchen sie, der weiblichen Fachkraft ihre Kompetenz abzusprechen, oder setzten ihre männliche Genderinszenierung hier besonders ein. Daher verlangt ein solches »paradoxes« Angebotsetting auch eine reflektierte Analyse und Handlungsstrategie, damit (in diesem Beispiel) die technikkompetente Kollegin die Genderinszenierungen und Anfragen der Jungen nicht als persönliche Infragestellung ihrer Person und Kompetenz interpretiert. Wenn dieses Angebot dann Kontinuität erfährt, tritt der Genderaspekt auch wieder in den Hintergrund, erhält damit eine »erwünschte Bedeutungslosigkeit« und wird entdramatisiert.

---

7 In einer Zukunftswerkstatt arbeiten Menschen zu einer bestimmten Fragestellung mithilfe einer klaren methodischen Struktur zielgerichtet an der Lösung des Problems bzw. an der Entwicklung von Zielen. Die Zukunftswerkstatt setzt ein basales Vertrauen in die Problemlösungskapazitäten und kreativen Fähigkeiten ihrer Beteiligten und aktiviert und mobilisiert diese auch gezielt durch ihre spezifische methodische Struktur. Kennzeichnend für die Werkstatt ist das sogenannte Drei-Phasen-Modell mit Kritik-, Phantasie und Verwirklichungsphase (s. Jungk/Müllert 1989).

Aufmerksamkeit sollte sich in der Koedukation auf die Reproduktion von Geschlechterhierarchien richten. Sowohl die Hierarchien innerhalb der Mädchen- und der Jungengruppen wie auch jene zwischen den Geschlechtergruppen kommen so in den Blick. Die eigene Wahrnehmung und Position in diesem Machtgefälle ist Ausgangspunkt für die Fachkräfte. Werden diese gegenüber den Jugendlichen ausgesprochen, ist damit die Chance gegeben, dass Jugendliche diese mit ihren eigenen Wahrnehmungen vergleichen können. In unserem Verständnis der Geschlechtsbezogenen Pädagogik sollte darauf keine moralische Zurechtweisung erfolgen. Vielmehr sollte gefragt werden, wie Überlegenheit, Ausgrenzung, Macht und Diskriminierung hergestellt wird und wie die Prozesse von Ein- und Ausschluss, Bewertung und Zuschreibung wirken und funktionieren.

In den Angeboten der Jugendbildung in der Alten Molkerei Frille bestehen vielfältige Möglichkeiten, in der Gruppe Erfahrungen mit solcherlei Mechanismen zu sammeln, auszuwerten und zu reflektieren. Dazu dienen gruppendynamische und erlebnispädagogische Übungen oder solche aus der Team- und Gruppenfindung, Zukunftsplanung und dem Sozialkompetenzerwerb. Wichtigste Stütze für geschlechtsbezogene Koedukation ist dabei immer die Offenheit gegenüber den Selbstbezeichnungen der Jugendlichen, die Wertschätzung der Einzelnen und die Förderung individueller Entwicklungsschritte.

Die Jugendlichen dazu zu bringen, dass sie von sich selbst ausgehend Interessen formulieren können, verlangt der Einrichtung und den Fachkräften einen Rahmen und eine Haltung ab, die Beteiligung der Jugendlichen auch zu wollen und insofern Kontrolle über Geschehnisse, explizit auch über die Programmplanung abzugeben.

Diese Beteiligungsformen müssen den Jugendlichen die Möglichkeit bieten, ihre Interessen einzubringen, auszuhandeln und umzusetzen. In diesem partizipativen Klima können die jungen Menschen erfahren, dass sie ihre Interessen mit anderen abstimmen und Verantwortung übernehmen können. So wird auch die Voraussetzung für eine genderkritische Grundhaltung geschaffen.

8. Fazit

Wenn vorhandene Zuschreibungen und Einschränkungen aufgrund des Geschlechtes überwunden werden sollen, stellt Genderpädagogik eine notwendige Voraussetzung dafür dar. Dabei kommt es auf die Haltung der pädagogischen Fachkräfte an, die in ihrem – zumeist koedukativen – Alltag Geschlechterverhältnisse reflektieren und hierarchischen Bewertungen und festgelegten Stereotypen widersprechen.

Die zentrale Herausforderung einer gendersensiblen koedukativen Arbeit ist die ständige Reflexion eigener Involviertheit in Geschlechterverhältnisse, der Zielvorstellungen, der pädagogischen Interventionen und der Zusammenarbeit im Team. Dabei dient das Herausarbeiten der Gewinnseiten für Mädchen und Jungen als positive Motivation.

Wünschenswert ist ein praxisorientiertes Handwerkszeug für die reflektierte Koedukation im pädagogischen Alltag, ergänzt um geschlechtsgetrennte Angebote. Koedukative Genderpädagogik braucht als notwendige Rahmenbedingungen Zeit und Ressourcen für die Reflexion.

Neben notwendigen Leitbildentwicklungen und Qualifikationen der Fachkräfte in Fragen von Sozialisationsbedingungen, Wirkungsmacht von Genderanforderungen und methodischen Möglichkeiten der Intervention müssen die Elemente Supervision und kollegiale Beratung im Sinne reflexiver Regelangebote Standard jeder pädagogischen Arbeit werden.

Literatur

Alte Molkerei Frille (1988): Was Hänschen nicht lernt ... verändert Clara nimmer mehr. Frille.

Audiovisuelles und Kultur – EACEA P9 Eurydice (2010): Geschlechteruntersuchede bei Bildungsresultaten: Derzeitige Situation und aktuelle Maßnahmen in Europa. Brüssel: Exekutivagentur Bildung, Audiovisuelles und Kultur.

Busche, Mart/Maikowski, Laura/Pohlkamp, Ines/Wesemüller, Ellen (Hg.) (2010): Feministische Mädchenarbeit weiterdenken. Zur Aktualität einer bildungspolitischen Praxis. Bielefeld: transcript.

Drogand-Strud, Michael (2011): Genderkompetenz bei Lehrerinnen und Lehrern. In: Pädagogik 3/2011.

Drogand-Strud, Michael/Rauw, Regina (2010): 20 Jahre, sechs Bausteine, mehr als zwei Geschlechter und mindestens ein Paradox. Veränderung und Kontinuität in der geschlechterbezogenen Weiterbildungsreihe der »Alten Molkerei Frille« In: Busche, Mart/ Maikowski, Laura/Pohlkamp, Ines/Wesemüller, Ellen (Hg.): Feministische Mädchenarbeit weiterdenken. Zur Aktualität einer bildungspolitischen Praxis. Bielefeld: transcript.

Faulstich-Wieland (1991): Koedukation – enttäuschte Hoffnungen? Darmstadt: Wissenschaftliche Buchgesellschaft.

Glücks, Elisabeth/Ottemeier-Glücks, Franz Gerd (1994): Geschlechtsbezogene Pädagogik – ein Bildungskonzept zur Qualifizierung koedukativer Praxis durch parteiliche Mädchenarbeit und antisexistische Jungenarbeit. Münster: Votum.

Hochrieser, Beat (2007): Von der Koedukation zur reflexiven Koedukation bis zur geschlechtsspezifischen pädagogischen Interaktion. München: GRIN.

Jantz, Olaf/Grote, Christoph (2003) (Hg.): Jungenarbeit. Quersichten 3. Opladen: Leske + Budrich.

Jungk, Robert/Müllert, Norbert R. (1989): Zukunftswerkstätten. Mit Phantasie gegen Routine und Resignation. München: Heyne.

Kessels, Ursula (2002): Undoing Gender in der Schule Eine empirische Studie über Koedukation und Geschlechtsidentität im Unterricht. Weinheim/München: Juventa.

Maikowski, Laura (2010): »Das ist wirklich ein harter Kampf!« Interview mit Sabine Pacalon zu gendersensibler Bildungsarbeit mit Tauben Jugendlichen. In: Busche Mart/ Maikowski, Laura/Pohlkamp, Ines/Wesemüller, Ellen (Hg.): Feministische Mädchenarbeit weiterdenken. Zur Aktualität einer bildungspolitischen Praxis. Bielefeld: transcript.

Pohlkamp, Ines (2010): TransRäume. Mehr Platz für geschlechtliche Nonkonformität. In: Busche Mart/Maikowski, Laura/Pohlkamp, Ines/Wesemüller, Ellen (Hg.): Feministische Mädchenarbeit weiterdenken. Zur Aktualität einer bildungspolitischen Praxis. Bielefeld: transcript.

Pohlkamp, Ines/Soluch, Malgorzata (2010): Das Drama ist, dass sie keine_r ernst nimmt. Politische Bildung mit sozial benachteiligten Mädchen In: Busche, Mart/Maikowski, Laura/Pohlkamp, Ines/Wesemüller, Ellen (Hg.): Feministische Mädchenarbeit weiterdenken. Zur Aktualität einer bildungspolitischen Praxis. Bielefeld: transcript.

Polymorph (2002) (Hg.): (k)ein geschlecht oder viele – Transgender in politischer Perspektive. Berlin: Querverlag.

Rauw, Regina/Jantz, Olaf/Reinert, Ilka/Ottomeier-Glücks, Franz G. (Hg.) (2001): Geschlechtsbezogene Pädagogik. Geschlechterpolitische Reflexionen und pädagogische Perspektiven. Quersichten 1. Opladen: Leske + Budrich.

Wesemüller, Ellen (2010): »Du Gymnasium-Mädchen!«. Zur Relevanz der Kategorie Klasse In: Busche Mart/Maikowski, Laura/Pohlkamp, Ines/Wesemüller, Ellen (Hg.): Feministische Mädchenarbeit weiterdenken. Zur Aktualität einer bildungspolitischen Praxis. Bielefeld: transcript.

West, Candace/Zimmerman, Don H. (1987): Doing Gender. In: Gender and Society, Vol. 1, No. 2.

Yiligin, Fidan (2010): Rassismuskritische Pädagogik am Beispiel der Mädchen_arbeit in der »Alten Molkerei Frille«. In: Busche, Mart/Maikowski, Laura/Pohlkamp, Ines/Wesemüller, Ellen (Hg.): Feministische Mädchenarbeit weiterdenken. Zur Aktualität einer bildungspolitischen Praxis. Bielefeld: transcript.

Mart Busche

Von Unterschieden, die einen Unterschied machen – Heterogenität als Herausforderung für die Jungenarbeit

Der Beitrag skizziert Facetten einer subjektorientierten und hierarchiekritischen Jungenarbeit und beschreibt unterschiedliche Perspektiven auf Jungen in Jungengruppen sowie in der Interaktion mit erwachsenen pädagogischen Fachkräften. Dabei werden Mechanismen der Abgrenzung und Unterscheidung, der Selbst- und Fremddefinition im Kontext betrachtet. Für den Umgang mit Heterogenität, die im pädagogischen Setting gleichzeitig Herausforderung und Normalität darstellt, wird ein intersektionaler Zugang als Möglichkeit dargelegt, Jungen neue Handlungsoptionen zu eröffnen und den professionellen Blick zu schärfen.

>»Nach der Entnazifizierung kommt jetzt die Entmachoisierung, die Verwandlung des Mannes in ein sorgendes Haustier. Letztlich geht es um die Ausrottung von Stolz und Ehrgeiz‹, so Bolz.[1] Das allerdings sind ganz entscheidende Tugenden, wenn es darauf ankommt, in künftigen Verteilungskämpfen die westlichen Werte gegen den Ansturm männlicher, meist wenig skrupelloser Migranten zu verteidigen: ›Was können wehrlose, pazifistische Einzelkinder, also einzige Söhne, da schon ausrichten?‹ fragt der Bremer Soziologe und Ökonom Gunnar Heinsohn« (Brand et al. 2011, S. 89).

1. Einleitung

Wer sich mit Jungenarbeit beschäftigt, muss sich zwangsläufig auch mit Geschlecht beschäftigen. Männlichkeit und Weiblichkeit sind in einer Kultur der Zweigeschlechtlichkeit aufeinander verweisende Konstrukte, mit denen sich jede Person auseinandersetzen muss. Jenseits der Ebene der eigenen Identität gilt dies für Fachkräfte der geschlechtsbezogenen Pädagogik auch hinsichtlich Theorie und Fakten (Gender-Wissen), politischer Positionierungen und Zielsetzungen (z.B. hinsichtlich Gleichstellung) sowie bezüglich der eigenen Art, Geschlecht darzustellen und normativ in pädagogische Prozesse einzubringen (Selbst- und Praxisreflexion). Räume der Reflexion sind insgesamt hilfreich, wenn nicht sogar notwendig, um immer wieder die eigenen Verhaltens- und Interpretationsmuster zu hinterfragen und auch in komplexen Situationen handlungsfähig zu bleiben. Sie sind auch notwendig, um jenseits der konkreten Situationen im pädagogischen Setting eine politische Hand-

---

1 Norbert Bolz, Prof. für Medienwissenschaft; Anm. d. A.

lungsfähigkeit zu erlangen, die begrenzende Strukturen auf institutioneller und gesellschaftlicher Ebene, z.B. kulturalisierende Reduktionen der jeweiligen Zielgruppe, entschlüsselt und dekonstruiert. Dieser Artikel enthält einige Anregungen dazu, Jungenarbeit an sich, aber auch konkrete Beispielsituationen mit einem herrschaftskritischen Blick zu durchleuchten und auch beim Aufscheinen mehrerer Diskriminierungsverhältnisse den Überblick zu behalten.[2] Hierbei erweist sich der Ansatz der Intersektionalität als hilfreicher Zugang, da er die Überschneidungen und Verschränkungen verschiedener sozialer Verhältnisse in den Blick nimmt.

2. Zwischen Trottel und Titan: Wie Männlichkeit gemacht wird

Im Themenheft »Die Wahrheit über Männer« des Magazins Focus (2011), aus dem das Eingangszitat entnommen ist, finden sich sehr plastisch dargestellt unterschiedliche Bezüge, mit denen Männlichkeiten hergestellt werden. In dem genannten Zitat wird einerseits die Ausrottung der Macho- und Krieger-Männlichkeit (»Stolz und Ehrgeiz«) beklagt, die – wie im weiteren Verlauf des Artikels zu lesen ist – vor allem auf Feminismus und die Erziehung durch weibliche Lehrpersonen zurückzuführen sei. Während also ›der westliche Mann‹ am Herd verweiblicht (»das sorgende Haustier«), wird ›der wilde Mann‹ in Gestalt des »männlicheren, skrupellosen Migranten« als Gegenfigur konstruiert. Um Männlichkeit herzustellen, bedarf es also der Abgrenzung nach zwei Seiten: gegenüber Frauen und gegenüber anderen Männern. Interessant an dieser Konstruktion ist, dass sie nicht ohne Bewertungen auskommt, denn über diese Abgrenzungen werden Hierarchien hergestellt. Interessant ist auch, *wie* diese Abgrenzungen bewerkstelligt werden: Das Erwähnen des männlichen, wenig skrupelhaften Migranten weckt keine assoziativen Bilder von weißen, schwedischen Erasmus-Studenten oder eingeheirateten kanadischen Anzugträgern. Es geht vielmehr um die Konstruktion des Migranten als eines »skrupellosen«, also unzivilisierten, sich eher roh verhaltenden Nichtbürgers, der als Gegenfigur zum wehrlosen, zivilisiert-gewaltfrei aufwachsenden Sohn aus der deutschen Vater-Mutter-Kind-Kleinfamilie entwickelt wird. Es handelt sich bei diesen Bildern um machtvolle Kulturalisierungen, die an die genannten, bereits diskursiv vorhandenen Bilder anknüpfen: Es soll darum gehen, westliche Werte gegen rohe Gewalt zu verteidigen. Frauen wiederum werden (als Feministinnen und Lehrerinnen) dafür verantwortlich gemacht, dass die deutschen Männer »Stolz und Ehrgeiz« nicht ausleben können bzw. männliche »Einzelkinder« diese gar nicht erst entwickeln. Frauen erscheinen als Machtvolle, als Kastrierende, die das ursprünglich Männliche »ausrotten« (wollen). Mit diesem Bild sitzt der deutsche Mann in einer (vermeintlichen) Zwickmühle zwischen Verweiblichung und Verrohung. Tatsächlich jedoch wird so ein hegemoniales Ideal westlicher Männlichkeit umrissen und reproduziert, mit dem eine westliche männliche Überlegenheit (gegenüber Frauen und ethnisch markierten Männern) gesi-

---

2   Der Inhalt dieses Artikels speist sich aus verschiedenen Bezugsquellen. Neben einem Workshop zu »Heterogenität in Jungengruppen – intersektionale Erweiterungen für die pädagogische Praxis« auf der Tagung »Jungen – Pädagogik – Wie geht das?« (Bielefeld, 23./24.09.2010) enthält er Anregungen aus einer Fortbildung mit Maria do Mar Castro Varela im Rahmen des Projekts »Intersektionale Gewaltprävention« bei Dissens e.V. (Berlin), aus kurzzeitpädagogischen Seminaren mit Jungen in der Heimvolkshochschule »Alte Molkerei« in Frille (NRW) und vermutlich noch einigen anderen Begebenheiten. Ich danke Katharina Debus für ihre Anmerkungen.

chert wird: nicht zu zart, nicht zu hart. Auf die eine oder andere Art taucht dieses Muster auch in der Jungenarbeit auf.

3. Facetten männlichkeitskritischer, subjektorientierter Jungenarbeit

Jungenarbeit ist traditionell die (außerschulische) pädagogische Arbeit mit einer Gruppe von Jungen oder jungen Männern, zumeist zu Themen, die diese betreffen und zu denen sie Lust haben, nicht selten auch zu geschlechterrelevanten und männlichkeitskritischen Thematiken[3] (vgl. z.B. den Überblick von Drogand-Strud/Ottemeier-Glücks 2003 oder Stuve 2008; zur Männlichkeitskritik vgl. Forster 2002). Die Möglichkeiten zur Auseinandersetzung im mädchenfreien Raum sowie der Kontakt und die Beziehung zwischen Jungen und Pädagog_innen[4] stehen dabei im Vordergrund. Aus diesem Grund wird Jungenarbeit vielfach nicht als eine Methode angesehen, sondern als Haltung und Sichtweise (vgl. Karl 1994, S. 214), die zur Auseinandersetzung mit sich selbst und den Anderen einlädt. Da es in der Jungenarbeit nicht zuletzt um die Auseinandersetzung mit Männlichkeit(en) geht (ebd.) und diese – wie das Eingangszitat zeigt – nicht im luftleeren Raum stattfindet, sondern von unterschiedlichen Diskursen bestimmt wird, müssen sich die Akteur_innen der Jungenarbeit fragen lassen, wie sie mit den gesellschaftlichen männlichen Idealbildern umgehen. Ebenso ist von Bedeutung, die Herstellungsprozesse einer hegemonialen Männlichkeit[5] – die über Ausschlüsse und Affirmationen, z.B. durch rassistische Kulturalisierungen oder sexistische Naturalisierungen funktioniert – zu reflektieren. Für Meuser sind es vor allem homosoziale Männergemeinschaften,»welche das für den männlichen Habitus generative Prinzip der hegemonialen Männlichkeit als zentrales Kriterium von Männlichkeit bekräftigen« (Meuser 2001, S. 4). Auch wenn Jungenarbeit oft nicht im Rahmen einer freiwilligen Zusammenkunft einer homosozialen Gemeinschaft stattfindet und Jungen nicht mit Männern gleichzusetzen sind, so muss doch die Beteiligung von Jungenarbeit an der Konstruktion der Geschlechterdifferenz und der Fortschreibung hegemonialer Männlichkeit hinterfragt werden. Hinsichtlich der Praxis der gegenseitigen Bestätigung von Männlichkeit kann in Jungen- und Männergruppen Skepsis angebracht sein, ob nicht »ein Zuviel an männlicher Identität die Handlungsfähigkeit von Männern [und Jungen; d. A.] im Alltag einschränkt und sie neuen Existenzformen beraubt« (Forster 2002 S. 8), da das enge Korsett von Männlichkeit in seiner Aneignung immer auch Gewaltanwendung gegen sich selbst und Andere bedeutet. Ein nicht-konkurrenter oder nicht-unterwerfender Umgang mit

---

3 Die Frage, ob es auch zwangsläufig männliche Fachkräfte oder Männer sein müssen, die für das Gelingen von Jungenarbeit verantwortlich zeichnen (dürfen oder müssen), lasse ich aus Platzgründen offen im Raum stehen, verweise aber auf eine Beschäftigung mit dieser Frage anhand meiner eigenen Erfahrungen an anderer Stelle (vgl. Busche 2010).

4 Der Unterstrich, oft als »Gender Gap« bezeichnet, symbolisiert die Möglichkeiten geschlechtlicher Seinsweisen jenseits bzw. zwischen den Polen Männlichkeit und Weiblichkeit (vgl. Herrmann 2003).

5 »Hegemoniale Männlichkeit kann man als jene Konfiguration geschlechtsbezogener Praxis definieren, welche die momentan akzeptierte Antwort auf das Legitimitätsproblem des Patriarchats verkörpert und die Dominanz der Männer sowie die Unterordnung der Frauen verkörpert (oder gewährleisten soll)« (Connell 2000a, S. 98). Dabei richtet Connell das Augenmerk nicht nur auf die Abgrenzung gegenüber Frauen und Weiblichkeit, sondern auch auf die Binnenrelationen verschiedener Männlichkeitskonzepte, die hegemoniale, komplizenhafte, untergeordnete und marginalisierte Formen von Männlichkeiten hervorbringen.

anderen Lebewesen wie auch das Zulassen von Widersprüchen oder eigenen Unsicherheiten ist darin so gut wie nicht vorgesehen.

In der »geschlechtshomogenen Jungengruppe«[6] existiert ein Potenzial für einen vertrauensvollen Umgang miteinander, der zumindest die Angst vor direkter gegengeschlechtlicher Blamage von vorne herein ausschließt. Der Druck, sich durchzusetzen gegen andere Jungen, zu obsiegen und das ›Losergefilde‹ unter allen Umständen zu vermeiden (vgl. Voigt-Kehlenbeck 2009; S. 127) und damit auch die Angst, vor den anderen Jungen beschämt zu werden, bleibt jedoch. Die Beziehungen innerhalb der »Genusgruppe Jungen« sind nämlich durch Dominanz und Unterordnung strukturiert, die sich oftmals über Ausschlussprozesse generieren (vgl. Connell 2000b; Keddie 2003; Phoenix/Frosh 2005; Phoenix 2008) und zu beengenden Homogenisierungen führen. Dies sind Alltagspraktiken in der Aneignung von Männlichkeit, die in der Jungenarbeit kritisch hinterfragt werden können.

Dies erfordert von den Fachkräften, sich mit den spezifischen Dynamiken der Dominanz und Unterordnung in der Jungengruppe dezidiert auseinanderzusetzen, um in pädagogischen Situationen kompetent damit umgehen zu können. »Kompetent« meint hier einen Umgang mit Jungen, der den Einzelnen mit seinen Eigenheiten und Interessen wahrnimmt, respektiert und im persönlichen Kontakt eine anregende Beziehungs- und Auseinandersetzungsebene herstellt. Wenn es um Aushandlungsprozesse rund um das Thema Männlichkeit geht, Jungen z.B. etwas Neues lernen können, das ihre Handlungsspielräume erweitert, dann ist dies nur möglich, wenn sie dies auch wollen und sich darauf einlassen können. Dies kann beim Lernen in ungewohnten Erfahrungsräumen und in Beziehungen zu anderen Jungen der Fall sein, z.B. wenn sie füreinander Sorgetätigkeiten übernehmen.[7] Aufgabe der pädagogischen Fachkräfte ist es, Zwänge der Männlichkeitsherstellung sichtbar zu machen und Jungen im Zweifelsfall davon zu entlasten, ihren eigenen Bedürfnissen und Interessen zuwiderhandeln zu müssen. Dennoch muss die Auseinandersetzung positiv besetzt sein, damit sie geschieht, sie muss als nützlich erlebt werden und darf den eigenen Interessen nicht komplett widersprechen (vgl. Holzkamp 1991, S. 199). Dies kann mitunter dadurch geschehen, dass die Jungenarbeiter_innen ihrerseits ›auf Expedition‹ unterwegs sind: Sie haben zwar bereits einiges an Wissen und Erfahrungen angehäuft, was sie zur Verfügung stellen können, sie begreifen sich selbst damit aber eher als Flankierende und Begleitende (vgl. Voigt-Kehlenbeck 2008), die entlang der Fragen der Jungen gemeinsam mit ihnen nach Antworten suchen. Das Teilen von unterschiedlichen Erfahrungen, das Besprechen liebgewonnener Bewältigungsweisen, die Jungen manchmal selbst ambivalent finden, und das kritische Hinterfragen von Begründungszusammenhängen, mit denen normatives Verhalten legitimiert wird, kann für Jungen und Fachkräfte gleichermaßen ein spannendes Betätigungsfeld werden. In Freizeit und

---

6   Davon ausgehend, dass Geschlecht ein über die Zeit und über verschiedene Gesellschaftsformen hinweg wandelbares Konstrukt ist – die bei uns bekannte Norm der Zweigeschlechtlichkeit also kein Naturgesetz (vgl. Butler 2003; Voss 2010) –, dass Geschlecht oft in der Interaktion hergestellt wird und dass viele weitere Faktoren die eigene Geschlechtsausprägung beeinflussen, kommt es mir absurd vor, von einer Gruppe auszugehen, die geschlechtlich homogen sein soll, nur weil alle Mitglieder als »Jungen« angerufen werden und/oder sich selbst als solche »definieren«. Das soll nicht heißen, dass es nicht im Prozess des Junge-Seins und -Werdens ähnliche Erfahrungswerte gibt, über die sich der Austausch lohnt.

7   Für manche Jungen ist ein reiner Jungenraum allerdings angstbesetzt, weil sie ohne ihre weiblichen Freundinnen auskommen müssen oder weil sie sich homosexuell identifizieren oder identifiziert werden. Beides kann zur Abwertung führen.

Schule sind solche prozessorientierten Erfahrungsräume eher untypisch, in denen eine pädagogische Fachkraft mit der oben erwähnten subjektorientierten Haltung zur Verfügung steht, und deren Tätigkeit des »Lehrens« mit Frigga Haug als *Unterstützung der Befähigung zur kritischen Erkundung von Welt und Gesellschaft* beschrieben werden kann (vgl. Haug 2003, S. 46).

4. Unter Jungen

Das gemeinsame Lernen und Miteinander-Sein kann zwischen Jungen wie auch zwischen Jungen und Erwachsenen da schwierig werden, wo unterschiedliche gesellschaftliche Positionierungen zum Tragen kommen. Da Männlichkeit nicht alleine für sich steht, sondern mit körperlichen Attribuierungen, Ethnisierungen, Kulturalisierungen und anderen bedeutungsgebenden Mechanismen zusammenwirkt und in ihrer Vielschichtigkeit zwangsläufig widersprüchlich ist, stellt sich die Frage der Heterogenität nicht nur für die Jungengruppe, sondern auch für jeden einzelnen in der Betrachtung der eigenen Männlichkeitsfacetten. Wenn die pädagogische Fachkraft nicht in der Lage ist, (männliche) Inszenierungen »richtig« zu lesen und deshalb unpassende Anregungen gibt – z.B. weil sich die_der Pädagog_in an einem weißen Mittelschichts-Ideal orientiert, der Junge aber an Codes seiner Online-Spielcommunity, an seinem reichen, aber straffällig gewordenen Bruder oder seiner schlagfertigen alleinerziehenden Mutter – oder an allen zusammen –, dann besteht die Gefahr sich gegenseitig nicht an*erkennen* zu können. Das kann auch der Fall sein, wenn zugehörigkeitsbedingte Faktoren (z.B. Codes einer subkulturellen Jugendszene wie Emo oder Hip-Hop) der Fachkraft nicht geläufig sind oder abgewertet werden. Es kann aber auch Teil einer Instrumentalisierungs- und Abwehrstrategie sein, die darauf basiert, Unterschiede zu betonen und zu nutzen (»Du bist so anders, von dir muss ich nichts annehmen«). Es kann daher passieren, als Jungenarbeiter_in von Gruppendynamiken instrumentalisiert zu werden, wenn Spannungsverhältnisse auftreten, die in sozialen Unterschieden begründet sind und in einem hierarchisierten Verhältnis zueinander stehen.

Anders als in einer Mädchengruppe, in der Konflikte und Aggressionen eher verdeckt ausgetragen werden (vgl. Peter/Spiekermann 2004), ist das offene Herstellen und Bearbeiten von Hierarchien und Positionierungen oft ein zentraler Bestandteil des Miteinander-Umgehens in der Jungengruppe. Machtverhältnisse und Spannungen innerhalb der Jungengruppe entstehen in Bezug auf das männliche Gebot des Dominierens in der Orientierung an hegemonialer Männlichkeit.[8] Im Bestreben, nicht zum Opfer zu werden, müssen z.B. bestimmte fehlende sportliche Kompetenzen oder materielle Grundlagen (Spielkonsole, Markenkleidung etc.) durch andere Aufwertungen kompensiert werden.[9] Zur Verhandlung stehende Positionen in Jungengruppen sind z.B. der Ansager (er legt die Normen fest, z.B. für Sanktionierungen; ist selbst- und/oder fremdbemächtigt), sein Komplize (hält dem Ansager den Rücken frei, führt manchmal unaufgefordert Aufträge aus, wird vom Ansager beschützt), der partiell diffamierte Junge (z.B. als »Weichei«), der Grenzgänger, der

---

8   Vgl. Fußnote 4, S. 110.
9   Die Inszenierung gewaltbejahender Männlichkeit kann in diesem Sinne unter Umständen für männliche Jugendliche und junge Männer so etwas wie die letzte Ressource im Kampf um gesellschaftliche Anerkennung sein, wenn diese ihnen für alle anderen Bereiche verweigert wird. Somit handelt es sich um eine letzte Machtinstanz, die mobilisiert werden kann (vgl. Bereswill 2007).

Schwule bzw. als schwul Betitelte und der Loser, der am wenigsten über Macht verfügt (vgl. Voigt-Kehlenbeck 2009, S. 127). Je nachdem, welchen Normen die Gruppe folgt, versuchen einzelne Jungen, durch auffälliges bzw. riskantes Verhalten zu imponieren und so in der Hierarchie aufzusteigen, wenn sie nicht selbst die Position des Ansagers bekleiden können. Da pädagogische Fachkräfte zwangsläufig in dieses Spiel verwickelt werden, gilt es, neben den in der Jungengruppe gesetzten Normen auch das eigene Umgehen damit zu reflektieren. Auch Seminarleiter_Innen, Lehrer_Innen und SozialpädagogInn_en verkörpern und setzen (geschlechtsbezogene, klassenbezogene, körperbezogene etc.) Normen und Normalitätsvorstellungen, indem sie beispielsweise Schlagfertigkeit honorieren, milde Gewalt zwischen Jungen als notwendig für eine erfolgreiche Sozialisation erachten oder die deutsche Sprache als höherwertig gegenüber anderen Sprachen behandeln.

5. Ich, Wir und die Anderen – Die Logik des Fremdmachens

Es kommt oft vor, dass sich auf unterschiedliche Arten Abgrenzungslinien anhand einer »Ich/Wir–Du/Ihr-Dichotomie« ergeben. Genau genommen entstehen diese über einen Prozess des »fremd Machens«, bei dem »das Andere« erst hervorgebracht wird (vgl. Lutz 2001, S. 221). Diese Prozesse des »Otherings« geschehen aus der mächtigeren Position heraus, die selbige über die Konstruktion und Abwertung des Anderen absichert. Beispielsweise geht die Benennung von ethnisierten Gruppen aus einer mehrheitsdeutschen Perspektive hervor und die damit einhergehende Unterteilung von »bei uns« und »bei euch/denen« oft mit stereotypen Vereinheitlichungen einher. Es ist für eine von solchen Stereotypen betroffene Person fast nicht möglich, sich dazu nicht zu verhalten.[10] Es gibt in der Jungenarbeit viele Beispiele, in denen solch ethnisierte Zuschreibungen mit Männlichkeitspraxen gekoppelt werden, sowohl aus der dominanten als auch aus der nicht-dominanten Position heraus. So kann eine Selbstethnisierung dazu dienen, die negativen Zuschreibungen der Mehrheitsgesellschaft für die eigenen Zwecke zu nutzen.

5.1 »Bei uns helfen die Männer nicht im Haushalt« – ein Beispiel

Wenn sich etwa ein Junge nach einem gemeinsamen Essen in einer pädagogischen Einrichtung angesichts des abzuwischenden Tisches mit der Bemerkung, »bei uns helfen die Männer nicht im Haushalt« auf seine nicht-deutsche Herkunft beruft, dann benutzt er möglicherweise – um der Säuberungstätigkeit zu entgehen – clever die an seine (vermeintliche) Ethnizität geknüpften Zuschreibungen eines archaisch-patriarchalen Geschlechterbildes, die

---

10 Bei Annita Kalpaka findet sich das bezeichnende Beispiel eines interkulturellen Frühstücks, bei dem alle Kinder aufgefordert waren, einige Dinge eines in ihren Herkunftsländern typischen Frühstücks mit in die Schule zu bringen. Nach dem kulinarisch gelungenen Frühstück wurde in der Nachbetrachtung deutlich, dass einige Kinder weder wussten, was in den ihnen zugeschriebenen Herkunftsländern gefrühstückt wird, da sie diese Länder aus eigener Erfahrung kaum kannten, noch dass sie oder ihre Bezugspersonen der Praktik des Frühstückens nachgingen. Zwei dieser Kinder hatten Schafskäse und Oliven mitgebracht, weil sie nicht ohne etwas da stehen wollten, um die Erwartungen der netten Pädagoginnen nicht zu enttäuschen (vgl. Kalpaka 2005, S. 9f.) Die an die beiden Kinder gerichteten kulturell aufgeladenen Erwartungen und Zuschreibungen hatten also mit ihren konkreten, subjektiven Praxen nichts zu tun – und dennoch kamen sie nicht umhin, sich dazu ins Verhältnis zu setzen.

auch die jeweilige Fachkraft kennt. Nicht-westliche Bevölkerungsgruppen, insbesondere islamgeprägte und aus dem türkisch-arabischen Sprachraum, sind vielfach in deutschsprachigen Medien als rückständig charakterisiert worden, nicht zuletzt mithilfe unterstellter Geschlechterarrangements. Welche Entgegnungen erscheinen in solch einer pädagogischen Situation sinnvoll, mit denen erstens keine Dramatisierung oder Stigmatisierung von Ethnizität oder anderen Kategorien stattfindet und nach der zweitens trotzdem anschließend der Tisch sauber ist? [An dieser Stelle bietet es sich an, vor dem Weiterlesen kurz über eigene Ideen für Handlungsmöglichkeiten nachzudenken.]

Ganz grundsätzlich: Es ist nicht unüblich, auf Cleverness, Charme oder Schlagfertigkeit mit Großzügigkeit zu reagieren, d.h. in diesem Fall zu grinsen und den Jungen ohne Wischtätigkeit davon kommen lassen. PädagogInn_en müssen sich in diesem Fall fragen, inwiefern sie dann mit der Position dieses Jungen und seinen Verhaltensweisen kokettieren, ihn um seine Position oder seinen Mut beneiden und durch die Akzeptanz seines Verhaltens – jenseits davon, dass sich vermutlich schnell Nachahmer finden und der Tisch ungewischt bleibt – dominantes männliches Verhalten unterstützen. Um dies bewerten zu können, stellt sich die Frage, *welcher* Junge sich hier von der Haushaltstätigkeit abgrenzt und sich der Möglichkeit aussetzt, dafür öffentlich zurechtgewiesen zu werden: Bekleidet er eher eine dominante oder eine unklare Position in der Gruppe? Welche Erfahrungen mit gesellschaftlichen Zuschreibungen hat er wohl gemacht und wie geht er damit um? Wird sein Verhalten seine Position in der Gruppe festigen oder infrage stellen, oder ist es irrelevant? Die Akzeptanz seines Verhaltens durch pädagogische Fachkräfte kann das Signal aussenden, dass auch sie es unangebracht oder zumindest enervierend finden, wenn Männer dazu angehalten werden, sich in den Haushalt einzubringen – und damit potenziell ihre Männlichkeit einbüßen (siehe Eingangszitat). Sie könnte aber auch darin begründet sein, Angst zu haben, der vielleicht folgenden Auseinandersetzung nicht standzuhalten, selbst als moralische »Spaßbremse« zu gelten oder den Kontakt zu dem Jungen nicht aufs Spiel setzen zu wollen. Eine interessante Gelegenheit, sich Geschlechterverhältnisse im Kontext kritisch anzusehen, bliebe ungenutzt.

5.2 Weitwinkel und Mikroskop: Situationen kontextualisieren

In dem vorangegangenen Beispiel ist Geschlecht aber nicht die einzige relevante Ebene, vielmehr sind Männlichkeit und Ethnizität miteinander verknüpft. »Vorstellungen von Geschlecht und Sexualität sind immer ethnisiert oder religiösisiert, wie auch die Vorstellung von ethnischen Gruppen immer etwas mit Sexualität und Geschlecht zu tun hat« (Yılmaz-Günay 2011, S. 26f.). Dann wird ein Bild traditioneller, als nicht-deutsch markierter Männlichkeit ausgespielt, zu der auch gehört, keine Haushaltstätigkeiten zu verrichten, gegen die Anforderung, *wie alle anderen auch* Haushaltstätigkeiten verrichten zu sollen. Der Junge, der seine Zugehörigkeit zu einer bestimmten ethnisierten Männlichkeitskultur thematisiert, nutzt also nichts anderes als bereits bestehende Konstruktionen ethnomännlicher Zugehörigkeit zur Definition von sich selbst als Anderem. Oft erfolgt dann aus weiß-deutscher Perspektive ein quasi reflexhaftes Aufgreifen dieser Konstruktion von Anderssein und z.B. eine Zurückwendung der geschlechtsbezogenen Selbstethnisierung auf den Minderheitenangehörigen, der sie genutzt hatte.[11] In dem geschilderten Fall lässt sich aus der Mehrheitsperspektive z.b. ganz wunderbar auf die gesetzlich festgelegte Gleichstellung der Geschlechter verweisen:»Ja, wir sind hier aber in Deutschland und da machen alle im Haushalt mit.« Das einzig Wahre an diesem Satz ist die geografische Standortbestimmung. Problematisch ist nicht nur die Lüge, in Deutschland würden alle im Haushalt mitarbeiten, sondern vor allem auch die Konstruktion Deutschlands als geschlechterdemokratisches Land im Gegensatz zu Ländern mit traditionell geschlechtersegregierter Arbeitsteilung, mit der eine Dichotomie im Sinne von »The West and the rest« fortgeschrieben wird.

Wie lässt sich also eine solche Logik des Otherings brechen, sodass weder dem Jungen seine Selbstdefinition genommen wird noch das koloniale Verhältnis zwischen einem geschlechterdemokratischen Westen und einer unzivilisierten Peripherie fortgeschrieben und der Tisch am Ende dennoch sauber wird? Eine mögliche Entgegnung müsste wohl den Verweis enthalten, dass auch in der bundesrepublikanischen Kultur Männer eher weniger im Haushalt anzutreffen sind, dass aber in der entsprechenden Einrichtung aufgrund von Geschlecht oder ethnischem Hintergrund keine Unterschiede bei den Putzaufgaben gemacht werden. Dieses »kontra-intuitive Handeln« geht auf die angebotene Dichotomie (»wir«/ «ihr«) nicht ein, sondern stellt den Bezugsrahmen kulturalisierter Arbeitsteilung in Frage, indem der Unterschied zwischen Gleichstellungsrhetorik und realen Gegebenheiten benannt und die Selbstethnisierung als Verhinderungstaktik entlarvt wird.

Selbstethnisierungen, mit denen Jugendliche sich positionieren, können aber auch zugleich Strategien der Selbstermächtigung sein. Diese müssen als Ausdruck der Lebenswirklichkeit verstanden werden, die mitunter von rassistischen oder anderen strukturellen Diskriminierungserfahrungen geprägt sind, und denen mit Zugehörigkeitskonstruktionen etwas entgegengesetzt werden kann. Dann wird *situativ* auf ein Verhältnis bzw. aus einem Verhältnis heraus geantwortet. In der konkreten pädagogischen Situation drückt sich dies mitunter als Spannungsverhältnis zwischen Erwachsenen und Jugendlichen aus, wenn neben der Alters- und Professionshierarchie weitere Unterschiedlichkeiten deutlich werden, die aufgrund ihrer Wertigkeiten und der mit ihnen verbundenen Handlungsweisen Unterschiede *machen*. Wenn ein Junge mit einem bestimmten Migrationshintergrund auf einen mehrheitsdeutschen Pädagogen trifft, der ihn auffordert, die für den Jungen (möglicherweise) ungewohnte Tätigkeit des Tisch-Abwischens oder Abwaschens zu verrichten, und der Junge dann eine Konstruktion migrantischer Männlichkeit in die Waagschale wirft, um das Ungewollte abzuwenden, dann kann dies auch als eine Positionierung gegen die Mehrheitsgesellschaft gelesen werden, wenn diese vom Erwachsenen verkörpert wird.

Je nachdem, welche weiteren Jungen ebenfalls anwesend sind, ist das Verhalten des Jungen auch als eine Positionierung innerhalb der Gruppe lesbar. Der riskierte Konflikt mit den PädagogInn_en kann einerseits Anerkennung finden, als Alleinstellungsmerkmal wirken oder die anderen Jungen auf eine Position der Unmännlichkeit verweisen, da für die

---

11 Konstruktionen von Anderssein und ihre Bewertung können beispielsweise auch über Sprachen oder Sprachkompetenzen erfolgen. Auch hier wird aus der Mehrheitsperspektive gerne das Anderssein in Form einer anderen Erstsprache als Deutsch in den Blick genommen und – anstatt die vorhandenen Kompetenzen für den Deutschunterricht zu nutzen – das Sprechen dieser Sprachen in der Schule verboten, um so den Erwerb der deutschen Sprache zu fördern.

Tätigkeit des Tisch-Abwischens keine Lorbeeren aus der Männlichkeitsarena zu gewinnen sind.

Abschließend zu der hier geschilderten Situation, die übrigens so und ähnlich in verschiedenen Settings der sozialen Arbeit tatsächlich passiert ist, lässt sich noch anmerken, dass die Behauptung, die BRD sei ein Land mit weitreichend umgesetzter Geschlechtergleichstellung, auch im emanzipatorischen Sinne in eine Sackgasse geführt hätte: Die Fiktion der Geschlechtergleichstellung wäre nur aufrecht zu erhalten gewesen um den Preis der Fortschreibung eines kolonialen bzw. rassistischen Stereotyps.

6. Konkrete Situationen in konkreten Verhältnissen: Heterogenität als Normalzustand

Die Frage, wie sich auf dieser Welt gemeinsam gut leben lässt, die – nicht nur in der Jungenarbeit – immer auch mit Gerechtigkeitsfragen verknüpft ist, kann nicht ehrlich beantwortet werden, wenn ein Herrschaftsverhältnis (»Geschlecht«) gegen ein anderes (»Ethnizität«) ausgespielt wird. Die Idee, dass Herrschaftsverhältnisse miteinander verknüpft sind und sich verschiedene soziale Zugehörigkeiten und Attribuierungen miteinander verschränken, lässt das Konzept der Heterogenität in einem anderen Licht erscheinen. In den Sozialwissenschaften wird diese Idee seit einigen Jahren unter dem Begriff der »Intersektionalität« diskutiert. Dabei ist die Analyse von Überschneidungen (»Intersections«) sozialer Kategorien keineswegs neu, sondern geht zurück auf Debatten unter amerikanischen Feministinnen in den 1970er-Jahren. Schwarze Frauen kritisierten damals den universalisierenden Anspruch der weißen, bürgerlichen Frauenbewegungen und beschrieben Herrschaftssysteme als miteinander verschränkt (Combahee River Collective 1981, S. 210). Mit etwas zeitlichem Abstand wurden dann komplexe Analyse-Modelle erstellt, mit denen die unterschiedlichen Systeme von Ungleichheit zu fassen sind, wobei der Intersektionalitätsansatz momentan der prominenteste ist (vgl. z.B. Crenshaw 1989; McCall 2005; Degele/Winker 2009).

Im Anschluss an diese Perspektive geht es in pädagogischen Situationen dann nicht nur um einen kompetenten Umgang mit der versammelten Unterschiedlichkeit. Es geht auch darum zu erkennen, wo und wie Unterschiede einen Unterschied machen, indem Hierarchisierungen vorgenommen werden, die zu struktureller Benachteiligung, Mehrfachdiskriminierung und Gewalt führen, und es geht auch darum, dazu in Widerstand zu gehen. Eine intersektionale Perspektive in der Jungenarbeit stellt eine Verbindung zwischen gesellschaftlichen Strukturen und den subjektiven Lebenslagen her: Einerseits können so die realen Bedeutungen der Kategorien im Alltag deutlich werden, andererseits können mit Blick auf die historischen und gesellschaftlichen Machtverhältnisse das Gewordensein bestimmter Kategorien und die damit verbundenen Ausschlüsse, Entindividualisierungsmechanismen oder Homogenisierungstendenzen aufgezeigt werden. Es erscheint vielleicht komplex und aufwendig, ein kleines Beispiel wie die im Text besprochene »Tisch-Abwisch-Situation« aus vielen Perspektiven zu analysieren. Die Realität ist aber in der Regel noch komplexer, zumindest wenn man anerkennt, dass es sich bei Heterogenität – ob nun in der Jungengruppe oder in der gemischten Schulklasse – um den Normalzustand handelt. Ein anti-homogenisierender Blick, der neben einfachen Ordnungskategorien wie Geschlecht und Hautfarbe auch kleinteilige, individuelle Differenzen wahrnehmen kann, trägt dazu bei, echtes Interesse aneinander zu entwickeln und nicht defizit- oder vorschrifts-, sondern subjektorientiert zu arbeiten.

Für eine kritische Betrachtung unserer eigenen Homogenisierungen sind Räume nötig, in denen im Rahmen einer Kultur der Fehlerfreundlichkeit darüber nachgedacht werden kann, welche Funktionen solche Vereinfachungen für uns bieten und wie wir eine differenzierte und differenzierende Praxis entwickeln können. Kollegiale Beratungen, szenische Nachbearbeitungen von festgefahrenen Situationen, Fortbildungen, Austausch auf Fachtagungen, Supervision, praxisinspirierte Weiterentwicklungen von Arbeitskonzepten und Diskussionen politischer Interventionen können solche Räume sein.

Literatur

Bereswill, Mechthild (2007): Undurchsichtige Verhältnisse: Marginalisierung und Geschlecht im Kontext der Männlichkeitsforschung. In: Klinger, Cornelia/Knapp, Gudrun-Axeli/Sauer, Birgit (Hg.): Achsen der Ungleichheit. Zum Verhältnis von Klasse, Geschlecht und Ethnizität. Frankfurt a.M./New York: Campus, S. 84-99.

Brand, Jobst-Ulrich/Jung, Barbara/Ruzas, Stefan/Wittstock, Uwe (2011): Mach dich locker, Mann. In: Focus, H. 5, S. 86-91.

Busche, Mart (2010): It's a men's world? Jungen_arbeit aus nicht-männlicher Perspektive. In: Busche, Mart/Maikowski, Laura/Pohlkamp, Ines/Wesemüller, Ellen (Hg.): Feministische Mädchenarbeit weiterdenken. Zur Aktualität einer bildungspolitischen Praxis. Bielefeld: transcript, S. 201-221.

Butler, Judith (2003): Das Unbehagen der Geschlechter (2. Aufl.). Frankfurt a.M.: Suhrkamp.

Combahee River Collective (1981): A Black Feminist Statement. In: Moraga, Cherríe/ Anzaldúa, Gloria E. (Hg.): This bridge called my back. Writings by radical women of color. New York: Women of Color Press, S. 210-218.

Connell, Robert W. (2000a): Der gemachte Mann. Opladen: Leske + Budrich.

Connell, Robert W. (2000b): The Men and the Boys. Oxford: Allen & Unwin.

Crenshaw, Kimberlé W. (1989): Demarginalising the Intersection of Race and Sex: A Black Feminist Critique of Antidiscrimination Doctrine, Feminist Theory and Antiracist Politics. In: The University of Chicago Legal Forum 1989, S. 139-167.

Degele, Nina/Winker, Gabriele (2009): Intersektionalität. Zur Analyse sozialer Ungleichheiten. Bielefeld: transcript.

Drogand-Strud, Michael/Ottemeier-Glücks, Franz Gerd (2003): Jungenleben bereichern. Zur Entwicklung Friller Jungenarbeit. In: Jantz, Olaf/Grote, Christoph (Hg.): Perspektiven der Jungenarbeit. Konzepte und Impulse aus der Praxis. Opladen: Leske + Budrich, S. 31-49.

Forster, Edgar (2002): Jungenarbeit als Männlichkeitskritik. In: Kofra. Zeitschrift für Feminismus und Arbeit, 96, S. 3-15.

Haug, Frigga (2003): Lernverhältnisse. Selbstbewegungen und Selbstblockierungen. Hamburg: Argument.

Herrmann, Steffen Kitty (aka S_he) (2003): Performing the Gap – Queere Gestalten und geschlechtliche Aneignung, Arranca! 28, S. 22-26.

Holzkamp, Klaus (1991): Lehren als Lernbehinderung? In: Ders.: Schriften I. Normierung. Ausgrenzung. Widerstand. Hamburg: Argument, S. 196-214.

Kalpaka, Annita (2005): Pädagogische Professionalität in der Kulturalisierungsfalle – Über den Umgang mit »Kultur« in Verhältnissen von Differenz und Dominanz. In: Leiprecht, Rudolf/Kerber, Anne (Hg.): Schule in der Einwanderungsgesellschaft. Ein Handbuch. Schwalbach/Ts.: Wochenschau, S. 387-405.

Karl, Holger (1994): Tricks und Kniffe sind nicht gefragt – Methoden in der Jungenarbeit. In: Glücks, Elisabeth/Ottemeier-Glücks, Franz Gerd (Hg.): Geschlechtsbezogene Pädagogik. Münster: Votum, S. 214-226.

Keddie, Amanda (2003): Little Boys: tomorrow's macho lads. In: Discourse: studies in the cultural politics of education 3, S. 289-306.

Lutz, Helma (2001): Differenz als Rechenaufgabe: über die Relevanz der Kategorien Race, Class und Gender. In: Lutz, Helma/Wenning, Norbert (Hg.): Unterschiedlich verschieden. Differenz in der Erziehungswissenschaft. Opladen: Leske + Budrich, S. 215-230.

McCall, Leslie (2005): The Complexity of Intersectionality. In: Journal of Women in Culture and Society. Jg. 30, H. 3, S. 1771-1800.

Meuser, Michael (2001): Männerwelten. Zur kollektiven Konstruktion hegemonialer Männlichkeit. www.ruendal.de/aim/pdfs/Meuser.pdf (30.04.2011).

Peter, Astrid/Spiekermann, Carola (2004): Daraus wird ein Riesending, wenn ich das sage. Die verborgene Aggressionskultur zwischen Mädchen. In: Prävention 3, S. 30-35.

Phoenix, Ann (2008): Racialised young masculinities: Doing intersectionality at school. In: Seemann, Malwine (Hg.): Ethnische Diversitäten, Gender und Schule. Geschlechterverhältnisse in Theorie und schulischer Praxis. Beiträge zur Geschlechterforschung. Oldenburg: BIS, S. 20-39.

Phoenix, Ann/Frosh, Stephen (2005): »Hegemoniale Männlichkeit«. Männlichkeitsvorstellungen und -ideale in der Adoleszenz. Londoner Schüler zum Thema Identität. In: King, Vera/Flaake, Karin (Hg.): Männliche Adoleszenz. Sozialisation und Bildungsprozesse zwischen Kindheit und Erwachsensein. Frankfurt a.M./New York: Campus, S. 19-35.

Stuve, Olaf (2008): Theoretische und praktische Fortschritte in der Jungenarbeit. In: Berliner Fachrunde Jungenarbeit (Hg.): Vielfalt der Jungenarbeit. Aktuelle Herausforderungen für die Praxis. Dokumentation des 2. Berliner Fachtagung Jungenarbeit. www.dissens.de/de/dokumente/dissens-jungenfachtag-sept2008.pdf (28.07.2011).

Voigt-Kehlenbeck, Corinna (2008): Flankieren und Begleiten. Genderreflexive Perspektiven in einer diversitätsbewussten Sozialarbeit. Wiesbaden: VS.

Voigt-Kehlenbeck, Corinna (2009): Gender-Crossing – Nachdenken über die Implikationen der gleich- bzw. gegengeschlechtlichen Beziehung. In: Pech, Detlef (Hg.): Jungen und Jungenarbeit. Eine Bestandsaufnahme des aktuellen Forschungs- und Diskussionsstands. Baltmannsweiler: Schneider Verlag Hohengehren, S. 121-139.

Voss, Heinz-Jürgen (2010): Making Sex Revisited. Dekonstruktion des Geschlechts aus biologisch-medizinischer Perspektive. Bielefeld: transcript.

Yılmaz-Günay, Koray (2011): Gefährliche Jungen? Zur Bedeutung des Migrationshintergrundes in der Arbeit mit Jungen. In: Dokumentation 3. Berliner Fachtagung Jungenarbeit »Jungenarbeit in Bewegung«, S. 16-28. www.dissens.de/de/jungenarbeit/fortbil dung.php#fachtag3-2010 (22.04.2011).

Christine Biermann

Nachhaltige Schulentwicklung – das Beispiel »Geschlechterbewusste Pädagogik an der Laborschule Bielefeld«

Innovativ handelnde LehrerInnen sind der Motor von Unterrichtsentwicklung. Sie gewinnen dabei immer an Professionalität. Aber erst wenn die Zusammenführung von innovativem Lehrerhandeln auf förderliche Organisationsstrukturen trifft, trägt dies zu einer nachhaltigen Entwicklung der Einzelschule bei. Dieses Zusammenwirken der Trias Unterrichts-, Personal- und Organisationsentwicklung wird am Beispiel der geschlechterbewussten Pädagogik einerseits aus eigenen Fallstudien an zwei Sekundarschulen als auch mit dem Rückblick auf über 20 Jahre Erfahrung an der Laborschule Bielefeld dargestellt.

1. Einleitung

Schulentwicklung ist in erster Linie *Unterrichtsentwicklung* (vgl. Bastian 1998), aber ohne eine vielfältige Kooperationskultur der Lehrenden, ohne die Reflexion über das eigene Handeln, ohne innovative Ideen und ohne das Wissen über ihre Umsetzung – also ohne die wichtigsten Elemente einer *Personalentwicklung* – wird es keine Unterrichtsentwicklung geben. Und um die Schulentwicklungstrias (vgl. Rolff u.a. 1998) zu vervollständigen: Jede neue Unterrichtseinheit, jedes neue Projekt bleibt ohne Nachhaltigkeit, wenn auf der institutionellen Ebene nicht Vorkehrungen wie Verständigung und Institutionalisierung, Evaluierung, Unterstützung, Fortbildung u.a. getroffen werden, also *Organisationsentwicklung* stattfindet (vgl. Biermann 2007). Diese Trias begegnet den meisten Lehrenden in ihrem Unterrichtsalltag nur wenig, allenfalls auf einer Fortbildung oder einem Vortrag auf einem Lehrertag. Dennoch zeigen Untersuchungen, wie wichtig das Zusammenspiel dieser drei Aspekte ist (vgl. Altrichter/Salzgeber 1996; Biermann 2007).

Wie aber funktioniert dieses Zusammenspiel konkret? Was muss eine Institution leisten, um Personal- und Unterrichtsentwicklung zu ermöglichen oder vielleicht sogar zu initiieren? Müssen alle beteiligten Personen oder das gesamte Kollegium einer Schule über bestimmte Kompetenzen verfügen, um »Neues« anzunehmen und zu gestalten? Wie agieren innovativ handelnde LehrerInnen in ihrer Schule?

Dieser Beitrag soll aufzeigen, wie das Handeln einzelner Personen zur nachhaltigen Verfestigung innovativer Konzepte in einer Institution beitragen kann – in diesem Fall zur Verfestigung des Konzepts einer geschlechterbewussten Pädagogik.

Das Beispiel Laborschule Bielefeld[1] dient dabei insbesondere dazu, von konkreten Projekten einer geschlechterbewussten Pädagogik, von ihren Voraussetzungen, auch ihren

---

1 Die Laborschule ist eine staatliche Versuchsschule des Landes Nordrhein-Westfalen. Sie soll – lt. Gründungserlass aus dem Jahr 1974 – neue Formen des Lernens und Zusammenlebens entwickeln. Weitere Informationen finden sich im Internet unter http://www.uni-bielefeld.de/LS/laborschule_neu/dieschule.html.

geschlechtertheoretischen Annahmen zu berichten. Weiter sollen die langjährigen Erfahrungen in der praktischen Umsetzung und damit ihre Nachhaltigkeit anschaulich dargestellt werden.[2]

2. Personalentwicklung: LehrerInnen als Motoren von Innovation

Schule braucht stete, wenngleich behutsame Veränderung, weil die Gesellschaft sich verändert und damit die Kinder und Jugendlichen, ihr Zusammenleben in und außerhalb der Schule, ihre Zukunftspläne und -möglichkeiten sich verändern. Die wichtigsten Sensoren für Veränderungen stellen die Personen dar, die täglich mit ihnen Kontakt haben – die Lehrenden. Sie brauchen also Kompetenzen, die ihnen ermöglichen, notwendige Veränderungsprozesse wahrzunehmen, zu begleiten und umzusetzen. Als wichtigste Kompetenzen innovativen Lehrerhandelns, um angemessen auf Veränderungen eingehen zu können, können nach vielen Untersuchungen (vgl. Esslinger 2002; Altrichter 2000) vor allem festgehalten werden:

* Reflektiertes Handeln
* Neugierde, Mut zu Experimenten, Aktionsbereitschaft
* Kommunikations- und Kooperationswille
* Planungs- und Strategiefähigkeiten

Hinzu kommen inhaltsspezifische Kompetenzen wie im vorliegenden Fall die Genderkompetenz, auf die ich im Folgenden näher eingehen werde.

2.1. Projekte an der Laborschule Bielefeld

Zunächst ein kleiner Rückblick auf solch einen von Lehrenden eingeleiteten Innovationsprozess:

Anfang der 1990er-Jahre nahmen erste Lehrer-Forscher-Gruppen in der Laborschule[3] Projekte zum Thema »Mädchen und Jungen an der Laborschule« – so lautete einer der ersten Arbeitsschwerpunkte in der neu konstituierten Wissenschaftlichen Einrichtung – in Angriff. In ihren Zielsetzungen spiegelte sich zum einen die in dieser Zeit vorherrschende Differenztheorie der Geschlechter wider – Mädchen und Jungen denken, wünschen, fühlen unterschiedlich und brauchen deshalb auch Unterschiedliches. Zum anderen erwuchsen aus dem parallel geführten Gleichheitsdiskurs – allen soll alles ermöglicht werden, alle können

---

2 Eine ausführliche Darstellung der über 20-jährigen »Historie« findet sich bei Biermann 2002.
3 Die Laborschule besteht aus einer Versuchsschule von Jg. 0 bis 10 und einer Wissenschaftlichen Einrichtung an der Universität Bielefeld. Alle zwei Jahre können sich die Lehrenden im Rahmen eines Forschungs- und Entwicklungsplans (FEP), der für mehrere Jahre inhaltliche Schwerpunkte dieser Forschung festlegt, mit eigenen Forschungsideen bewerben. Ihnen wird hierfür eine Freistellung – im Durchschnitt von drei Zeitstunden – und damit eine Entlastung von ihrem Unterrichtsdeputat gewährt. Die Projektanträge – meist von Forscherteams – durchlaufen ein Begutachtungsverfahren durch Eltern, SchülerInnen, KollegInnen, aber auch durch einen wissenschaftlichen Beirat. Drei wissenschaftliche MitarbeiterInnen und ein Wissenschaftlicher Leiter bzw. Wissenschaftliche Leiterin (gleichzeitig ProfessorIn der Fakultät für Erziehungswissenschaft, die für fünf Jahre gewählt wird) unterstützen diese LehrerInnen-ForscherInnen-Gruppen in ihrer Arbeit.

alles erlernen – etliche Projekte, die vor allem im Bereich der Berufsvorbereitung und Lebensplanung (vgl. Heuser/Wachendorff 1997) angesiedelt waren.

Eine weitere Gemeinsamkeit aber verband alle Projekte in dieser Zeit: Die Vorstellung der Benachteiligung von Mädchen und die Dominanz der Jungen in der Schule. Dies entsprang zum Teil der tagtäglichen Erfahrung der Lehrenden: Die Jungen (ver-)brauchten mehr Aufmerksamkeit, sie hatten z.b. in größerer Anzahl mehr Schwierigkeiten beim selbstständigen Lernen. Gleichzeitig war den KollegInnen auch das bewusst, was sich in dem Satz der 1990er-Jahre »Jungen machen nicht nur Probleme, sondern sie haben sie auch« ausdrückte. Auch Jungen brauchen Aufmerksamkeit, besondere Förderung. Bestätigt wurden diese Eindrücke durch Interaktionsuntersuchungen, die in den 1980er- und 1990er-Jahren durchgeführt wurden (vgl. Enders-Dragässer/Fuchs 1989). Eine Sport-Projektgruppe der Laborschule setzte sogar eigene Unterrichtsbeobachtungen und Schülerinterviews an. Es zeigt sich nämlich nicht, dass »in einem gemeinsamen Unterricht von Jungen und Mädchen [...] geschlechtsspezifische Vorurteile erkannt und abgebaut und eine stärkere Sensibilität und ein größeres Verständnis für das jeweilige Geschlecht entwickelt werden« (Schmerbitz/Seidensticker 1992, S. 47). Deshalb führten sie daraufhin zunächst einige geschlechtergetrennte Kurse und damit eine »verordnete« Geschlechtertrennung ein. Das damit verbundene Ziel einer größeren Gerechtigkeit wurde aus Sicht der SchülerInnen, die die Geschlechtertrennung im Sportunterricht weitgehend ablehnten, nicht realisiert. Die Lehrer-ForscherInnen experimentierten anschließend damit, viele neue Inhalte einzuführen wie z.B. Klettern oder Schwimmen, die vermeintlich nicht geschlechtsspezifisch besetzt waren. Sie »entdramatisierten« in gewisser Weise die Geschlechterfrage (vgl. Horstkemper/Zimmermann 1998), indem sie »geschlechtlich neutralere« Sportarten zum Unterrichtsgegenstand machten. Andere KollegInnen nahmen die Diskussion und Ergebnisse zur Ungleichverteilung der Hausarbeit und zur stark geschlechtskonnotierten Berufswahl (Lemmermöhle-Thüsing 1989a, b) ernst, entwickelten Projekte wie den »Haushaltspass«, das »Kita-Praktikum« (siehe Kästen S. 122f.) und bauten das Praktikumskonzept der Laborschule aus: Mädchen und Jungen der Klassenstufen 8, 9 und 10 machen mehrwöchige Erfahrungen in der Produktion, der Dienstleistung und dem Handwerk. Viele KollegInnen der Laborschule nahmen damit einerseits die Strömungen des wissenschaftlichen wie auch allgemein gesellschaftlichen Diskurses auf, spiegelten sie mit ihren eigenen Erfahrungen, führten unterrichtsnahe und schülerInnenorientierte Untersuchungen durch und zogen dann ihre eigenen Schlüsse daraus. Damit zeigten sie ein großes Maß an Genderkompetenz, die insgesamt – aus heutiger Sicht – wie folgt zusammengefasst werden kann:

2.2. Was ist Geschlechterkompetenz?

Es geht darum,

- sich ein *Wissen* über die Strukturen der Geschlechterverhältnisse, ihrer Entstehungsgeschichte, ihrer biologischen und sozialen Bedingtheit, aber auch der Ziele und Handlungsansätze der gängigen Diskurse und der daraus resultierenden Strategien der Umsetzung von Genderkonzepten anzueignen;

- eine eigene *Haltung* zu entwickeln, sich mit den Geschlechterverhältnissen in unserer Kultur auseinandersetzen zu wollen, die eigene Arbeit und die eigenen Arbeitszusammenhänge mit der »Genderbrille« zu betrachten und zu reflektieren sowie den Willen und die Bereitschaft zu entwickeln, Genderkonzepte im Arbeitsalltag umzusetzen;
- letztlich dieses *Wissen* und seine *Haltung* »Früchte« tragen zu lassen und aktiv zu werden, indem die Kompetenzaspekte *Können* und *Wollen* zur Voraussetzung für die Umsetzung in die Praxis sorgen. Hierfür werden wiederum Strategien benötigt, die bei der Umsetzung von Genderkonzepten angewandt werden müssen, Qualitätsstandards für eine gendersensible und -gerechte Arbeit einzuführen und sich damit aktiv für die Realisierung von Geschlechterdemokratie einzusetzen (vgl. Biermann, 2002).

Wenngleich in den Anfängen der Schulentwicklung zum Thema Gender in den 1990er-Jahren differenztheoretische Ansätze in der Laborschule eine zentrale Rolle spielten, so wurden von Anbeginn allgemeine pädagogische Ziele der Versuchsschule als gemeinsame Basis für die Unterrichtsentwicklung genutzt. Diese sind vor allen Dingen:

- Die Individualität der SchülerInnen zu achten und zu nutzen.
- Die SchülerInnen gleichzeitig zu befähigen, demokratisch in Gruppen zu handeln.
- Den SchülerInnen Unterstützung beim Erkennen und Einsetzen eigener Bedürfnisse und Stärken zu geben und ihnen damit die Ausbildung eines eigenen Profils zu ermöglichen.
- Für alle SchülerInnen eine umfassende Vorbereitung auf »das Leben« zu entwerfen und durchzuführen (vgl. Thurn/Tillmann 2011).

Auf der Basis dieser gemeinsamen pädagogischen Ziele ließen sich auch alle KollegInnen, die nicht unmittelbar an der Entwicklung der Gender-Projekte beteiligt waren, darauf ein, z.B. den Haushaltspass, das Kita-Praktikum, die Mädchen-Jungen-Konferenzen (vgl. Kästen S. 122f.), den veränderten Sportunterricht u.v.m. selbst auszuprobieren. Wichtig war allerdings zu diesem Zeitpunkt, den KollegInnen, die in den Jahrgängen mit den neu entwickelten Bausteinen arbeiten sollten, nicht nur die Inhalte, sondern auch die Intentionen der Gender-Projekte in Fortbildungen zu verdeutlichen. Darüber hinaus wurde vieles diskutiert, um neue Ideen einzubeziehen. Diese Fortbildungen innerhalb des Kollegiums waren ein

---

Haus- und Familienarbeitscurriculum

- Schul-»Dienste« von Jahrgangsstufe 0 bis 10 wie z.B. Frühstücksdienst, Mensa- und Bibliothekdienst
- Haushaltspass in den Jahrgangsstufen 3/4/5 mit Anteilen eher weiblich konnotierter Arbeit wie putzen, aufräumen, bügeln, nähen, und eher männlich konnotierter Arbeit wie bohren, Fahrradreparaturen durchführen u.ä.
- Selbstversorgerklassenfahrten ab Jg. 6 mit kochen im Team, Einkauf, Abrechnung
- Kita-Praktikum in Jahrgangsstufe 7
- 14 Tage »Hüttenleben im Schnee« in Jahrgangsstufe 7
- »Große und Kleine« – Aktionen in der Laborschule, z.B. bereitet der Sportleistungskurs den Sportunterricht der Kleinen (Jahrgangsstufen 0-2) vor

---

Lebens- und Berufsplanung

- Thematisierung der Traumberufe in Jahrgangsstufe 7
- Kita-Praktikum in Jahrgangsstufe 7 – einwöchig
- zweiwöchige Betriebs- und Produktionspraktikum in Jahrgangsstufe 8
- Dienstleistungspraktikum in Jahrgangsstufe 9 – dreiwöchig
- Berufsorientierungspraktikum nach Wahl in Jahrgangsstufe 10 (vgl. Heuser/Wachendorff 1997)

Geschlechterbewusste Sexualerziehung – Prinzipien

- Die Gestaltung des Unterrichts soll nach den Wünschen und Interessen der SchülerInnen stattfinden – bei gleichzeitiger Vermittlung biologischer und emotionaler Basiskenntnisse.
- Den Fragen der SchülerInnen soll – ohne Moralisierung, aber dennoch bei Wahrung eigener und fremder »Schamgrenzen« – nachgegangen werden.
- LehrerInnen sollen Hilfestellung bei der Bildung eigener Wertvorstellungen geben.
- Sexualerziehung in der Schule muss Raum bieten für Diskussionen.
- Sexualerziehung muss anhand sozio-sexueller Fakten stattfinden (vgl. Biermann/ Schütte 1996; Cerulla 2004).

Jungen- und Mädchenkonferenzen – Ziele

- Sie bieten Intimität, um Themen anzusprechen, die in der geschlechtergemischten Gruppe so nicht zur Sprache kommen würden.
- Sie schaffen einen geschützten Raum für Rollenerweiterungen und lassen auch bisher nicht sichtbares Verhaltensrepertoire deutlich werden.
- Sie »gestatten« – insbesondere einigen Jungen –, die »Show-Ebene« zu verlassen und zu ihrer eigenen Authentizität zu finden.
- Sie erlauben, ernsthaft an Problemen innerhalb der Geschlechtergruppen zu arbeiten.
- Die eingrenzende Geschlechterspannung entfällt. Jungen und Mädchen können untereinander entspannter Differenzen artikulieren, individuelle Interessen vertreten und aushandeln.
- Die SchülerInnen zeigen an, wann der Austausch in der geschlechtshomogenen Gruppe genügt und wann es wichtig wird, das gemeinsame Gespräch zu suchen (vgl. Wachendorff u.a. 1992).

Beispiel für mögliche Inhalte eines Angebotskurses für Jungen

- Bilder von Männlichkeit reflektieren – in den eigenen Köpfen und in der Gesellschaft
- Erfahrungen mit Angst, Streit und Gewalt thematisieren
- Erlebnis- und Abenteuersport erproben
- Sich auf Körpererfahrungen bei Spielen, Vertrauens- und Entspannungsübungen und Massage einlassen
- Mit eingeladenen externen Experten zu Jungenthemen arbeiten (vgl. Penke 2012)

wichtiger Baustein und Reflexionsrahmen zur Sicherstellung der Nachhaltigkeit der neuen Gender-Projekte. Somit gelangten auch andere KollegInnen zu allgemeinen und Gender-kompetenzen. Die Fortbildungen stellten somit einen wichtigen Teil einer Personalentwicklungsstrategie dar.

3. Organisationsentwicklung: Institutionelle Rahmung als Stabilisator für Innovationen

3.1 Erfahrungen aus der Forschung

In Schulen sind es oft einzelne innovative KollegInnen, die alleine oder in kleinen Gruppen in ihrer Institution etwas verändern bzw. neu schaffen wollen. Sie engagieren sich häufig über viele Jahre für eine Sache. Wenn es aber keine Einbindung und Unterstützung gibt, verlässt sie die Energie, wechseln sie mit ihrem Engagement in ein anderes Thema oder verlassen sogar die Schule. Dann sind die von ihnen angestoßenen Innovationen und Themen häufig »verschwunden«. Für die Nachhaltigkeit von neuen Ideen braucht es daher mehr als nur eine Idee und eine Person, die sich dafür einsetzt. Hat sich eine Innovation bewährt, braucht sie personenunabhängige Verankerungsstrukturen, die ihre Nachhaltigkeit sichern.

In zwei Fallstudien habe ich im Rahmen meiner Dissertation den Weg einiger innovativer LehrerInnen verfolgt, die das Anliegen »Genderorientierung« in den Fokus der Unterrichtsentwicklung nahmen. Auch die Institutionen – zwei Gesamtschulen –, in denen diese Lehrenden tätig waren, habe ich mit in die Analyse einbezogen. Ich habe also in der Retrospektive über die letzten 10 bis 15 Jahre das Handeln von LehrerInnen und die institutionelle Rahmung verfolgt und konnte als Fazit festhalten: »Innovatives Handeln von Lehrerinnen und Lehrern im Schulalltag ist als Quelle stark genug, um Schulentwicklungsprozesse anzustoßen [...]. Aber erst die Zusammenführung von innovativem Lehrerhandeln und förderlichen Organisationsstrukturen trägt zu einer nachhaltigen Entwicklung der Einzelschule bei« (Biermann 2007, Umschlag).

Wie sehen diese förderlichen Organisationsstrukturen einer Schule aus? Was lässt sich aus den vielen Aspekten, die zur Nachhaltigkeit eines inhaltlich neuen Anliegens in einer Schule beitragen, als besonders bedeutsam herausstellen? Haben diese in den Fallstudien herausgearbeiteten Aspekte auch im langjährigen Schulentwicklungsprozess der Laborschule für die Entwicklung der Gender-Projekte eine Rolle gespielt? Gibt es Unterschiede?

Zwei Aspekte, die für die Stabilisierung innovativer Ideen sorgen können, sind schon im Kapitel Personalentwicklung dargestellt worden: erstens die Verständigung über grundsätzliche Ziele der Institution als Basis aller Unterrichtsvorhaben; zweites die regelmäßige Kommunikation der KollegInnen über alte wie neue Projekte, ihre Begründungen, ihre Aktualität und eventuelle Veränderungen, z.B. in Teamsitzungen oder in schulinternen Lehrerfortbildungen. Mit diesen beiden Aspekten wird die immense Wichtigkeit einer »formellen Kommunikation« (Altrichter/Salzgeber 1996) in Form von regelmäßigen Konferenzen, verlässlichen Fortbildungen, Einführungsveranstaltungen für neue KollegInnen u.v.m. deutlich. Schule lebt durch Kommunikation und Kooperation – nicht nur im Klassenzimmer.

Diese formelle Kommunikation muss als zentrale Aufgabe durch die Schulleitung gewährleistet und gesteuert werden. Diese sollte z.b. transparente und langfristige Konferenzpläne – selbstverständlich im Dialog mit dem Kollegium – erstellen. Sie sollte innovative KollegInnen »aufspüren«, ihnen Mut machen und Raum geben für die Veröffentlichung ihrer Ideen und geplanten Vorhaben im Kollegium. Sie sollte den regelmäßigen Austausch auf Jahrgangs- und Fachebene über Erfahrungen und Umsetzungsergebnisse neuer Projekte und Ideen fördern. In der Laborschule Bielefeld ist dies beispielsweise in einem Jahres-Konferenzplan festgehalten. In einer der beiden Schulen aus der Fallstudie wurden Konferenzen dagegen sehr kurzfristig einberufen.

Die Fallstudien in den beiden Gesamtschulen haben gezeigt, dass nach ersten Erprobungen neuer Ideen eine Institutionalisierung von Projekten auf Zeit sinnvoll ist. Mit diesem Schritt geht die Verantwortung von einzelnen Personen auf die Institution über. Der vereinbarte Versuchszeitraum sollte dazu genutzt werden, möglichst viele KollegInnen in den Erfahrungsprozess einzubeziehen. Am Ende dieses Zeitraums steht eine Überprüfung, also eine Evaluation in mündlicher oder auch schriftlicher Form mit allen Beteiligten z.B. in Bezug auf Realisierung und Wirksamkeit der beabsichtigten Ziele, auf die Passung des Konzepts in verschiedenen Schülergruppen, auf die Notwendigkeit von Schulungs- und Unterstützungsmaßnahmen für KollegInnen etc. Die Ergebnisse der Evaluation sind entscheidend für eine längerfristige Implementierung von Projekten und Innovationen.

Durch diese Beschreibung wird deutlich, dass einerseits *Zeit für Kommunikation und Reflexion* eine wichtige Komponente für Schulentwicklungsprozesse darstellt, aber auch die Steuerung und Unterstützung durch die Schulleitung sowie eine Verankerung im Schulprogramm (Institutionalisierung). Eine gar nicht so selbstverständliche Voraussetzung ist dabei, dass die KollegInnen mehr als nur ihren eigenen Unterricht und ihr Fach im Blick haben. So sollten sie im Hinblick auf übergreifende Themen und Vorhaben über den Tellerrand schauen müssen und damit eine Institutionsverantwortung entwickeln und übernehmen. Diese Verantwortung sollte sowohl eine horizontale (auf Jahrgänge bezogene) wie auch vertikale (auf die ganze Schule bezogene) Ausrichtung haben.

3.2. Erfahrungen aus der Praxis der Laborschule Bielefeld

In der Laborschule haben sich die o.g. Schritte und Aspekte für eine nachhaltige Verankerung geschlechterbewusster Pädagogik als sinnvoll erwiesen. Dies hat eine Evaluation nach fast zwanzigjähriger Laufzeit der Gender-Projekte bestätigt.

Heute geschieht die Einführung in die Umsetzung der Gender-Projekte einerseits im sogenannten »Neuenkreis« – einer wöchentlich stattfindenden, etwa eineinhalbstündigen Zusammenkunft aller neuen KollegInnen. Dort erfahren sie von der Geschichte der Laborschule als Institution, ihren Zielsetzungen, ihrem Schulprogramm sowie von allen Personengruppen der Schule. Darüber hinaus werden Informationen zur wissenschaftlichen Einrichtung und zur Verwaltung vermittelt und besondere Unterrichtsformen wie z.B. in Sexualerziehung oder fest etablierten Gender-Projekten präsentiert. Diese Einführung wird von der Schulleitung verantwortet und koordiniert.

Weitere Orte für die Einführung und Reflexion in genderrelevante Themen stellen die Fachkonferenzen dar. So wurde dort z.B. ein verändertes Sportcurriculum (auf der Basis

der Ergebnisse der schulinternen Evaluation) durch Diskussionen und schriftliche Verein-
barungen in der entsprechenden Fachgruppe verankert. Regelmäßige fachbezogene Fortbildungen halten das Thema lebendig und dienen der Reflexion. Eine gesteuerte Zusammensetzung von jeweils langjährigen und neuen KollegInnen in den Teams und der regelmäßige Austausch von Erfahrungen (z.b. zwischen den Jahrgangsteams zu Anfang jedes Schul-
jahres) sind weitere Garanten für die Nachhaltigkeit von Schulprogrammbausteinen. Für
andere unterrichtliche Inhalte, z.b. die Durchführung von Mädchen- und Jungenkonferenzen oder von freien Gesprächsrunden während der Sexualkundeprojekte, ist es zweck-
mäßig, die Ausgestaltung den einzelnen KollegInnen zu überlassen und hierbei nicht sta-
tisch vorzugehen. Gerade im Bereich der genderorientierten Projekte können eigene Einstellungen oder biografische Hintergründe die pädagogischen Herangehensweisen prägen,
wenn es z.b. darum geht, sich mit Jugendlichen über Fragen von Sexualität auseinanderzusetzen.

Aus der eigenen Forschung wie auch aus der Praxiserfahrung kann für eine gelungene
Organisationsentwicklung festgehalten werden, dass nach positiver Erprobung neuer Ideen
und Projekte im Unterricht ein Zeitpunkt für eine Institutionalisierung festgesetzt werden
sollte. Regelmäßige Kommunikation in transparenten, öffentlichen Gruppierungen, die z.b.
über einen Konferenzplan gewährleistet werden, sind notwendig für die Weitergabe von
Wissen und Erfahrungen.

4. Unterrichtsentwicklung: Geschlechterbewusst lehren und lernen

Wodurch zeichnet sich die Qualität eines gendergerechten Unterrichts aus? Verändert sich
mit gesellschaftlichen Diskursen und wissenschaftlichen Erkenntnissen auch die Zielsetzung für Projekte zu dieser Thematik?

Auf die erste Frage lässt sich aus den langjährigen Erfahrungen in der Laborschule antworten: Gendergerechter Unterricht basiert auf den allgemeinen Prinzipien guten Unterrichts. Dazu zählen vor allem:

• die Ausrichtung an den Möglichkeiten und Interessen der einzelnen SchülerInnen,
• die beständige Suche nach sinnstiftenden und für SchülerInnen interessanten Inhalten,
• eine unterstützende, transparente Unterrichtskultur, die sich durch hohe Partizipation
  der SchülerInnen bei der Unterrichtsplanung, -durchführung und -bewertung auszeichnet,
• abwechslungsreiche, den Inhalten angemessene Lehr-Lernmethoden in vielfältigen
  Sozialformen, die partnerschaftlichem Lernen Bedeutung geben,
• ein auf Selbstständigkeit und Selbstbestimmung angelegtes Lernen, das gleichsam als
  Voraussetzung für individuelles Arbeiten wie auch als ständiges Ziel gilt und
• die Nutzung außerschulischer Lernorte und ExpertInnen (vgl. zu den Aspekten »Guten
  Unterrichts«: Meyer 2004; Weinert 1998).

Die Ziele für eine geschlechterbewusste Pädagogik in den 1990er-Jahren in der Laborschule waren eine dauerhafte Sensibilisierung der MitarbeiterInnen und SchülerInnen in Bezug
auf Geschlechterstereotypen und daraus erwachsende Benachteiligungen. Ein weiteres Ziel

war die Entwicklung eines Curriculums für eine umfassende Lebensplanung und Berufsorientierung. Grundlage ist das Verständnis, dass – früher und heute – sich die Geschlechterverhältnisse und -festschreibungen immer wieder neu herstellen. Sie unterliegen dabei den jeweils individuellen Bewertungen, die wiederum stark gesellschaftlich geprägt werden. Diese Einflüsse auf die SchülerInnen werden zunächst von den Eltern, später zunehmend von den Peers und weiteren Faktoren wie z.B. den Medien geprägt. Unter der Prämisse der Laborschule, dass SchülerInnen ihre Individualität leben und ausprägen lernen und dabei gleichzeitig zu demokratisch handelnden Menschen werden sollen, werden die SchülerInnen in ihren verschiedenen Lebensphasen von LehrerInnen und auch SozialpädagogInnen begleitet. Dies geschieht mithilfe einer Mischung von für alle SchülerInnen verbindlichen Inhalten und Wahlkursen zu Themen, die sowohl in der Gegenwart sinnstiftend sind als auch in ihrer Zukunft Bedeutung haben könnten. Mit der Schaffung von Gesprächsforen – z.B. den Jungen- und Mädchenkonferenzen –, in denen die SchülerInnen auch ihre »Geschlechterwerdung« diskutieren und z.B. Rollenerweiterungen ausprobieren können, wird zwar zunächst die Dualität der Geschlechter wieder aufgenommen. Hierbei überwiegt schon seit vielen Jahren die positive Erfahrung, dass die SchülerInnen ihre unterschiedlichen Geschlechtervorstellungen und -ausprägungen in der kleineren, geschlechtshomogenen Gruppe viel bewusster wahrnehmen. Für die Beibehaltung dieses Prinzips spricht auch, dass sich die SchülerInnen – insbesondere in der Pubertät – wünschen, dass Themen rund um Fragen der Sexualität und Körperlichkeit, aber auch Gewalt, Missbrauch und Peerbeziehungen, in diesem eher geschützten Forum angesprochen werden können.

Somit sind die in den 1990er-Jahren entstandenen Bausteine eines gendergerechten Schulprogramms auch heute noch gültig:

• Lebensplanung und Berufsorientierung,
• Jungen- und Mädchenkonferenzen,
• Geschlechterbewusste Sexualerziehung innerhalb der Unterrichtsprojekte in den Klassenstufen 3/4/5 und 8,
• verschiedene Angebotskurse für Mädchen und Jungen sowie
• (z.T.) geschlechterbewusster Fachunterricht, z.B. Sport

Die über 20-jährige Erfahrung zeigt, wie wichtig es ist, eine Balance zwischen den Bedürfnissen und Zugängen der Individuen – SchülerInnen als auch Lehrkräften – und der »Zuordnung« zu den »beiden« Geschlechtsgruppen herzustellen bzw. diese immer wieder infrage zu stellen. Auf diese Weise sollen Generalaussagen über festgelegtes Geschlechterverhalten vermieden werden. Dies geschieht z.B. im Gespräch mit den SchülerInnen und im praktischen Tun wie bei dem Projekt »Haushaltspass« und bei den vier (Berufs-)Praktika. Die Laborschule folgt mit ihren Angeboten der Annahme und der Erfahrung, dass sich geschlechtshomogene und -heterogene Arbeit nicht ausschließen. Wichtig ist dabei, die Zielsetzung und die Inhalte für die SchülerInnen transparent zu machen.

5. Fazit und Ausblick

Die Nachhaltigkeit der geschlechtsbezogenen Projekte an der Laborschule Bielefeld ergibt sich – so könnte ein Fazit lauten – aus dem in einem anhaltenden und lebendigen Diskurs immer wieder hergestellten Verständnis der beteiligten Lehrenden über Ziele, Aktualität und Sinnhaftigkeit für alle Beteiligten. Nachhaltigkeit entsteht aber auch durch eine positive Resonanz bei den SchülerInnen: Die meisten Projekte sind beliebt, weil sie handlungs- und produktorientiert sind, und weil außerschulische Orte und ExpertInnen einbezogen werden und für Abwechslung sorgen. Ein Teil der Bausteine – die so genannten Jungen- und Mädchenkurse – sind für die SchülerInnen als jährlich wechselnde Wahlangebote konzipiert, was die Motivation der Teilnehmenden fördert. Dies zeigen die Anmeldezahlen für diese Kurse, denn sowohl die Mädchen- als auch die Jungenwahlkurse werden schon seit Jahren sehr gut besucht. Die Verankerung im Schulprogramm, die Einführung »neuer« KollegInnen in die Umsetzung als verbindliche Bausteine sind genauso wichtig für eine allseitige Akzeptanz. Dass sich einige engagierte KollegInnen, die die Bausteine in der Vergangenheit mit entwickelt haben, immer noch verantwortlich fühlen und sich immer wieder neue interessierte Lehrende finden, festigt die Projekte, aktualisiert sie fortlaufend und sichert Kontinuität.

Förderlich insgesamt scheint vor allem zu sein, dass die Schulleitung nach innen die Umsetzung von Gender-Projekten unterstützt und sich in der Außendarstellung auf diese Programme positiv bezieht oder sich damit »schmückt«.

Eine Überprüfung, ob die Projekte zur Berufsorientierung und Lebensplanung auch für die Zukunft der SchülerInnen reale Relevanz besitzen, ob sie tatsächlich Verhaltensänderungen, z.B. eine stärkere Beteiligung der Jungen an der Haus- und Familienarbeit, bewirken oder zu erweiterten Berufsentscheidungen führen, wäre ein wünschenswertes Forschungsvorhaben für die Zukunft, konnte aber bisher aus Ressourcengründen nicht realisiert werden.

Literatur

Altrichter, Herbert (2000): Schulentwicklung und Professionalität. In: Bastian, Johannes/ Helsper, Werner/Reh, Sabine/Schelle, Carla (Hg.): Professionalisierung im Lehrerberuf. Opladen: Leske + Budrich, S. 145-163.
Altrichter, Herbert/Salzgeber, Stefan (1996): Zur Mikropolitik schulischer Innovation. Wie Schulen durch das Handeln verschiedener Akteure mit unterschiedlichen Interessen Struktur gewinnen und sich entwickeln. In: Altrichter, Herbert/Posch, Peter: Mikropolitik der Schulentwicklung: förderliche und hemmende Bedingungen für Innovationen in der Schule. Innsbruck/Wien: StudienVerlag, S. 96-169.
Bastian, Johannes (1998): Autonomie und Schulentwicklung. Zur Entwicklungsgeschichte einer neuen Balance von Schulreform und Bildungspolitik. In: Bastian, Johannes (Hg.): Pädagogische Schulentwicklung, Schulprogramm und Evaluation. Hamburg: Bergmann + Helbig, S. 13-24.
Biermann, Christine/Schütte, Marlene (1996): Verknallt und so weiter ... – Liebe, Freundschaft, Sexualität im fächerübergreifenden Unterricht der Jahrgänge 5 und 6. Wuppertal: Peter Hammer.
Biermann, Christine (2002): Stein auf Stein und dennoch nie ein fertiges Haus. Das Thema »Geschlecht« an der Laborschule in der Retrospektive. In: Koch-Priewe, Barbara (Hg.): Schulprogramme zur Mädchen- und Jungenförderung. Die geschlechterbewusste Schule. Weinheim/Basel: Beltz, S. 32-50.
Biermann, Christine (2007): Wie kommt Neues in die Schule? Individuelle und organisationale Bedingungen nachhaltiger Schulentwicklung am Beispiel Geschlecht. Weinheim/München: Juventa.

Cerulla, Britta (2004): »Save Sex« – Bausteine für einen Sexualpädagogischen Unterricht in den Jahrgängen 7-9. Werkstattheft Nr. 30. Bielefeld.

Enders-Dragässer, Uta/Fuchs, Claudia (1989): Interaktion der Geschlechter. Sexismusstrukturen in der Schule. Weinheim/Basel: Beltz.

Esslinger, Ilona (2002): Berufsverständnis und Schulentwicklung. Eine empirische Untersuchung zu schulentwicklungsrelevanten Berufsauffassungen von Lehrerinnen und Lehrern. Bad Heilbrunn: Julius Klinkhardt.

Heuser, Christoph/Wachendorff, Annelie (1997): Die Zukunft entwerfen. Lebensplanung als Thema schulischer Bildungsprozesse. In: Die Deutsche Schule 89, 2, S. 183-202.

Horstkemper, Marianne/Zimmermann, Peter (Hg.) (1998): Zwischen Dramatisierung und Individualisierung. Geschlechtstypische Sozialisation im Kindesalter. Opladen: Leske + Budrich.

Lemmermöhle-Thüsing, Doris (1989a): Berufsorientierung und Berufsvorbereitung von Mädchen. In: päd.extra & demokratische erziehung 9, S. 5-11.

Lemmermöhle-Thüsing, Doris (1989b): Haushalt und Betrieb. Ein Vergleich der Arbeitssituation. In: päd.extra & demokratische erziehung, S. 21-23.

Meyer, Hilbert (2004). Was ist guter Unterricht? Berlin: Cornelsen Scriptor.

Penke, G. (2012): Arbeit mit Jungen in geschlechtshomogenen Wahlkursen. Manuskript. Bad Heilbrunn: Julius Klinkhardt. i.E.

Rolff, Hans-Günter/Buhren, Claus G./Lindau-Bank, Detlev/Müller, Sabine (1998): Manual Schulentwicklung. Handlungskonzept zur pädagogischen Schulentwicklungsberatung. Weinheim/Basel: Beltz.

Schmerbitz, Helmut/Seidensticker, Wolfgang (1992): Gleichberechtigte Interaktion von Jungen und Mädchen? Ein Fallbeispiel aus dem Sportunterricht einer 10. Klasse. In: Lütgert, W. (Hg.): Einsichten. Berichte aus der Bielefelder Laborschule. IMPULS Band 21. Bielefeld, S. 31-47.

Thurn, Susanne/Tillmann, Klaus-Jürgen (2011) (Hg.): Laborschule-Schule der Zukunft. Bad Heilbrunn: Julius Klinkhardt.

Wachendorff, Annelie/Schütte, Marlene/Heuser, Christoph/Biermann, Christiane (1992): Wie Reden stark macht und Handeln verändert. Emanzipatorische Mädchen- und Jungenarbeit an der Laborschule. In: Lütgert, Will (Hg.): Einsichten. Berichte aus der Bielefelder Laborschule. IMPULS 21. Bielefeld, S. 48-68.

Weinert, Franz E. (1998): Guter Unterricht ist ein Unterricht, in dem mehr gelernt als gelehrt wird. In: Freund, Josef/Gruber, Heinz/Weidinger, Walter (Hg.): Guter Unterricht – Was ist das? Aspekte von Unterrichtsqualität. Wien: ÖBV Pädagogischer Verlag, S. 7-18.

3. Reflexionen zu Handlungsfeldern

Susanne Offen und Jens Schmidt

Lebensplanung, Politik und soziale Gerechtigkeit – Geschlechtersensible politische Bildung zwischen Träumen und prekären Verhältnissen

Zunehmende soziale Ungerechtigkeiten, prekäre Arbeits- und Lebensverhältnisse sowie Umbrüche im Bereich von Familienstrukturen und Liebesbeziehungen sind der gesellschaftliche Hintergrund für eine politische Bildungsarbeit mit jungen Männern und Frauen. Der Beitrag stellt das Seminarkonzept »Arbeit ist nur das halbe Leben ...« vor, das handlungs- und erlebnisorientiert Auseinandersetzungen um Lebensplanung und Berufsorientierung mit dem Ziel der Geschlechtergerechtigkeit initiiert. Die Schlussfolgerungen für eine emanzipatorische geschlechtersensible Bildungsarbeit sind auch auf andere Felder der Jugendbildungsarbeit übertragbar.

1. Einleitung

Aus der Sicht der politischen Bildung beinhaltet die Thematisierung von Zukunftsüberlegungen und Lebensentwürfen von Jugendlichen mehr als eine individualisierte Berufsorientierung. Eine geschlechtersensible Ausgestaltung von politischer Bildung umfasst mehr als die Sortierung von Teilnehmenden in Mädchen- und Jungenseminare.

Mit dem Bildungsangebot »Arbeit ist nur das halbe Leben ...« liegt ein Konzept der politischen Jugendbildung vor,[1] das die traditionellen Grenzen berufsorientierender Maßnahmen für junge Männer und Frauen zu überwinden versucht und einen geschlechtersensiblen Rahmen für die Bearbeitung des Themenfeldes der sogenannten »Lebensplanung« bereitstellt. Die Einbindung erlebnisorientierter pädagogischer Zugänge in dieses Konzept ermöglicht es den Teilnehmenden, ihren Blick über die Zumutungen einer allein auf ökonomische Verwertbarkeit reduzierten, männlich geprägten Arbeitsgesellschaft hinaus zu öffnen, kritische Fragen nach dem gesellschaftspolitischen Kontext zu stellen sowie die eigenen Wünsche und Träume zu formulieren und zu vertreten. Damit werden im Kontext des Übergangs von der Schule in die Berufswelt zu einem biografisch bedeutsamen Zeitpunkt zentrale gesellschaftliche Auseinandersetzungen um geschlechterpolitische Entwicklungen zum Gegenstand einer außerschulischen politischen Bildungsarbeit mit jungen Männern und Frauen.

---

1   Das Konzept wurde im Rahmen der Bildungsarbeit von Arbeit und Leben Hamburg entwickelt. *Arbeit und Leben* ist eine bundesweit tätige Einrichtung der politischen Jugend- und Erwachsenenbildung. Das Bildungsangebot im Jugendbereich richtet sich vor allem an bildungsbenachteiligte Jugendliche zwischen 14 und 27 Jahren und umfasst Workshops, Seminare und Projekte zu allen gesellschaftspolitischen Themen (z.B. Migration und Rassismus, Geschlechterverhältnisse, Geschichte und Ökologie; vgl. dazu Offen 2010, S. 152-160).

2. Geschlechterpolitische Reflexionen statt Jobmessen: Konzeptionelle Antworten auf prekäre Verhältnisse

In der Schule und in außerschulischen Projekten sind junge Frauen und Männer in vielfältiger Weise mit Angeboten konfrontiert, die sie bei der Berufswahl und beim Übergang Schule / Beruf ganz allgemein unterstützen sollen: Praktikumswochen, Jobmessen oder Klassenbesuche von Firmen – die Orientierung auf Erwerbsarbeit wird heute immer früher und umfassender in die formale und non-formale Bildung integriert.

Gleichzeitig verändert sich der gesellschaftliche Hintergrund: Entraditionalisierung und Pluralisierung von Lebensentwürfen sind dabei genauso prägend wie die Zunahme sozialer Ungerechtigkeiten in der Gesellschaft. Diese zeigen sich in wachsender Kinderarmut, sinkenden Durchschnittseinkommen, der Konzentration der Privatvermögen auf einige wenige Haushalte und in dem oft mühevollen Austarieren von Erwerbsbiografien zwischen Minijobs oder flexiblen Arbeitsformen, zwischen den Erfahrungen als »Generation Praktikum« oder dem vielfältigem Ausprobieren, der Perspektive von »Working Poor« oder einer Festanstellung.

Solche Begriffe, die Fragestellungen und Veränderungen im ökonomischen Bereich prägen, sind genauso zahlreich wie diejenigen, die Umbrüche im Bereich von Familienstrukturen, Liebesbeziehungen und dem Verhältnis der Geschlechter kennzeichnen: Lebenslange Bindung oder serielle Monogamie, Patchwork-Familien, Lebenspartnerschaften, Alleinerziehende, gewollte oder ungewollte Kinderlosigkeit und/oder Singledasein. Soziale, emotionale und ökonomische Verhältnisse sind dabei eng miteinander verzahnt (vgl. Dörre 2007; Gesterkamp 2004; King/Flaake 2005).

Die Integration in die Gesellschaft durch einen sicheren ökonomischen Status und längerfristig gesicherte Erwerbsarbeit wird für viele bildungsbenachteiligte bzw. marginalisierte Jugendliche[2] unwahrscheinlich. Die Bewältigung dieser Situation bleibt ihre individuelle Aufgabe und unterliegt einem hohen Risiko des Scheiterns. Die aktuelle öffentliche Aufmerksamkeit gegenüber neueren Prekarisierungsprozessen hat sicherlich auch darin einen Grund, dass prekäre Arbeits- und Lebensverhältnisse nun zunehmend auch wieder Männer aus der Mehrheitsgesellschaft betreffen.

Weniger in den Blick dieser Öffentlichkeit gerät die Bedeutung von Prekarisierung für eine Verschlechterung der Rahmenbedingungen für individuelle Aushandlungs- und Gestaltungsprozesse zwischen jungen Frauen und Männern: Die Verunsicherung in Bezug auf eine Teilhabe an der Arbeitswelt und die Pluralisierung von Identitäten beantworten viele Jungen durch eine Übererfüllung traditioneller männlicher Muster zur Abwehr dieser Unsicherheiten und sozialer Deklassierung und geben diese Orientierung als »Männlichkeitsdruck« in Peerkontexten aneinander weiter (vgl. Budde 2008, S. 40).

Erwerbsarbeit als Fixpunkt einer männlichen ›Normalbiografie‹ belastet die individuelle Lebensplanung und die Realisierung von Geschlechtergerechtigkeit. In den Lebensentwür-

---

2   Vgl. zur Begrifflichkeit die Diskussion bei Ottersbach (2010). Ottersbach plädiert für den Begriff der Marginalisierung, um die Position der jeweiligen Gruppe als gesellschaftlich erzeugte, unfreiwillige und nicht als selbst verschuldete zu kennzeichnen, um so eine Stigmatisierung zu vermeiden und gleichzeitig die Prozesshaftigkeit zu verdeutlichen. Bildungsbenachteiligend sind in diesem Sinne die Kontexte, in denen die Jugendlichen leben.

fen junger Männer bleibt die symbolische Wirksamkeit eines Ideals geschlechtstypischer Arbeitsteilung (Familienernährer / Zuverdienerin) erkennbar, gerade auch über die Angst vor seiner Nichteinlösung aus Gründen schlechter Arbeitsmarktentwicklungen. Hinzu kommen Re-Traditionalisierungsprozesse – mit zunehmendem Alter oder anlässlich der Geburt von Kindern –, die auch diejenigen erfassen, die anfänglich verbal ihre Aufgeschlossenheit in Schule und Ausbildung beim Thema partnerschaftlicher Vereinbarkeit von Beruf und Freizeit/Familie formulieren (vgl. Cremers 2006; Cornelißen 2005).

Die Vereinbarkeitsproblematik zwischen Beruf und Familie bleibt ein Thema, das jungen Frauen weitaus stärker präsent ist als jungen Männern. Genau hier kann eine geschlechtersensible politische Jungenbildung anknüpfen. Sie verfolgt dabei das Ziel, Arbeits- und Lebensverhältnisse von Jugendlichen mit diesen aufzugreifen, in eine gesellschaftspolitische (Veränderungs-)Perspektive einzubinden und Zukunftsoptionen so zu diskutieren, dass sie sowohl den Blick für eine geschlechtersensible Perspektive schärfen als auch auf prekäre Entwicklungen in Ausbildung und Arbeitsmarkt eingehen.

3. Das Seminarkonzept »Arbeit ist nur das halbe Leben ...«

Das hier vorgestellte mehrtägige Seminarangebot »Arbeit ist nur das halbe Leben ...« richtet sich an bildungsbenachteiligte männliche und weibliche Jugendliche zwischen 14 und 18 Jahren und wird seit mehr als sechs Jahren regelmäßig in Kooperation mit Schulen und offenen Jugendeinrichtungen durchgeführt – als Angebot für Jungengruppen, für Mädchengruppen sowie bevorzugt im Rahmen koedukativer Veranstaltungen.[3]

Das Konzept versteht sich als Teil einer kritisch-emanzipatorischen Jungenarbeit, die versucht, die Teilnehmenden für Ungerechtigkeiten, Diskriminierung und Exklusionsprozesse in individuellen Geschlechterverhältnissen und gesellschaftlichen Geschlechterpolitiken zu sensibilisieren und Veränderungsprozesse und Widerstandspraktiken zu initiieren. Gleichzeitig verfolgt sie das Ziel, die Kategorie Geschlecht nicht zu dramatisieren, geschlechtliche Zuschreibungen zu dekonstruieren und Identitäten offen zu halten bzw. ihre vermeintliche Eindeutigkeit aufzuheben (vgl. Stuve 2001; Busche 2004; Rieske 2011). Damit bleibt es wichtig, die konkrete Bedeutung von Geschlecht für die Selbstentwürfe und Erfahrungsräume der Adressat_innen[4] ernst zu nehmen, die Kontextabhängigkeit geschlechtlich konnotierter Subjektivitäten zu sehen und immer wieder vorsichtig zum Thema zu machen.

---

3 Arbeit und Leben Hamburg führt das Konzept etwa vier bis acht Mal im Jahr mit zwei freiberuflichen Teamer_innen und in der Regel als fünftägiges Seminar durch. Die Veranstaltungen finden in außerschulischen Räumen statt, die konzentriertes Arbeiten und spaßvolles Einlassen gleichermaßen ermöglichen (z.B. in Stadtteileinrichtungen oder Häusern der Jugend). Auch in Kooperation mit Schulen wird ein höchstmöglicher Grad an Freiwilligkeit bezüglich der Teilnahme angestrebt (z.B. durch Wahlverfahren bei Projektwochen).

4 Wir benutzen im Text die sprachliche Form des Gender Gap, also die durch einen Unterstrich gefüllte Lücke, um einen Raum jenseits der hegemonialen Zweigeschlechtlichkeit zu eröffnen, in dem alle Geschlechter in die Darstellung einbezogen sind (vgl. Herrmann (2003). Gleichzeitig beziehen wir auch geschlechtsoffene Formen (z.B. Teilnehmende) mit ein. Die Wahl einer Sprachform stellt für uns in ihrer Prozesshaftigkeit und Unabgeschlossenheit eine Option dar, um für theoretische Überlegungen zu sensibilisieren und Diskussionen auszulösen. In diesem Sinne sind eher Widersprüche und Brüche als umfassende Lösungen und Vereinheitlichungen Teil des Ansatzes.

Im Sinne der in der wissenschaftlichen und theoretischen Auseinandersetzung immer betonten Relationalität der Geschlechterverhältnisse (Walgenbach 2007; Garske 2009), die gerade bei dem Thema Lebens-, Beziehungs- und Berufsplanung besonders wirksam wird, ist das Konzept so angelegt, dass es bei parallel durchgeführten Mädchen- und Jungenseminare punktuelle Austauschmöglichkeiten schafft, die Kontroverse und Empathie als Momente mit einbeziehen können. Dabei sollen schulische oder traditionell-seminaristische Lernformen erweitert werden, und durch Methodenvielfalt, Lebensweltbezug und Handlungsorientierung soll ein Interesse der Jugendlichen geweckt werden. Basiserkenntnisse der Bildungsarbeit mit bildungsbenachteiligter Klientel bilden die Grundlage für dieses Seminarkonzept: Wertschätzung der Teilnehmenden sowie ihrer Erfahrungen und Biografien, abwechslungsreiche Seminargestaltung und ausreichend freie, unverplante Zeiten, Einbindung der Teilnehmendenwünsche in die Planung und Umsetzung und ein pädagogisches Selbstverständnis, das mit der Bildungsarbeit Impulse setzen und Reflexionen anregen will, ohne der Zielgruppe Einsichten überzustülpen – aber auch, ohne die Zielgruppe zu unterschätzen.

Ziel des Seminarangebotes ist, verschiedene Lebensentwürfe kennen zu lernen, gesellschaftliche Leitbilder und stereotype Vorstellungen geschlechtstypisierender Arbeitsteilung zu reflektieren sowie die Vereinbarkeit verschiedener Lebensbereiche als persönliches und politisches Thema zu erkennen sowie die Konsequenzen eigener Entscheidungen einschätzen zu lernen. Diese Fragestellungen und Diskussionen sollen in den jugendlichen Alltag integriert werden, um zu einer frühzeitigen Auseinandersetzung auch junger Männer mit Fragen von Vereinbarkeiten und ihrer gesellschaftlichen Rahmung beizutragen.

4. Mit Fotokamera und Mikrofon dem Leben auf der Spur – die methodisch-didaktische Umsetzung des Seminarkonzepts in drei Themenmodulen

Verschiedene Fragen bilden den durch die Seminarleitung gesetzten Rahmen zur Erschließung des Themenkomplexes von (prekären) Erwerbsarbeitsverhältnissen einerseits, den Vorstellungen von jungen Frauen und Männern hinsichtlich Familie, Freizeit und Liebesbeziehungen andererseits:

- *Was hat meine Zukunft mit mir zu tun?* (D.h. Welche Spielräume habe ich bei der Gestaltung meines Lebens?)
- *Wie passen Leben und Erwerbsarbeit zusammen?* (D.h. Welche Zeiten sind für welche Arbeit und welche Lebensstilvorstellungen notwendig?)
- *Wer ist verantwortlich?* (D.h. Wer sorgt an welchen Punkten für Vereinbarkeit?).

Diese zentralen Themen werden modular in den Seminarablauf integriert, situativ angepasst und über verschiedene methodische Zugänge zu einem roten Faden für die fünftägige Veranstaltung verbunden.

4.1 Seminarmodul Träume und Wünsche

Im ersten Seminarmodul wird das Thema »Träume und Wünsche« in den Mittelpunkt gestellt, damit Lebensbereiche, die über Erwerbstätigkeit hinaus als zukunftsrelevant zu verstehen sind, in die eigene Zukunftsplanung einbezogen werden und um der massiven Desillusionierung unter dem Motto »Solche wie wir haben doch eh keine Möglichkeiten« (Zitat eines 16-jährigen Hauptschülers aus der Auftaktsitzung eines Seminars) einen Impuls entgegenzusetzen. Die Teilnehmenden gehen für die Bearbeitung der Aufgaben in diesem Baustein mit Polaroidkameras auf die Straße und stellen Passant_innen die Frage: »Was war Ihr größter Traum, als Sie 18 Jahre alt waren?« Die Befragten schreiben diesen Traum als Stichwort auf einen Bogen Papier, den sie sich dann für das Polaroidfoto vor den Bauch halten.[5] Von diesen Befragungen kehren die Teilnehmenden meist sehr angeregt ins Seminar zurück: Sie haben sich getraut, unbekannte Menschen anzusprechen, und bringen mit den Fotos ein Produkt von dieser Exkursion zurück. In den Kleingruppen hat in vielen Fällen auch bereits die Diskussion angefangen, z.B. was wohl aus den Lebensträumen der Befragten geworden sein mag. Nicht alle der Befragten teilen dies mit.

Die Auswertung der Fotos im Seminar ermöglicht dann den Übergang zur Diskussion der gesellschaftlichen Dimensionen, indem mit den Teilnehmenden Hinderungs- und Gelingensfaktoren für die Erfüllung von Wünschen und Träumen erarbeitet werden. Dieses erste Seminarmodul schließt mit der Anregung an die Teilnehmenden, eigene Wünsche und Träume für sich zu notieren. Am letzten Tag des Seminars werden diese Notizen wieder aufgegriffen und im Zusammenhang mit den anderen im Seminar erarbeiteten Ergebnissen auf ihren Status und die Rahmenbedingungen für ihre mögliche Erfüllung hin betrachtet.

In diesem ersten Seminarblock sollen den Teilnehmenden Räume eröffnet werden, in denen das Thema Lebensträume Bedeutung und Wertschätzung erfährt. Die Begegnung mit ihnen unbekannten Personen ermöglicht den Jugendlichen, offensiv nach dem Stellenwert und der Realisierung von Lebensträumen zu fragen. Dabei machen sie immer wieder auch die Erfahrung, dass Träume nicht erfüllt werden konnten: weil z.B. für die erträumte Karriere als Chirurg der Schulabschluss nicht reichte, weil für die Reise nach Venezuela das Geld nicht da war und für den Traum vom Leben ohne Erwerbsarbeit, aber mit ausreichend Geld wenig Aussichten auf Umsetzung bestand – alles Lebenserfahrungen, an denen die Teilnehmenden ihre eigenen Träume und Möglichkeitsräume messen werden. Es gilt dabei, mit ihnen danach zu suchen, welche Sehnsüchte sich hinter Träumen verbergen, welche Bedeutung Träume für den eigenen Lebensentwurf entfalten können und welche der gesellschaftlichen oder biografischen Rahmenbedingungen tatsächlich unveränderbar sind und welche nicht. Dabei besteht explizit nicht die Absicht, die in den Träumen verborgenen Talente und Sehnsüchte »marktgängig« und arbeitsorientiert zurechtzustutzen. Die Unvereinbarkeit mancher Wünsche mit gegebenen Rahmenbedingungen soll vielmehr zur Kennt-

---

5   Die Anregung zu dieser Form der fotografischen Bearbeitung eines Themas haben wir aus der künstlerischen Arbeit von Marily Stroux (www.strouxfotos.de) gewonnen.

nis genommen werden, um so auch die damit oftmals verbundenen Ungerechtigkeiten konstatierten zu können, um sich dennoch das Recht auf Wünsche und Träume zu bewahren.[6]

4.2 Seminarmodul Arbeit und Freizeit

Die Frage, wie Frauen und Männer Erwerbsarbeit und Freizeit ins Verhältnis setzen und organisieren, ist der Kern eines zweiten Seminarmoduls: Die Jugendlichen befragen mit Aufnahmegeräten Menschen an ihren Arbeitsstellen – Gemüseladen, Frisiersalon, Schreibtisch, Filmbüro, Kfz-Werkstatt etc.:

Wie ist es dazu gekommen, dass Sie heute in diesem Beruf arbeiten? Finden Sie, dass Sie gut und gerecht bezahlt werden? Bekommen Sie viel Anerkennung für Ihre Arbeit? Was mögen Sie an Ihrer Arbeit am liebsten? Mit wem sprechen Sie darüber, wie Sie sich mit der Arbeit fühlen? Ist Ihr Beruf gut für Ihre Gesundheit? Wenn es Ihnen in Ihrem Privatleben nicht so gut geht, können Sie das auf der Arbeit erzählen? Was ist für Sie wichtiger: Erfüllung im Beruf, Geld oder Liebe? Sind Sie zufrieden damit, wie Ihre Zeit verteilt ist?

In der Auswertung der Interviews wählen die Kleingruppen geeignete Passagen aus und erarbeiten einen Zeitkuchen, aus dem in etwa prozentual die Zeitaufteilung der Befragten hervorgeht. In der Plenumsdiskussion wird die Frage der Vereinbarkeit verschiedener Lebensbereiche thematisiert. Dabei tauchen vielfach Widersprüche zwischen den formulierten Ansätzen und der realen Zeitverteilung auf: »Wie passt es zusammen, wenn jemand täglich 16 Stunden arbeitet und angibt, die Familie sei das wichtigste für ihn? Was macht der Automechatroniker, der in seinem Traumjob schon den dritten Bandscheibenvorfall erlebt?«

In der Aufbereitung des Erlebten mit den Teilnehmenden steht die kritische Reflexion geschlechtsbezogener Ideale und Mythen im Hinblick auf eigene Zukunftspläne im Mittelpunkt. Diese wird immer wieder mit einer Diskussion über gesellschaftliche Ressourcenverteilung und Gerechtigkeitsfragen in diesem Bereich verschränkt.

Verschiedene Widersprüche bieten dabei Gelegenheit, einzelne Aspekte zu vertiefen. Anhand der Problematik, die Arbeitsbelastung mit einer Kinderversorgung zu vereinbaren, die im Interviewmaterial von einzelnen Befragten sehr unterschiedlich thematisiert wird, lässt sich etwa über die Vorstellung von Sorge und Versorgung– anknüpfend an die Erzählungen aus dem Interviewmaterial – differenzierter besprechen. Was bedeutet es, sich um ein Kind zu kümmern? Wie gelingt es z.B., finanzielle Absicherung mit zeitlicher Bereitschaft und Flexibilität sowie der Fürsorge in Einklang zu bringen? Welche soziale Kompetenz ist notwendig? Dabei ermöglicht das Interviewmaterial die Auseinandersetzung mit widerstreitenden Entwürfen von mütterlicher und väterlicher Sorge, zu denen die Teilnehmenden sich ins Verhältnis setzen und an denen sie eigene Ideen erproben und erweitern können.

---

6   Vgl. hierzu auch Bourdieu, der als zentrale Problematik beschreibt, dass prekäre Lebensverhältnisse den Menschen die Fähigkeit rauben, Zukunftsprojekte zu entwerfen, sie damit aber gleichzeitig auch die Perspektiven für eine Veränderung der Gegenwart verlieren (Bourdieu 1998).

Dies spielt auch eine Rolle, wenn der Widerspruch zwischen geforderter Mobilität und Vorstellungen von Beziehung und Partnerschaft thematisiert wird. Wie gehören hier Orientierung an Romantik einerseits und Selbstentwürfe als genügsam, hart und »marktorientiert« andererseits zusammen? Hier lässt sich direkt die Brücke zu gesellschaftlichen Debatten über Mobilität als Anforderung an moderne, flexible Arbeitnehmer_innen schlagen, die eben keinesfalls unabhängig von Geschlechterverhältnissen und dem Stellenwert von Liebes- und Freundschaftsbeziehungen zu sehen sind. Wie werden hier Prioritäten gesetzt? Welche Prioritäten werden gesellschaftlich anerkannt – und ist das für Männer und Frauen eigentlich gleich? Wer würde für eine Liebe ein Jobangebot in einer anderen Stadt ausschlagen, wer für eine Freundschaft? Was davon lässt sich der Arbeitsvermittlung gegenüber durchsetzen, was den Peers (als sozial bedeutsamer Gleichaltrigengruppe), was der Familie gegenüber? Sind die mit diesen Fragen verbundenen Strukturen Ausdruck einer wünschenswerten Organisation von Gesellschaft?

Viele Seminarteilnehmer_innen können hier aus ihrer Biografie bzw. den Lebensmodellen ihrer Eltern und anderer erwachsener Verwandter Konflikterfahrungen beisteuern. Dabei spielt auch hier die Perspektive auf prekäre Verhältnisse eine wichtige Rolle und kann sehr verschiedene Dimensionen haben: von der allein erziehenden Mutter, die aufgrund ihrer zusätzlichen Erwerbsarbeitszeiten ihre Kinder kaum sieht, über den Fernfahrervater, der nur sporadisch anwesend ist, bis hin zu über Flucht und Migration zersplitterten Familien finden sich vielfältige Erzählungen über gesellschaftliche Zwänge und individuelle Spielräume, die sich mit der übergeordneten Frage nach gesellschaftlicher Organisation von Gerechtigkeit in Verbindung bringen lassen.

Die Beschäftigung mit der Organisation und Bewertung von Arbeits- und Lebensmodellen und den Deutungsangeboten der verschiedenen Interviewpartner_innen zu ihrer jeweiligen prekären Balance zwischen Arbeit, Freizeit, Liebe, Freundschaft, Familie und sonstigen Interessen ermöglicht zudem, verschiedene Lebensentwürfe über Arbeitsformen hinaus vorzustellen, indem als Interviewpartner_innen Menschen ausgewählt und gezielt für das Seminar angefragt werden, die ein breiteres Spektrum an Arbeits- und Lebensverhältnissen abbilden: kollektive Betriebe, kleine Selbstständige, Angestellte, Verheiratete, Singles, Alleinerziehende, heterosexuelle und homosexuelle Liebesweisen und unterschiedliche Wohnformen vom Hausprojekt bis zur Familienmietwohnung.

4.3 Seminarmodul Wer ist verantwortlich?

Ein Rollenspiel steht im Mittelpunkt eines dritten Seminarmoduls unter der Überschrift »Wer ist verantwortlich?«: Es ist die Geschichte eines jungen heterosexuellen Paars, das sich Gedanken um die jeweilige Ausbildung macht. Erzählt wird eine Situation, in der beide einen Beruf anstreben, der mit Schichtarbeit und flexiblen Arbeitszeiten einhergeht. In der Erzählung für das Seminar führt diese Situation zum Streit, in dem die junge Frau sich am Ende fragt, wie wohl ihre Wünsche in Bezug auf Familie und Kinder mit ihren Berufswünschen und dann noch in Verbindung mit den Berufswünschen ihres Freundes realisierbar wären.

Auf der Basis dieses szenischen Impulses spielen die Teilnehmenden fiktive Beratungssituationen, die das beschriebene Paar aufsuchen könnte: in einer Jugendberatung (für sie/ihn), bei Pro-Familia (über die Frage eines möglichen Schwangerschaftsabbruchs) und in einer Eheberatung (nach 15 Jahren). Dies ist eine künstliche Situation, insofern diese Diskussion in der Realität unter jungen Paaren in der Regel zum in der Erzählung gewählten Zeitpunkt eben *nicht* geführt wird, weil junge Frauen sich die Frage nach der Vereinbarkeit hinsichtlich ihrer Berufsplanung viel selbstverständlicher stellen als junge Männer und dies selten zum Gegenstand adoleszenter Aushandlungsprozesse wird – trotz eines auch bei jungen Männern oft stark vorhandenen Wunsches nach Kindern und Familie (Shell Deutschland 2010, S. 55-69).

Dieser Baustein erweist sich als potenziell explosiv, insbesondere wenn die Gelegenheit zur gemeinsamen Arbeit der Teilnehmer eines Jungenseminars mit einem parallelen Mädchenseminar gesucht wird, da hier am fiktiven Fall unterschiedliche Interessen direkt aufeinander treffen. In den einzelnen Beratungssituationen wird deutlich, dass ohne Kompromisse keine Einigung zu erzielen ist. Daraus ergeben sich möglicherweise hitzige Diskussionen, wer denn Kompromisse eingehen sollte und wer für die Planung zuständig ist. Ziel dieses Moduls ist es nicht unbedingt, Einigung oder Einverständnis als Lösung herbeizuführen. Vielmehr geht es darum, dieses konfliktträchtige Thema als wichtiges Element der Lebensplanung überhaupt zu erkennen, damit die Frage von Vereinbarkeit von Familie und Beruf in den gedanklichen Horizont von Jungen *und* Mädchen stärker eingebunden werden kann.

In den Diskussionen gilt es, gesellschaftliche Dimensionen individueller Aushandlungsprozesse sichtbar zu machen. Dafür eignet sich die gezielte Thematisierung der Rahmenfaktoren: Was sind überhaupt Voraussetzungen für Vereinbarkeit (Geld, Anerkennung, überhaupt ein Arbeitsplatz)? Welchen Status haben Männer, welchen Frauen in dieser Frage? Gerade die letzte Frage verweist oftmals darauf, dass viele der Jugendlichen selbst überhaupt keine Familienstruktur mit dem traditionellen männlichen Familienernährer kennen, aber dennoch stark daran orientiert sind. Das kann ein guter Anlass sein, Bezugspunkte für Männlichkeitsentwürfe herauszuarbeiten.

In diesem Modul lässt sich herausarbeiten, wie gesellschaftliche Rollenerwartungen und Beschränkungen im Zusammenspiel mit individuellen Interpretationen der Spielräume in konkreten Paardynamiken aufeinander treffen und ausgehandelt werden können und müssen. Es ist wichtig, den Teilnehmenden auch die Möglichkeit einzuräumen, weder Kinder noch heterosexuelle Beziehungen anzustreben und entsprechend auch nicht in ihre persönliche Planung einzubeziehen. Auch hier kommt der entsprechenden Auswahl der Interviewpartner_innen, die auch Lebensentwürfe jenseits von Kindern und heterosexuellen Familienkonstellationen in ihrer Vielfalt abbilden sollten, eine wichtige Rolle zu,.

5. Geschlechterverhältnisse, Prekarisierung von Arbeit und Lebensentwürfe – Ansatzpunkte für eine geschlechtersensible politische Jugendbildung mit Jungen und Mädchen

Aus dem Rückblick auf die Seminarerfahrungen lässt sich erkennen, dass sowohl das Themenfeld als auch die gewählte Form der Thematisierung Anknüpfungspunkte für die Zielgruppe der jungen Männer bieten, ihnen wirklich neue Sichtweisen zu erschließen (»das habe ich mir vorher noch nie Gedanken drüber gemacht«, Zitat aus einer Feedbackrunde). Die eingesetzten Medien und Arbeitsweisen (»gut, dass es nicht wie Schule war«, Zitat aus einer Feedbackrunde) erweisen sich zur Bearbeitung der Fragestellung als hilfreich. Deutlich wird aber immer auch, wie sehr die Teilnehmenden bezüglich ihrer real als ungesichert erfahrenen Zukunft gestresst und angespannt reagieren. In solchen Situationen gilt, mit einem zugewandten, teilweise spielerischen und situativen Arbeiten auf sie zuzugehen.

Die Teilnehmer_innen erfahren in den Seminaren, dass es ein breites Spektrum möglicher Lebensentwürfe gibt und dass dies mit Politik und politischen Konzepten zusammenhängt. Dass Entscheidungen in einem Lebensbereich wie der Berufsfindung langfristige Auswirkungen auf die Gestaltung anderer Lebensbereiche haben (wie z.B. auf die Möglichkeit zur Versorgung eigener Kinder), wird in den Seminaren Gegenstand möglicher Auseinandersetzungen. In diesem Sinne können derartige Seminarkonzepte bei den Jugendlichen Dynamiken auf persönlicher und politischer Ebene entfalten, die darauf zielen, die Diskussion über die zukünftige persönliche und politische Gestaltung der Vereinbarkeiten von Erwerbsarbeit, Familie, Liebe, Freizeit und weiteren Lebensbereichen zu differenzieren.

Vor dem Hintergrund einer Re-Traditionalisierung von Männlichkeitsentwürfen, einer zunehmenden Konzentration (und Reduzierung) von Bildungsförderung auf ökonomische Verwertbarkeit bei gleichzeitiger Schwierigkeit, überhaupt in bezahlte Lohnarbeitsverhältnisse zu gelangen, erscheint in manchen Bildungskontexten die Thematisierung der zur Arbeitswelt komplementären Lebenswelten als verzichtbarer Luxus. In diesem Sinne stößt die Konzeption und Durchführung entsprechender Seminarkonzepte bzw. die Integration einzelner Module in Berufsorientierungsveranstaltungen gelegentlich auf anfängliche Abwehr durch kooperierende Institutionen oder einzelne Pädagog_innen. Gerade aber in aktuellen gesellschaftlichen Verhältnissen begrenzt sich die Wirkung der seminaristischen Diskussionsprozesse nicht mehr länger auf die klassischen Fragen von Work-Life-Balance, sondern bezieht auch das Thema eines Lebens gänzlich ohne Erwerbsarbeit und die damit verbundenen individuellen und gesellschaftlichen Aspekte ein. Ein so angelegtes Seminarkonzept kann damit dem gesellschaftlich hegemonialen Diskurs entgegenwirken und zeigen, dass Prekarisierungsprozesse sachlich nicht unausweichlich und damit Widerstände oder Veränderungsschritte auch möglich sind.

Aus konzeptioneller Sicht bleiben die allgemeinen Grenzen von Kurzzeitpädagogik,[7] der schwierige Umgang mit Ängsten und bereits erlebten Frustrationen der Teilnehmenden sowie eine drohende heteronormative ›Schlagseite‹ durch die in der komplementären Anlage der Jungen- und Mädchenseminare liegende Tendenz, auf Aushandlungsprozesse zwischen Frauen und Männern zu fokussieren und damit Familienformen im heterosexuellen Paarkontext stärker herauszustellen, Gegenstand der kritischen Reflexion. Erfolgsfaktoren und Potenziale unserer Seminararbeit liegen im Aufgreifen so aktivierender und lebensnaher Themen wie Zeitverteilung und Beziehungsgestaltung, der attraktiven Erfahrungsdi-

---

7 Kurzzeitpädagogische Maßnahmen und Bildungsangebote können Impulse setzen und auch einen Transfer dieser Impulse in die Alltagspraxis und formale, längerfristige Bildungskontexte anregen. Sie eröffnen einen Bildungsraum und ein Beziehungsangebot, das mit Abschluss des Projektes wieder zu Ende geht. Damit stellen sie auch einen Raum dar, in dem die Adressat_innen von sich erzählen und über sich reflektieren können, ohne dass die von ihnen in diesem Rahmen berichteten Dinge in ihre Beurteilung etwa in der Schule einfließen und ohne dass sie stets vor dem Hintergrund ihrer sonstigen Performance gesehen werden. Gleichzeitig stellen diese Angebote eben keine längerfristige Unterstützung dar, und auch der soziale Raum der Gruppe, etwa der Klasse, kann im Anschluss an das Seminar nur sehr bedingt weiter beeinflusst werden.

mension des eigenen Expert_innenstatus als Interviewer_in und der niedrigschwelligen Möglichkeit, Zusammenhänge zwischen verschiedenen Lebensbereichen sowie den Auswirkungen eigener Handlungen an den geschilderten Erfahrungen der Interviewpartner_innen schnell deutlich werden zu lassen. Besondere Bedeutung hat es dabei, den Teilnehmenden durch die Interviewpartner_innen Begegnungen zu ermöglichen, die sie mit vielfältigen Lebensweisen in Berührung kommen lassen.

Die konkreten Erfahrungen in der Seminararbeit haben im Teamer_innenkreis des Bildungsträgers Überlegungen zu den Problematiken geschlechtshomogener (vor allem Jungen-)Gruppen (wie z.b. die mögliche Beförderung von Konkurrenz, Anpassungs- und Unterordnungsdruck) angestoßen sowie die Sinnhaftigkeit des Einsatzes gemischtgeschlechtlicher Pädagog_innen-Teams gezeigt. Eckpunkte für die Weiterentwicklung dieser Form von Seminararbeit sind zum einen das Selbstverständnis, als Teil politischer Bildung auch das Ziel einer geschlechtergerechten Gesellschaft und des Abbaus patriarchaler Männlichkeitsstrukturen zu verfolgen, wie auch die kooperative Zusammenarbeit mit Strukturen feministischer Mädchen- und Frauenbildung und antisexistischer Jungenarbeit zu suchen.

Die gezielte Bildungsarbeit mit jungen Männern – im Rahmen eines Gesamtsettings parallel laufender Seminarangebote für junge Frauen – erfährt ihren Sinn vor allem in der Füllung der eingangs skizzierten Lücke: Jungen lernen, neben der Frage nach den zu wählenden bzw. ihnen möglicherweise offen stehenden Berufen auch die Themen von Vereinbarkeit und Lebensplanung mit in den Blick zu nehmen. Durch diese ganzheitliche Perspektive, die gleichzeitig das Recht auf Träume einbezieht und den Umgang mit dem manchmal schwierigen Thema Zukunft für einen Moment in einen kollektiven Rahmen stellt, werden der (unbewussten) Re-Traditionalisierung im Männlichkeitsbild alternative und emanzipatorische Lebensentwürfe entgegen gestellt. Das erhöht einerseits spätere Wahlmöglichkeiten, legt aber auch einen Grundstein für Aushandlungsprozesse in späteren Beziehungen und Familienkonstellationen.

Damit steht das Seminarkonzept von Arbeit und Leben Hamburg für eine Jungenarbeit, die sich als emanzipatorische Pädagogik versteht und feministische Ansätze in Zielsetzung und Ausgestaltung einbindet. Die schlichte Einsicht, dass eine Kritik der Geschlechterverhältnisse durch den Blick auf die Relationalität von Geschlechterformierung an Klarheit gewinnt, kann in der komplementären Seminararbeit mit jungen Männern und jungen Frauen identitätskritisch und geschlechtersensibel eingebracht werden.

6. Herausforderungen

Für die konzeptionelle Weiterentwicklung des beschriebenen Konzepts lassen sich verschiedene Gelingensbedingungen, aber auch mögliche Erweiterungen als Herausforderungen formulieren:

- Berufsorientierung ohne (individuelle) Lebensplanung und (gesellschaftliche) politische Perspektiven setzt auf ökonomische Verwertbarkeit und stärkt damit traditionelle Männlichkeitsentwürfe. Soziale Gerechtigkeit zu thematisieren, ist deshalb Ziel und unverzichtbare Grundlage einer emanzipatorischen politischen Bildungsarbeit mit männlichen und weiblichen Jugendlichen.

- Die Relationalität von Geschlechterverhältnissen muss sich in der Teilnehmer_innen-Orientierung, der pädagogischen Anleitung und den Zielsetzungen der Arbeit wiederfinden. Die Betonung einer ›geschlechterspezifischen‹ Ausrichtung von Konzepten und Angeboten der Jungenarbeit läuft sonst Gefahr, Teil des Problems zu werden.
- Offenheit und Vielfalt sind Ausgangspunkt und Ziel der Arbeit, Irritationen sind Teil des Weges.
- Die in diesem Kontext auch in der Arbeitsweise selbst abgebildete »forschende Haltung« (vgl. Nentwig-Gesemann 2007, S. 20-22) und ihr als unabgeschlossen zu verstehender Blick auf die Verschränkung individueller Handlungsweisen und gesellschaftlicher Verhältnisse gilt es sowohl als pädagogische Haltung wie auch als professionelle Kompetenz zu behaupten.
- Die pädagogische Arbeit mit Jugendlichen und Schüler_innen muss die jeweils wirkmächtigen Identitätsaspekte ermitteln und konzeptionell variabel reagieren. Ein konsequenter Einbezug des Konzepts von Intersektionalität reagiert angemessen auf die Komplexität von Thema und individuellen Zugängen und verringert gleichzeitig die Gefahr einer Dramatisierung von einzelnen Identitätsmerkmalen (vgl. Busche/Stuve 2010, S. 271-288).
- Es bietet sich an, die Auseinandersetzung mit dem Zusammenhang von Prekarisierung und Geschlechterverhältnissen in den weiteren Rahmen sozialer Prozesse im öffentlichen Raum zu stellen bzw. diesen als Anknüpfungspunkt in die pädagogische Arbeit zu integrieren (vgl. Schmidt 2009, S. 129-146; Schmidt/Schumann 2010, S. 39-47).
- Noch am Anfang steht die Entwicklung eines Zugangs zum Themenfeld, der den Begriff von (Erwerbs-)Arbeit selbst stärker in den Blick nimmt und sowohl Definitionen von Arbeit als auch ihre Priorisierung ökonomie- und kapitalismuskritisch thematisieren kann.
- Die Paradoxie des pädagogischen Handelns im Kontext identitär ausgestalteter Achsen sozialer Ungleichheit, Fragen von Gerechtigkeit zwischen den Ausprägungen der identitär geformten Subjektpositionen zu thematisieren und damit diese Positionen anzuerkennen und die prinzipielle Veränderbarkeit und den Konstruktionscharakter der Identitäten und ihrer Referenzpunkte selbst zum Gegenstand machen zu wollen, wird auch in diesem Seminaransatz nicht aufgelöst. In der Begegnung mit konkreten biografisch konnotierten Deutungen anderer Menschen und ihrer Lebensweise liegt jedoch eine Gelegenheit, diese Paradoxie immerhin gelegentlich aufscheinen zu lassen – und dann damit zu arbeiten.

Das hier vorgestellte Seminarkonzept ist ein Angebot der außerschulischen politischen Jugendbildung, das überwiegend in Kooperation mit Schulen angeboten wird. Wenngleich die grundsätzliche Freiwilligkeit der Teilnahme, wie sie der außerschulischen politischen Bildung entspräche, durch die Koppelung an die Institution Schule in dieser Zusammenarbeit nicht besteht, eröffnet die Konzeption und Durchführung des Seminars außerhalb der Schule und durch Teamer_innen, die nicht der Institution Schule angehören, den Teilnehmenden die Möglichkeit, das Thema Zukunft und Lebensträume jenseits der untrennbar mit der Zertifizierung von Leistung verbundenen schulischen Räume zu durchdenken.

Gleichzeitig ermöglicht die Kooperation mit Schulen prinzipiell einen Transfer der angestoßenen Themen zurück in den schulischen Alltag und damit aus der Kontingenz der Kurzzeitpädagogik heraus. Die Anforderungen an die Kommunikation von Sichtweisen zwischen den Vertreter_innen der Schule und den Vertreter_innen des außerschulischen Bildungsträgers sind dabei hoch und nicht zu unterschätzen. Insbesondere in der Etablierung längerfristiger Kooperationen liegt hier eine Gelegenheit, diese unterschiedlichen Perspektiven zu benennen und produktiv in Austausch zu bringen. Kooperationen zwischen Schule und außerschulischer politischer Bildung eröffnen Bildungsräume, indem sie Bildungsorte außerhalb der Schule erfahrbar und reflektierbar werden lassen.

Elemente des vorgeschlagenen Konzeptes – wie etwa eine Orientierung an einer Vielfalt der Lebensweisen, Fürsorgepflichten und Fürsorgewünschen, eine grundlegende Problematisierung gesellschaftlicher Priorisierungen von Erwerbsarbeit, eine Beschäftigung mit den Verschränkungen von verschiedenen Lebensbereichen sowie ihren ökonomischen und sozialen Rahmenbedingungen auch aus der Perspektive von Geschlechtergerechtigkeit – könnten aber sicherlich auch in die Konzepte schulischer Berufsorientierungsangebote stärker einfließen.

Literatur

Bourdieu, Pierre (1998): Prekarität ist überall. In: Bourdieu, Pierre: Gegenfeuer. Konstanz: UVK.

Budde, Jürgen (2008): Bildungs(miss)erfolge von Jungen und Berufswahlverhalten von Jungen/männlichen Jugendlichen. Bildungsforschung, Bd. 13. Hg. vom Bundesministerium für Bildung und Forschung (BMBF). Bonn/Berlin: BMBF, S. 40.

Busche, Mart/Stuve, Olaf (2004): Bildungsarbeit intersektional erweitern. In: Scherr, Albert/Riegel, Christine/Stauber, Barbara (Hg.): Transdisziplinäre Jugendforschung. Wiesbaden: VS, S. 271-288.

Busche, Martina (2004): Gender im (Re)Konstruktionsprozess: Perspektiven geschlechtsbezogener Bildung. In: Boekle, Bettina/Ruf, Michael (Hg.): Eine Frage des Geschlechts. Wiesbaden: VS, S. 133-150.

Cornelißen, Waltraud (2005) (Hg.): DJI Gender-Datenreport. Kommentierter Datenreport zur Gleichstellung von Frauen und Männern in der Bundesrepublik Deutschland. München: DJI.

Cremers, Michael (2006): Neue Wege für Jungs?! Ein geschlechtsbezogener Blick auf die Situation von Jungen im Übergang Schule-Beruf. Hg. v. Kompetenzzentrum Technik-Diversity-Chancengleichheit. Bielefeld, S. 31ff.

Dörre, Klaus (2007): Prekarisierung und Geschlecht. Ein Versuch über unsichere Beschäftigung und männliche Herrschaft in nachfordistischen Arbeitsgesellschaften. In: Aulenbacher, Brigitte/Funder, Maria/Jacobsen, Heike/Völker, Susanne (Hg.): Arbeit und Geschlecht im Umbruch der modernen Gesellschaft – Forschung im Dialog. Wiesbaden: VS, S. 285- 301.

Garske, Pia (2009): Politische Bildung und die Interdependenz gesellschaftlicher Ungleichheiten. In: Mende, Janne/Müller, Stefan (Hg.): Emanzipation in der politischen Bildung. Theorien – Konzepte – Möglichkeiten. Schwalbach/Ts.: Wochenschau, S. 155-179.

Gesterkamp, Thomas (2004): Die Krise der Kerle – Männlicher Lebensstil und der Wandel der Arbeitsgesellschaft. Münster: LIT.

Herrmann, Steffen Kitty (2003): Performing the Gap – Queere Gestalten und geschlechtliche Aneignung, Arranca! Ausgabe 28, S.22-26.

King, Vera/Flaake, Karin (2005) (Hg.): Männliche Adoleszenz. Sozialisation und Bildungsprozesse zwischen Kindheit und Erwachsensein. Frankfurt a.M./New York: Campus.

Nentwig-Gesemann, Iris (2007): Forschende Haltung. Professionelle Schlüsselkompetenz von FrühpädagogInnen. In: Sozial Extra, Heft 5/6, S. 20-22.

Offen, Susanne (2010): Von Alltagspraxen, Aushandlungen und Irritationen: Lebensentwürfe und prekäre Verhältnisse in der geschlechtersensiblen Bildungsarbeit. In: Gender. Zeitschrift für Geschlecht, Kultur und Gesellschaft, S. 152-160.

Ottersbach, Markus (2010): ›Bildungsferne‹ oder marginalisierte Jugendliche: ein Tabu für die politische Bildung? In: Lösch, Bettina/Thimmel, Andreas (Hg.): Kritische politische Bildung. Ein Handbuch. Schwalbach/Ts.: Wochenschau, S. 339-350.

Rieske, Thomas Viola (2011): Bildung von Geschlecht. Zur Diskussion um Jungenbenachteiligung und Feminisierung in deutschen Bildungsinstitutionen. Eine Studie im Auftrag der Max-Traeger-Stiftung, hg. von der GEW. Frankfurt a.M.: GEW.

Schmidt, Jens (2009): Lernen am Nabel der Lebenswelten? Politische Bildungsarbeit im Stadtteil. In: Faulstich, Peter/Bayer, Mechthild (Hg.): Lernorte. Vielfalt von Weiterbildungs- und Lernmöglichkeiten. Hamburg: VSA, S. 129-146.

Schmidt, Jens/Schumann, Kerstin (2010): Das Mapping prekärer Verhältnisse – Anmerkungen aus einer (unvollendeten) konzeptionellen Arbeit politischer Bildung. In: Bundesarbeitskreis Arbeit und Leben (Hg.): Mut zur Bildung in Zeiten des Prekariats: Aufklärung, Inklusion und Empowerment. Wuppertal: Peter Hammer, S. 39-47.

Shell Deutschland (Hg.) (2010): Jugend 2010. Eine pragmatische Generation behauptet sich. Frankfurt a.M.: Fischer, S. 55-69.

Stuve, Olaf (2001): »Queer Theory« und Jungenarbeit – Versuch einer paradoxen Verbindung. In: Fritzsche, Bettina/Hartmann, Jutta/Tervooren, Anja (Hg.): Dekonstruktive Pädagogik. Opladen: Leske + Budrich, S. 281-295.

Walgenbach, Katharina (2007): Gender als interdependente Kategorie. In: Dietze, Gabriele/ Hornscheidt, Antje/Palm, Kerstin/Walgenbach, Katharina (Hg.): Gender als interdependente Kategorie. Opladen: Barbara Budrich, S. 23-64.

Sandro Dell'Anna

»Gelingen – Misslingen – Alte Geschichten – Neue Versuche?« Jungenarbeit in der Offenen Kinder- und Jugendarbeit

Im Diskurs und in der Praxisumsetzung von Jungenarbeit in der Offenen Kinder- und Jugendarbeit finden sich Verkürzungen und Engführungen, die nachfolgend kritisch diskutiert werden. Vor allem scheint der klassische Ansatz von Jungenarbeit im Sinne eines geschlechtshomogenen Jungengruppenangebots nur bedingt dazu geeignet zu sein, die geschlechterbezogenen Bildungspotenziale der Offenen Kinder- und Jugendarbeit abzubilden. Vielmehr steht dieser Ansatz teilweise im Widerspruch zur Strukturlogik der sozialpädagogischen Arena, die immanent eine De-Thematisierung von Gender mit sich führt und daher ein mehrfachdifferentes und -sensibles Sich-Aufeinander-Beziehen fordert.

1. Intro

»Jugendarbeit ist Jungenarbeit!« – so lautete eine grundlegende Kritik der Mädchenarbeit in den 1970er-Jahren. Die Praxis der Jugendarbeit orientiere sich vorwiegend an den (vermeintlichen) Interessen von Jungen und trage somit dazu bei, dass diese in einem höheren Maße als Mädchen an den Angeboten partizipierten. Diskriminierungen von Mädchen durch Jungen in der Jugendarbeit erführen zudem eine stillschweigende Tolerierung (vgl. Wegener 1995). Verbunden war mit dieser Kritik die Forderung nach eigenen (Schutz-)Räumen für Mädchen und konzeptionellen Veränderungen in der Jugendarbeit sowie der Kinder- und Jugendhilfe insgesamt.

Diese Forderung wurde Anfang der 1990er-Jahre, gleichermaßen bezogen auf Mädchen und Jungen, in § 9, Abs. 3 SGB VIII im Sinne einer geschlechtsbezogenen Pädagogik verankert. Die in Nordrhein-Westfalen (NRW) durchgeführten Strukturdatenerhebungen in der Offenen Kinder- und Jugendarbeit zeigen jedoch, dass auch aktuell etwa zwei Drittel der Angebotsnutzer*innen[1] männlichen Geschlechts sind (vgl. Landschaftsverband Westfalen-Lippe LWL-Landesjugendamt Westfalen/Landschaftsverband Rheinland LVR-Landesjugendamt Rheinland 2010). Ob und wie geschlechterpädagogisch mit Jungen (und Mädchen) gearbeitet wird und inwieweit diese eine geschlechterreflektierte Unterstützung ihrer Identitätsentwicklung erfahren, lässt sich aus diesen Daten allerdings nicht erschließen.

---

[1] Im Text wird das * als Mittel zur sprachlichen Darstellung aller sozialer Geschlechter verwendet, um sowohl Frauen und Männer als auch diejenigen in den Blick zu nehmen, die sich zwischen diesen Geschlechtern bewegen oder sich auch jenseits der sozialen Zweigeschlechtlichkeit verorten.

Im Folgenden werden der Fachdiskurs zur und die Umsetzung von Jungenarbeit in der Offenen Kinder- und Jugendarbeit kritisch reflektiert. Dabei wird zunächst die These aufgestellt, dass in Praxis und Theorie eine Wissenslücke existiert: Jungenarbeit im Sinne einer Haltung und Sichtweise sowie als Qualitätskriterium in koedukativen Settings, wird zu wenig in den Blick genommen; darüber hinaus findet sich auf der Ebene der Bestimmung von Jungenarbeit eine in ihrem Schwerpunkt institutionenorientierte Perspektive (vgl. Pech 2009, S. 74f.). Die Offene Kinder- und Jugendarbeit, die allerdings erst in Koproduktion von Fachkräften und – in diesem Fall – Jungen als pädagogischer Ort entsteht, sollte die Perspektive von Jungen zur Frage »Was ist (gute) Jungenarbeit?« deutlich stärker einbinden und als Ausgangspunkt einer Bestimmung von Jungenarbeit fassen. Vor diesem Hintergrund wird die pädagogische Bedeutung dieser Perspektiven – zum einen im Hinblick auf Jungenarbeit als Beziehungspädagogik, zum anderen als Herausforderung für einen geschlechtersensiblen Umgang mit »Männlichkeit(en)« im Alltag der Offenen Kinder- und Jugendarbeit – skizziert.

2. Die »Wissens-Lücke« zur Jungenarbeit in der Offenen Kinder- und Jugendarbeit

In den letzten Jahren sind diverse Studien mit relevanten Ergebnissen zu geschlechterbezogenen Fragestellungen der Offenen Kinder- und Jugendarbeit veröffentlicht worden (vgl. Müller/Schmidt/Schulz 2005; Rose/Schulz 2007; Cloos/Köngeter/Müller/Thole 2007). Diese basieren auf ethnografischen Forschungsergebnissen und zeigen, wie informelle Bildungsgelegenheiten und -prozesse von Jugendlichen in der Kinder- und Jugendarbeit aktiv hergestellt werden und dieser pädagogische Ort durch die Koproduktivität von Kindern, Jugendlichen und Pädagog*innen als sozialer Raum entsteht. Insbesondere Rose/Schulz (2007) richten ihre Aufmerksamkeit auf geschlechterbezogene Themen und beschreiben die Kinder- und Jugendarbeit als Erprobungsfeld für geschlechtliche Identitäten und Gender-Inszenierungen. Hiernach thematisieren und de-thematisieren Jungen und Mädchen ihre geschlechterbezogenen Entwicklungsprozesse im Alltag der Offenen Kinder- und Jugendarbeit. Gender verschränkt sich dabei mit weiteren sozialen Themen und Identitätsaspekten. Das So-Sein von Mädchen und Jungen lässt sich folglich nicht linear mit der Differenzkategorie »Geschlecht« erfassen. Das erfordert von Fachkräften der Offenen Kinder- und Jugendarbeit eine »mehrfachperspektivische« Wahrnehmungs- und Deutungskompetenz, die Geschlecht als eine von vielen Folien versteht, dabei andere Deutungsfolien nicht aus dem Blick verliert – und zudem weiß, dass es sich hier um *Interpretationshilfen* handelt.

Umfassende und systematisch fortgeschriebene Bestandsaufnahmen zur Umsetzung von Jungenarbeit in der Offenen Kinder- und Jugendarbeit fehlen bislang. Hinweise – zumindest mit Blick auf die strukturelle und konzeptionelle Verankerung in Nordrhein-Westfalen (NRW) – bieten die Landkarte Jungenarbeit NRW der Landesarbeitsgemeinschaft Jungenarbeit NRW und die Ergebnisse der Bestandsaufnahme im Rahmen der Landesinitiative Jungenarbeit NRW.

Die Landkarte Jungenarbeit NRW (http://www.lagjungenarbeit.de/karte/ landkarte.php) dokumentiert seit 1999 fortlaufend die strukturelle, konzeptionelle und personelle Verankerung von Jungenarbeit. Erfasst sind hier im Schwerpunkt Institutionen, Träger, Fachkräfte und Arbeitskreise, die Jungenarbeit als Querschnittsaufgabe und Regelangebot umsetzen. Nach aktuellem Stand sind dort 194 Träger und Institutionen verzeichnet, von denen 41% der Offenen Kinder- und Jugendarbeit zuzuordnen sind. Des Weiteren ist hier dokumentiert, dass Institutionen und Fachkräfte der Offenen Kinder- und Jugendarbeit in 71% der 53 Arbeitskreise zur Jungenarbeit vertreten sind.

Die Landesinitiative Jungenarbeit NRW (http://www.initiative-jungen arbeit.nrw.de) ist 2007 durch das Jugendministerium NRW (Ministerium für Generationen, Familie, Frauen und Integration) gestartet worden und diente der Entwicklung, Recherche, Bündelung und Dokumentation von Projekten und Angeboten der Jungenarbeit. Im Zuge dieser Initiative, die 2010 endete, wurde 2008 und 2010 eine Umfrage unter Projekten der Jungenarbeit in NRW durchgeführt, auf die insgesamt 209 Träger geantwortet haben. Von diesen entstammen 166 (79%) dem Handlungsfeld Jugendarbeit. Eine Differenzierung der Handlungsfelder Verbandliche und Offene Kinder- und Jugendarbeit wurde im Abschlussbericht zur Landesinitiative nicht vorgenommen (vgl. FUMA Fachstelle Gender NRW 2011, S. 129). Insofern bleibt letztlich unbeantwortet, wie viele der erhobenen Projekte in der Offenen Kinder- und Jugendarbeit zu verorten sind.

Beide Erhebungen basieren auf freiwilligen Meldungen. Eine fachliche Begrenzung ist zudem darin zu sehen, dass die eingesetzten Fragebögen einen klassischen Ansatz von Jungenarbeit nahelegen: Jungenarbeit als geschlechtshomogenes Jungengruppenangebot, angeleitet von männlichen Fachkräften. Die Offene Kinder- und Jugendarbeit realisiert sich jedoch in großen Teilen in geschlechtergemischten Settings, die, selbst wenn sich hier zentrale Qualitäten von Jungenarbeit abbilden, nicht als Jungenarbeit erfasst werden. Hier wird folglich eine fachliche Verkürzung vorgenommen, die der Vielfalt denkbarer Ansätze und Zugänge nicht gerecht wird. Rose und Schulz (2007) weisen darauf hin, dass Fachkräfte an dieser Verkürzung sehr wohl beteiligt sind (vgl. ebd., S. 18f.), da auch diese die Hegemonie geschlechtshomogener Jungengruppenangebote (dies gilt auch für die Mädchenarbeit) reproduzieren. Gemäß dieser Verkürzung findet Jungenarbeit dort nicht statt, wo *erstens* keine männlichen Fachkräfte in der Einrichtung tätig sind oder *zweitens* wo sie über Kooperationen eingebunden werden und *drittens* wo es nicht gelingt, gezielt geschlechtshomogene Jungengruppen einzurichten. Sowohl der mit diesem Verständnis von Jungenarbeit verbundene »Exklusivitätsanspruch« als auch die institutionenzentrierte Bestimmung des »richtigen Settings« sind zumindest kritisch zu befragen.

Ich möchte vorschlagen zu prüfen, inwieweit die Perspektive der Autorisierung von Jungenarbeit durch Jungen selbst als Ausgangspunkt zur Bestimmung von Jungenarbeit geeignet ist. Dies würde von den Fachkräften fordern, grundlegende Standards von Jungenarbeit insgesamt neu zu skizzieren. Gleichermaßen würden Jungen ermächtigt, selbstbestimmt zu formulieren und zu entscheiden, welche (personalen) Angebote sie mit Blick auf *ihre* geschlechterbezogenen Entwicklungsprozesse mit Bedeutsamkeit belegen und wer ggf. auch als Modell für Männlichkeit(en), für Erwachsensein sowie von (Geschlechter-)Beziehungen eine Autorisierung durch die Jungen erhält. Letzteres nimmt die je individuelle Bedürftigkeit von Jungen in den Fokus, unterstützt sie in ihrer Kritikfähigkeit und erkennt ihre Kompetenz und Expertise in geschlechterbezogenen Fragen- und Themenstellungen an.

3. Jungenarbeit als Beziehungspädagogik in der sozialpädagogischen Arena

Über den Begriff der »sozialpädagogischen Arena« fassen Cloos, Köngeter, Müller und Thole (2007) die Offene Kinder- und Jugendarbeit als Ort verschiedener Formen des »alltäglichen, situationsbezogenen Sich-in-Szene-Setzens und des aktiven Zuschauens und Beobachtens« (S. 15). Die Offene Kinder- und Jugendarbeit bietet hierfür Bühnen, also Orte der Darstellung und Verstellung (Theke, Billardtisch, Freiflächen etc.), Nischen (Sitz- und Beobachtungsplätze in der Nähe von Bühnen oder auch nicht einsehbare Orte), um dabei sein zu können, ohne sich hervortun zu müssen, und auch dritte Bereiche, die so viel Sicherheit geben, dass ggf. getragene ›Masken‹ abgelegt werden können (vgl. Kühn 2005, S. 406f.).

Zentral ist, dass das Handeln in der sozialpädagogischen Arena von Beziehungsarbeit getragen ist und somit auf gelingende Beziehungen unter gegenseitiger Bezugnahme der Beteiligten gerichtet ist, sodass ein wohlwollender, achtsamer Kontakt entstehen kann, Grenzen spürbar werden und das Ich sich in Relation zu einem Du abbilden kann (vgl. Buber 1995). Hier sind seitens der Fachkräfte Ambivalenzen zwischen professions- und alltagsorientiertem Handeln zu bearbeiten, da immer wieder neu abzuwägen ist, wie weit der Rahmen der »Quasi-Alltäglichkeit« der Offenen Kinder- und Jugendarbeit durch die Fachkräfte durchbrochen wird. Die Offene Kinder- und Jugendarbeit ist als pädagogisch-professioneller Ort nur bedingt von der alltäglichen Freizeitaktivität von Kindern und Jugendlichen trennbar. Die »Quasi-Alltäglichkeit« der pädagogischen Praxis stellt somit ein zentrales Strukturelement der Offenen Kinder- und Jugendarbeit dar (vgl. Cloos/Köngeter/Müller/Thole 2007, S. 139ff.).

Die Beziehungsabhängigkeit (vgl. Sturzenhecker 2009, S. 91) des pädagogischen Angebots gilt möglicherweise noch mehr für geschlechterbezogene Pädagogik, deren besondere inhaltliche Qualität – so der Diskurs der Jungenarbeit – gekoppelt ist an die Bereitschaft des männlichen Jungenarbeiters, Dimensionen der eigenen Person und Biografie – auf Grundlage einer selbstreflexiven und kritischen Auseinandersetzung mit dem eigenen Mannsein und der Entwicklung eigener Männlichkeit(en) – für Jungen zur Verfügung zu stellen, um diesen alternative Handlungsräume zu eröffnen (vgl. Jantz/Grote 2003b, S. 14).

Jungenarbeit hat das Anliegen, Jungen Selbstbestimmung, Selbstwert, Selbstverantwortung und Anerkennungsräume (vgl. Drogand-Strud/Rauw 2005, S. 167f.) zu bieten. Sie will sie dabei begleiten, ihren je eigenen Weg durch ihr Leben zu suchen und zu gehen sowie zu kommunizieren, was fehlt oder unzureichend ist, um das »eigene« Leben und entfalten zu können. Gelingenden Beziehungen zwischen Jungen und erwachsenen Jungenarbeitern wird hier eine zentrale Bedeutung beigemessen. Dieser fachliche Auftrag wird nun allerdings auf der Ebene der Konzeptentwicklung und Praxisumsetzung oftmals *ausschließlich* an das Geschehen zwischen Jungenarbeiter und Jungen delegiert. Gelingen und Misslingen werden hier zum Beleg der persönlichen Eignung und Professionalität des Jungenarbeiters. Jungenarbeit kann hier letztlich fast nur scheitern, da gegebene Strukturen und Prozesse, in die pädagogische Beziehungen eingebettet sind, nicht ausreichend Berücksichtigung finden (vgl. Behnisch 2010, S. 169ff.).

Zu kritisieren ist zudem, dass der Diskurs über Aufgaben von Jungenarbeit (sowie Kinder- und Jugendarbeit insgesamt) vorzugsweise normativ geführt wird und die tatsächliche Praxis wenig im Blick hat. Charakteristische Merkmale der Offenen Kinder- und Jugendarbeit sind nach Sturzenhecker (2009, S. 90f.) Freiwilligkeit, Offenheit, Fehlen formaler Machtmittel, Diskursivität und Beziehungsabhängigkeit. Dies zugrunde gelegt, heißt für die Kinder- und Jugendarbeit nach Closs u.a. (2007), dass Zielbestimmungen und die hierfür vermeintlich angemessenen pädagogischen Settings nicht ausschließlich aus dem Blickwinkel der Institution formulierbar sind, sondern zwischen Kindern, Jugendlichen und Erwachsenen informell »erstritten« werden (müssen). Eine klassische pädagogische Arbeitsbeziehung mit festgelegten Zielen und Themen dieser Beziehung ist hier nicht »einfach so« zu etablieren (vgl. ebd., S. 239), zumal der Alltag der Offenen Kinder- und Jugendarbeit durch Diskontinuitäten und Adhoc-Beziehungsmomente gekennzeichnet ist.

Um den mit Jungenarbeit verbundenen großen inhaltlichen Erwartungen gerecht werden zu können, wird diese nun folglich in projektbezogenen und/oder projektähnlichen Angeboten – kontinuierliche Jungengruppen mit regelmäßiger Teilnahme – umgesetzt. Eventuell erhoffen sich die Initiatoren hiervon eine Annäherung an verbindlichere Arbeitsbeziehungen und inhaltliche Auseinandersetzungen, die ohne eine solche Rahmung in der sozialpädagogischen Arena nicht möglich erscheinen. Aufseiten der Jungenarbeit erhöht dies den (Erfolgs-)Druck unangemessen, da dieses Setting mit gegebenen Struktur- und Handlungslogiken der Offenen Kinder- und Jugendarbeit kollidiert. Verbunden ist hiermit ferner eine implizite Abwertung des Alltags der Offenen Arbeit und der dort stattfindenden Prozesse.

Jungen (und Mädchen) platzieren durch Witze, Gesten, Sprache usf. geschlechter- (und anders-)bezogene Themen im Alltagsgeschehen der Offenen Arbeit und nutzen dies als Ressource zur Selbstinszenierung. Das geschlechter- (und anders-)bezogene Zuschauen, Verstehen und Antworten der Fachkräfte (vgl. Rose/Schulz 2007, S. 294) wird von diesen allerdings nicht zwingend als Bestandteil von Jungenarbeit (und Mädchenarbeit) gefasst. Jungen (und Mädchen) benötigen in der pädagogischen Beziehung jedoch zuallererst Resonanz für ihr Tun: Zuhören, Interesse und Neugier, Anerkennung und Möglichkeitsräume, aber ebenso Kritik, Konfrontation, Irritation und Nachfragen. Ihre Legitimation und Autorität erfahren Fachkräfte der Offenen Kinder- und Jugendarbeit dabei nicht einfach aus ihrer professionellen Rolle heraus; diese müssen sie sich »verdienen« (vgl. Closs/ Köngeter/Müller/Thole 2007, S. 167). Beziehung und »Dienstleistung« müssen für die Jungen aus ihrer je persönlichen Sicht nützlich sein. Für die Fachkräfte der Offenen Kinder- und Jugendhilfe gilt daher, die »Quasi-Alltäglichkeit« der pädagogischen Situation nicht grundlegend infrage zu stellen; vielmehr ist an eingebrachte Interessen, Themen und aktuelle Situationen der Jungen anzuschließen und ihnen Anerkennung zu zollen. Insofern ist die Offene Kinder- und Jugendarbeit – im besten Sinn – als Koproduktion zu verstehen: als Ort, der von allen Beteiligten mitgestaltet und verhandelt wird, Arenen für Anerkennungskämpfe (vgl. Honneth 1994) um Zugehörigkeit und Vergemeinschaftung, um Auseinandersetzung und Abgrenzung bietet und hierdurch als pädagogischer Ort überhaupt erst entsteht.

4. Geschlecht und Männlichkeit als Provokation für die Offene Kinder- und Jugendarbeit

Als pädagogischer Anerkennungsraum ist die Offene Kinder- und Jugendarbeit ein Ort, an dem Differenz inszeniert, hergestellt, als Thema ansprechbar und gelebt wird. Die Beteiligten (Kinder, Jugendliche und Erwachsene) entwickeln hierbei eine beträchtliche Kreativität, um Abgrenzungen und Vergemeinschaftungen zu generieren. Sie positionieren hierdurch ihr Selbst – möglicherweise auch durch symbolische Markierungen, die ihre Zugehörigkeit oder auch Nicht-Zugehörigkeit zu einer Geschlechtergruppe offenlegen oder auch zur Diskussion stellen.

In den Gender-Inszenierungen der Jungen (vgl. Rose/Schulz 2007) tritt die Bandbreite von Jungen(er)leben und somit auch die gegebene Vielfalt und Differenz unter Jungen zutage. Jungen greifen hier auf gegenständlich und symbolisch Vorhandenes der kulturellen Umwelt zurück und nutzen dieses für eigene Kreationen, Improvisationen und Abgrenzungen (vgl. ebd., S. 219ff.). Die Inszenierungen thematisieren die subjektive Bedeutung von Männlichkeit(en) für jeden einzelnen Jungen und werden von diesen gleichermaßen als soziale Interaktionsressource genutzt, um Themen öffentlich zu machen und ggf. mit Bedeutsamkeit zu belegen. Als soziale Interaktionsressource lassen sich die Inszenierungen als »Kontaktangebote« von Jungen interpretieren. Sie können Ausgangspunkt gelingender Jungenarbeit sein, sofern an die eingebrachten Themen angeknüpft, die Inszenierung als kompetente Position im Prozess der Entwicklung einer selbstbestimmten Geschlechtsidentität anerkannt und der eröffnete Beziehungsraum angenommen, partizipativ gestaltet und erfahrbar wird.

Eine solche pädagogische Haltung bedeutet, Jungen wahr- und ernst zu nehmen und sie als Experten ihres eigenen Lebens, ihres Jungeseins in den Mittelpunkt zu stellen. Die Zugehörigkeit zur männlichen Geschlechtergruppe bzw. die Bedeutsamkeit, die sie dieser Zugehörigkeit ggf. geben, wird als Thema eingebunden, und auf dieser Grundlage wird Partizipation gelebt und werden Beziehungen zwischen Jungen und Jungenarbeiter*innen und Jungen geknüpft, aufgebaut und weiterentwickelt. Dieser pädagogische Prozess lässt sich als eine an die Kategorie Männlichkeit gebundene Vergemeinschaftung fassen. In diesem Sinn wirkt Jungenarbeit »männlichkeitsstabilisierend«, da sie sich auf das »Jungesein« bezieht, einen »Jungenort« generiert und zudem an »Jungeninteressen« anknüpft und diesen nachgeht – die hierdurch teilweise auch erst als »Jungeninteressen« hergestellt werden. Gleichermaßen lässt sich Jungenarbeit in ihrer Zielperspektive allerdings auch als »männlichkeitskritisch und -irritierend« fassen, da Jungen eine Reaktion auf Gender-Inszenierungen häufig erst dann erfahren, wenn Fachkräfte – im Rahmen einer grundsätzlich wertschätzenden anerkennenden Beziehung – auf »vermeintlich« traditionelle, polarisierende Geschlechterklischees kritisch reagieren und diese somit Ausgangspunkt pädagogischer Angebote werden (vgl. Rose/Schulz 2007, S. 275).

Dieses Spannungsfeld gilt es in der Jungenarbeit nicht grundlegend aufzulösen; ein Agieren mit den Begriffen ›männlichkeitsstabilisierend/-irritierend‹ wird allerdings überhaupt erst möglich, wenn Fachkräfte ihre Normalitätsvorstellung darüber reflektieren können, was »ein Junge« ist, wie Jungesein gelingt oder auch scheitert und ob es so etwas wie eine Normalität von Jungesein gibt. Solche Vorstellungen und Setzungen können im Rückgriff auf eigene biografische Erfahrungen bewusst gemacht werden (Was hat mir als Junge gut getan, wobei habe ich mich lebendig, kraftvoll und vital gefühlt, was hat mich eingeschränkt, wer und was war mir wichtig etc.) und resultieren auch aus der Auseinandersetzung mit Fachdiskursen zu geschlechterpädagogischen Fragestellungen.

Winter und Neubauer (2010) betonen die Notwendigkeit von Positiv-Konnotationen und -Bestimmungen für Jungesein und Männlichkeit(en) in der Jungenarbeit, um attraktive

Perspektiven für und mit Jungen entwickeln zu können. Kritisch zu hinterfragen ist allerdings, warum bestimmte Differenzen oder Gemeinsamkeiten in den Blick genommen werden und andere nicht sowie wann, aus welchen Motivationen und Perspektiven heraus, das »Männliche« an Jungen betont und zum konzeptionellen Ausgangspunkt von pädagogischen Angeboten wird.

Zentrale (inhaltlich-konzeptionelle) Herausforderungen für Jungenarbeit in der Offenen Kinder- und Jugendarbeit sind folglich: mehrdeutiges denken, anbieten und leben; unterschiedliche Bilder und Vorstellungen von Geschlecht und Männlichkeit(en) einblenden und anerkennen; eigene Beschränkungen zu überwinden lernen; Irritationen und Ambivalenzen zulassen; neugierig sein und sich auf Ungewohntes einlassen – und dies bezieht sich nicht nur auf die Jungen.

5. Outro

Der Forderung nach konkreten Möglichkeiten der Praxisumsetzung erreicht zunehmend auch Jungenarbeit; gefordert sind *Methoden und Materialien*. Anzunehmen, es gäbe so etwas wie eine jungentypische Methode, konterkariert jedoch gegebene Jungenbedürfnisse, -interessen und -zugänge in ihrer Vielfalt und Differenz. Als zentral-bedeutsame »Methode« der Jungenarbeit in der Offenen Kinder- und Jugendarbeit ist die mehrfachsensible Begleitung von Selbstbestimmungs-, Selbstwert-, Selbstverantwortungs- und Selbstbildungsprozessen festzuhalten. Dies geschieht in Beziehungen, in Partizipationsprozessen, in der aktiven Gestaltung von Geschlechterverhältnissen, in Aushandlungs- und Anerkennungsprozessen – zwischen den Jungen, zwischen Jungen und Mädchen, sowie zwischen Jungen und Jungenarbeiter*innen. Es gilt, alle in Blick zu nehmen und nicht nur diejenigen, die als besonders störend und/oder angepasst wahrgenommen werden.

Erkennbare Grenzen, ein erkennbares Gegenüber in der pädagogischen Beziehung sind hierfür notwendige Voraussetzung. Hierdurch wird für Jungen Differentes spürbar, und es bieten sich die Möglichkeiten der Schaffung von Kontakt, Auseinandersetzung mit und Anerkennung des vermeintlich Fremden. Insofern ist Jungenarbeit die Arbeit an Unterschieden und an Gemeinsamem, an Zugehörigkeiten und Abgrenzungen und eröffnet Jungen die Erfahrung von Vielfalt und Differenz innerhalb einer Gruppe, aber ebenso der in sich selbst angelegten Vielfalt an Ressourcen, Kompetenzen, Interessen, Ausdrucksweisen usf.

Eine aus der Perspektive der Fachkräfte vorgenommene *Homogenisierung der Jungen* ist zu *vermeiden*. Die Anerkennung von Prozessen der Vergemeinschaftung von Jungen (»Wir sind ein Team, wir sind gute Kumpel, …!«) ist allerdings grundlegend wichtig und notwendig. Es gilt daher, eine Balance zu finden zwischen bewussten Inszenierungen von geschlechtshomogenen Jungenorten und wertschätzendem Antworten auf Zusammengehörigkeitsinszenierungen von Jungen als Unterstützung, Ort der Anerkennung und Weltaneignung und dem Offenlegen und bewussten Thematisieren von Differenzen innerhalb von Jungengruppen.

Jungenarbeit soll Jungen ermöglichen, für Andere *mit dem Eigenen sichtbar* zu werden und zu lernen, dies auszuhandeln: Was ist mir wichtig, was ist mein Blick auf die Welt, was macht mir Spaß, was ärgert mich, mit wem fühle ich mich verbunden? Jungenarbeit als Koproduktion zu denken, bedeutet, dass auch Jungenarbeiter*innen sichtbar sind. Auch sie können und sollen Themen setzen, platzieren und provozieren, beispielsweise subtil durch veränderte Zuständigkeiten im Team, durch eine veränderte Sprache oder auch durch konzeptionelle Veränderungen wie die Einrichtung von Jungen- und Mädchentagen oder -räumen.

Jungenarbeit eröffnet Möglichkeitsräume, vermittelt durch die im Sinne von *Jungenarbeit* tätige Fachkraft selbst, die durch ihr Handeln *als Resonanz- und Erweiterungsmedium* wirkt. Ihr So-Sein, ihr Handlungs-, Kommunikations- und Interventionsrepertoire erfährt eine persönliche, auch geschlechtliche Angebundenheit. Jungen (und Mädchen) lernen in der Offenen Kinder- und Jugendarbeit vor allem informell, durch alltägliches Vorleben und Agieren, und nutzen Jungenarbeiter*innen auch in geschlechterbezogener Perspektive zur Identifikation, Abgrenzung und Nachahmung sowie zur Weiterentwicklung von Verhaltensweisen.

Jungen stellen in der Offenen Kinder- und Jugendarbeit (alltäglich) Themen ihres Interesses vor und überprüfen, wie ›die Welt‹ hierauf reagiert – anerkennend, wohlwollend, moralisierend, ablehnend. Es gilt, Kindern und Jugendlichen hier als kompetente Akteur*innen zu begegnen und Raum für Aushandlungsprozesse zu gewähren. Insofern ist in der Jungenarbeit ein *Prinzip der Achtsamkeit und Zurückhaltung* gefordert, um Bühnen für Bildungsprozesse offenzuhalten, die auch eine De-Thematisierung von Gender ermöglichen.

Literatur

Behnisch, Michael (2010): Pädagogische Beziehungen in der Jungenarbeit – über das Gelingen und Misslingen. In: Landschaftsverband Rheinland-Landesjugendamt/Landesarbeitsgemeinschaft Jungenarbeit NRW (Hg.): Kleine Jungs – ganze Kerle! Jungenarbeit(er) und Jungen zwischen Konzept, Praxis und Prosa. Köln: Eigendruck, S. 167-175.

Buber, Martin (1995): Ich und Du. Dietzingen: Reclam.

Cloos, Peter/Köngeter, Stefan/Müller, Burkhard/Thole, Werner (Hg.) (2007): Die Pädagogik der Kinder- und Jugendarbeit. Wiesbaden: VS.

Deinet, Ulrich/Sturzenhecker, Benedikt (Hg.) (2005): Handbuch Offene Kinder- und Jugendarbeit. 3. Aufl. Wiesbaden: VS.

Drogand-Strud, Michael/Rauw, Regina (2005): Geschlechterbezogene Pädagogik in der Offenen Jugendarbeit. In: Deinet, Ulrich/Sturzenhecker, Benedikt (Hg.): Handbuch Offene Kinder- und Jugendarbeit. 3. Aufl. Wiesbaden: VS, S. 167-180.

FUMA Fachstelle Gender NRW (2011) (Hg.): Abschlussbericht. Landesinitiative Jungenarbeit NRW 2007-2010. Dokumentation 2. Phase 2009-2010. Essen: Eigendruck.

Honneth, Axel (1994): Kampf um Anerkennung. Zur moralischen Grammatik sozialer Konflikte. 6. Aufl. Frankfurt a.M.: Suhrkamp.

Jantz, Olaf/Grote, Christoph (Hg.) (2003a): Perspektiven der Jungenarbeit. Konzepte und Impulse aus der Praxis. Opladen: Leske + Budrich.

Jantz, Olaf/Grote, Christoph (2003b): Mann-Sein ohne Männlichkeit. Die Vielfältigkeit von Lebensentwürfen befördern. In: Jantz, Olaf/Grote, Christoph (Hg.): Perspektiven der Jungenarbeit. Konzepte und Impulse aus der Praxis. Opladen: Leske + Budrich, S. 13-29.

Kühn, Christian (2005): Räume planen, bauen und gestalten. In: Deinet, Ulrich/Sturzenhecker, Benedikt (Hg.): Handbuch Offene Kinder- und Jugendarbeit. 3. Aufl. Wiesbaden: VS, S. 406-410.

Landschaftsverband Rheinland-Landesjugendamt/Landesarbeitsgemeinschaft Jungenarbeit NRW (2010) (Hg.): Kleine Jungs – ganze Kerle! Jungenarbeit(er) und Jungen zwischen Konzept, Praxis und Prosa. Köln: Eigendruck.

Landschaftsverband Westfalen-Lippe LWL-Landesjugendamt Westfalen/Landschaftsverband Rheinland LVR-Landesjugendamt Rheinland (Hg.) (2010): Entwicklungslinien der Offenen Kinder- und Jugendarbeit. Befunde der 4. Strukturdatenerhebung zum Berichtsjahr 2008 für Nordrhein-Westfalen. Münster/Köln: Eigendruck.

Müller, Burkhard/Schmidt, Susanne/Schulz, Marc (2005): Wahrnehmen können. Jugendarbeit und informelle Bildung. Freiburg: Lambertus.

Pech, Detlef (Hg.) (2009): Jungen und Jungenarbeit. Eine Bestandsaufnahme des Forschungs- und Diskussionsstandes. Baltmannsweiler: Schneider Verlag Hohengehren.

Rose, Lotte/Schulz, Marc (2007): Gender-Inszenierungen. Jugendliche im pädagogischen Alltag. Königstein i.Ts.: Ulrike Helmer.

Sturzenhecker, Benedikt (2009): Jungenarbeit in der Kinder- und Jugendarbeit. In: Pech, Detlef (Hg.): Jungen und Jungenarbeit. Eine Bestandsaufnahme des Forschungs- und Diskussionsstandes. Baltmannsweiler: Schneider Verlag Hohengehren, S. 83-100.

Sturzenhecker, Benedikt/Winter, Reinhard (Hg.) (2010): Praxis der Jungenarbeit. Modelle, Methoden und Erfahrungen aus pädagogischen Arbeitsfeldern. Weinheim/München: Juventa, 3. Aufl.

Wegener, Lothar (1995): Wer sagt, Jungenarbeit sei einfach? Blick auf aktuelle Ansätze geschlechtsbezogener Arbeit mit Jungen. In: Widersprüche. Zeitschrift für sozialistische Politik im Bildungs-, Gesundheits- und Sozialbereich, H. 56-57, S. 168-179.

Winter, Reinhard/Neubauer, Gunter (2010): Dies und Das. Das Variablenmodell »balanciertes Jungesein« und die Praxis der Jungenarbeit. In: Sturzenhecker, Benedikt/Winter, Reinhard (Hg.): Praxis der Jungenarbeit. Modelle, Methoden und Erfahrungen aus pädagogischen Arbeitsfeldern. Weinheim/München: Juventa, 3. Aufl., S. 27-35.

Marc Melcher

Geschlechtssensibles Mentoring im Projekt »Soziale Jungs«

Im Projekt »Soziale Jungs« des Paritätischen Bildungswerks Bundesverband leisten Jungen zwischen vierzehn und sechzehn Jahren einen Freiwilligendienst in einer sozialen Einrichtung und werden dabei als Gruppe von jeweils zwei MentorInnen begleitet. Der Beitrag stellt die Projektkonzeption vor und erläutert Zielsetzungen, Erfahrungen und Anschlussmöglichkeiten für Kooperationen von Jugendhilfe und Schule. Weiterhin werden neben einer Klärung des jungenpädagogischen Verständnisses die Vorteile gemischtgeschlechtlicher MentorInnenteams herausgestellt.

1. Einleitung

Die Tradition des Mentoring entstammt der griechischen Mythologie. Der griechische Dichter Homer schreibt in seiner Sage, dass Odysseus vor seinem Feldzug gegen Troja den gelehrten Mentor bittet, sich in seiner Abwesenheit um seinen Sohn Telemachus zu kümmern. Dieser hilft dem Jungen mit seinen Erfahrungen und Kontakten und wird für ihn zu einem Berater, der ihn in die griechische Gesellschaft einführt. Seitdem ist der Name »Mentor« ein Synonym für eine Person, die einen jüngeren Menschen auf seinem Weg ins Erwachsenenleben begleitet. In den vergangenen Jahren ist das danach benannte Konzept vor allem im Kontext von Arbeit und Karriereförderung bekannt geworden. Mit dem Projekt »Soziale Jungs« hat es nun auch Eingang in die Jungenpädagogik gefunden. Rat und Unterstützung durch Erwachsene erfahren hier Jungen, die einen Freiwilligendienst in sozialen Einrichtungen leisten und dabei geschlechtssensibel begleitet werden. Wie funktioniert dieser Ansatz? Wie ist er entstanden und welche Erfahrungen liegen damit vor? Wie wichtig ist z.B. das Geschlecht der MentorInnen? In der griechischen Mythologie schlüpft interessanterweise Athene, die Göttin der Weisheit, der Strategie und des Kampfes, des Öfteren in die Rolle von Mentor, um Telemachus zu unterstützten. Auch beim Projekt »Soziale Jungs« sind Männer *und* Frauen als MentorInnen tätig. Der folgende Beitrag greift diese Fragen auf und erläutert am Beispiel der Projektidee, inwieweit Jungenpädagogik und Mentoring zusammenwirken können, um Jungen geschlechtssensibel in einem Projekt zu begleiten.

2. »Soziale Jungs« als jungenpädagogisches Projekt

Jungenpädagogik[1] und *Mädchenarbeit* sind Querschnittsaufgaben pädagogischer Arbeit (vgl. Bentheim et al. 2004, S. 29). Das heißt, dass ein geschlechterreflektierendes, koeduka-

---

1 Der Begriff »Jungenpädagogik« ist als Oberbegriff zu verstehen und bezieht jede geschlechtsbezogene pädagogische Arbeit von Frauen und Männern mit Jungen ein. Mit »Jungenarbeit« ist dagegen gemäß fachlicher Basisdefinition im engeren Sinne die geschlechtsbezogene pädagogische Arbeit erwachsener Fach*männer* mit

tives Arbeiten ebenso wie getrennte Angebote für Mädchen und Jungen in allen pädagogischen Angeboten für junge Menschen berücksichtigt werden sollen. Dies zielt u.a. darauf, eine politische Wahrnehmung zu unterstützen, nach der tradierte Rollenzuschreibungen junge Menschen einengen und ihnen keine optimalen Entfaltungsmöglichkeiten in unserer Gesellschaft geben. Als zentrales Moment von *Jungenarbeit* wird wiederum die Beziehungsarbeit der männlichen Pädagogen zu den Jungen betont. Dies gilt jedoch auch für die *Jungenpädagogik,* die sowohl von Männern als auch Frauen betrieben werden kann. Auch sie nimmt die Beziehung zwischen den PädagogInnen und den Jungen sowie unter den Jungen bewusst wahr und schaut auf die Verbindungen der Jungen untereinander. Beziehungsarbeit ist ebenfalls die Voraussetzung für ein gelingendes Mentoring und stellt somit ein verbindendes Element zur *Jungenpädagogik* dar. Thematisch werden in der *Jungenpädagogik* Aspekte wie Konkurrenzverhalten, Hierarchisierung, Freundschaft und einengendes Rollenverhalten bearbeitet (vgl. POLIS 44, S. 106). Diese Punkte können in einem geschlechtshomogenen Setting teilweise besser bearbeitet werden, da sich die Geschlechterperformance von Jungen in solchen Settings reduziert (vgl. Biermann/Boldt 1999, S. 18). Allerdings ist darauf zu achten, dass sich tradierte Geschlechterrollen dabei nicht verfestigen. Diese widersprüchliche Situation, dass Zweigeschlechtlichkeit in geschlechtshomogenen Settings stabilisiert werden kann, auch wenn diese auf ihre Vervielfältigung zielen, müssen sich die Beteiligten immer wieder bewusst machen. Eine so verstandene *Jungenpädagogik* unterstützt im Rahmen der Gender-Diskussion die politische Arbeit an einer Gleichstellung der Geschlechter (vgl. Drogand-Strud/Cremers 2004).

Ein Problem in diesem Zusammenhang ist, dass geschlechtsbezogene Arbeit mit Jungen gegenwärtig vornehmlich in den Feldern der Beratung, der Sozialen Arbeit und in der Präventionsarbeit stattfindet (vgl. Bentheim et al. 2004, S. 67). Damit wird aber nur ein Teil der Jungen erreicht, der meist auch auf Jungen aus einem bestimmten Milieu beschränkt bleibt. In Schulen sind hingegen Jungen aus allen Milieus erreichbar. Durch Konzeptionen, deren Ziel es ist, Jungenpädagogik auch in diesen Bildungsinstitutionen zu installieren, kann ein erweiterter Kreis von Jungen an jungenpädagogischen Ansätzen beteiligt werden. Das Projekt »Soziale Jungs« setzt genau hier an, da es die Chance bietet, z.B. innerhalb der Ganztagsschule in ein Nachmittagsangebot integriert zu werden.

3. Grundkonzeption und Ziele von »Soziale Jungs«

»Soziale Jungs« startete 2005 als Initiative des Paritätischen Bildungswerks Bundesverband und verbindet ein freiwilliges soziales Engagement von Jungen im Alter von vierzehn bis sechzehn Jahren mit einer pädagogischen Betreuung durch freiwillige MentorInnen. Angesprochen sind Förder-, Haupt- und Realschüler, sich in einer Tageseinrichtung für Kinder, in der SeniorInnenpflege oder in der Arbeit mit Menschen mit Behinderung zu engagieren. Mit einem Umfang von zwei bis vier Stunden in der Woche und insgesamt zweihundert Stunden im Jahr lernen die Jungen weiblich konnotierte Arbeitsfelder kennen und erleben

---

Jungen gemeint (vgl. Bentheim et al. 2004, 8-10). Im obigen Satz wird der Begriff der Jungenpädagogik deswegen gewählt, weil in der Praxis der Sozialen Arbeit gegenwärtig deutlich mehr weibliche Fachkräfte tätig sind. Entsprechend kann Jungenpädagogik gegenwärtig überhaupt nur als Querschnittsaufgabe realisiert werden.

sich selbst in der pädagogischen Arbeit mit Menschen. Projektbegleitend finden Gruppentreffen statt, bei denen die Jungen mit MentorInnen über Gelingendes und Problematisches
im Rahmen ihres Engagements sprechen. Im Anschluss an das Projekt erhalten sie ein Zer-
tifikat und einen Vermerk im Schulzeugnis sowie begleitend eine kleine Aufwandsentschä-
digung. Im Zeitraum von 2005 bis 2008 haben an den drei Standorten Frankfurt am Main,
Saarbrücken und Potsdam insgesamt 282 Jungen an dem Projekt teilgenommen. Es zählt zu
den Modellprojekten zum Aufbau neuer, generationsübergreifender Freiwilligendienste und
wurde anfangs im Rahmen des Modellprogramms zur Umsetzung der Empfehlungen der
Kommission »Impulse für die Zivilgesellschaft« sowie vom Bundesministerium für Familie, Senioren, Frauen und Jugend (BMFSFJ) finanziert und gefördert.[2]

Ein pädagogisches Grundprinzip des Projektes ist ein geschlechtssensibler Blick auf
Jungen, der ihre Kompetenzen und Ressourcen wahrnimmt und wertschätzt. Die Jungen
sollen die Möglichkeit bekommen, jenseits ihrer Peergroup tradierte Rollenvorstellungen zu
hinterfragen, um Lebenskonzepte zu entwickeln, die sich partnerschaftlich orientieren. Dass
hierbei die MentorInnen eine wichtige Funktion übernehmen, wird anhand der folgenden
drei Zieldimensionen dargestellt und dann in Kapitel 4 vertiefend behandelt.

3.1 Persönlichkeitsentwicklung

Die Idee ist, dass Jungen während ihrer Zeit bei »Soziale Jungs« Erfahrungen sammeln, die
sie in ihrer persönlichen Entwicklung unterstützen. Ihr Engagement soll ihnen ermöglichen,
Verantwortung zu übernehmen und die eigenen Fähigkeiten und Grenzen kennenzulernen.
Dafür brauchen sie Feedback. Es geht hierbei nicht um eine belehrende Haltung, sondern
um Anerkennung und Wertschätzung des Individuums. Die MentorInnen und Bezugspersonen in den Einrichtungen übernehmen dabei die wichtigen Aufgaben des Zuhörens, Ref-
lektierens, Spiegelns und der Kritik. Ausschlaggebend ist dabei die geleistete Beziehungsarbeit. Der Wunsch nach Anerkennung und Wahrnehmung des Individuums spielt in der
Adoleszenz eine wichtige Rolle. Dieser Aspekt äußert sich auch in den Institutionen, in
denen die Jungen ihr Engagement leisten. Die Erfahrung, so angenommen zu werden, wie
sie sind – losgelöst von Zuschreibungen wie z.b. welcher Jugendszene sie angehören oder
welche Kleidung sie tragen – kann die herausragende Erfahrung für die teilnehmenden
Jungen sein. Hierzu gehört auch, in der Einrichtung möglicherweise nicht mehr als Schüler

---

2   Die Förderung lief Ende 2008 aus, sodass die Trägerorganisation, das Paritätische Bildungswerk Bundesverband, das Projekt in Frankfurt am Main übergangsweise selbst finanzierte. Für die folgenden drei Jahre wird
das Projekt »Soziale Jungs multikulti« mit anderer Schwerpunktsetzung in Frankfurt a.M. nun vom Land Hessen (Hessisches Ministerium für Justiz, für Integration und Europa) und der Stadt Frankfurt finanziert. Ziel ist
es, in den folgenden drei Jahren nun verstärkt die Teilnahme von Jungen mit Migrationshintergrund zu erhöhen. In Potsdam lief das Projekt 2008 aufgrund mangelnder finanzieller Mittel aus. In Rheinland- Pfalz wird
es von der Fachstelle Jungenarbeit vom Paritätischen Bildungswerk Rheinland- Pfalz/Saarland seit Ende 2009
fortgeführt. Finanziert wird dieses Projekt vom Land Rheinland-Pfalz. Am 1. April 2009 nahm in Frankfurt a.
M. die Transferagentur »Sozialer Freiwilligendienst für Jungen« vom Paritätischen Bildungswerk Bundesverband e.V. die Arbeit auf. Die Transferagentur hat die Aufgabe, das Projekt *»Soziale Jungs«* bundesweit vorzustellen und geeignete Kooperationspartner zu finden, um es deutschlandweit zu installieren und die teilnehmenden Organisationen und Institutionen zu vernetzen. Die Transferagentur wird von der *»aktion
mensch«* gefördert.

Schaubild 1: Kreislauf der Erfahrungen und Reflexion Möglichkeiten im Projekt »Soziale Jungs«

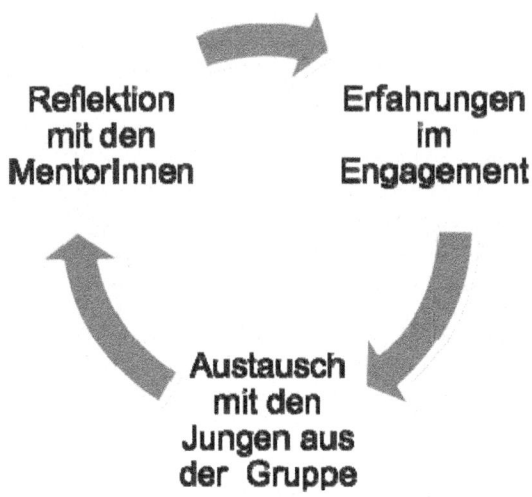

und Junge, sondern als männlicher Jugendlicher wahrgenommen zu werden und sich so in einer neuen Rolle zu erfahren.

3.2 Berufswahlmöglichkeiten

Durch die Abschaffung der Wehrpflicht und somit auch des Zivildienstes muss in den kommenden Jahren damit gerechnet werden, dass weniger junge Männer die sozialen Arbeitsbereiche als Berufswahlmöglichkeit in Erwägung ziehen. Der Zivildienst war bisher für viele junge Männer der Einstieg in diese Arbeitsbereiche. Durch die Einführung des Bundesfreiwilligendienstes könnte dies zwar eventuell kompensiert werden, allerdings müssten dann junge Männer dahingehend angeregt werden, diesen Weg überhaupt in Betracht zu ziehen. Das Projekt »Soziale Jungs« bietet einen solchen Anknüpfungspunkt, da männliche Jugendliche hier ihre ersten Erfahrungen in der Sozialen Arbeit sammeln können. Sie bekommen durch ihre Teilnahme an dem Projekt die Möglichkeit, erzieherische und pflegende Berufe wertzuschätzen und zu erfahren, dass diese Berufsgruppen eine wichtige gesellschaftliche Aufgabe übernehmen. In einem Forschungsprojekt zum Thema »Positionierung junger Männer zu Berufsfeldern Sozialer Arbeit« (Budde/Willems/Böhm 2009) wurde festgestellt, dass junge Männer im Hinblick auf Soziale Arbeit und deren Arbeitsfelder über wenig konkretes Wissen verfügen. Als ein zentraler Punkt stellte sich das Image der sozialen Berufsfelder heraus. Daraus resultiert die Notwendigkeit, vorhandene praktische Erfahrungen in dem Arbeitsfeld niedrigschwellig zu ermöglichen. Durch Praktika im sozialen Bereich ergibt sich jedoch nicht automatisch eine Berufswahl zugunsten sozialer Berufe. Insbesondere wenn negative Erfahrungen im Praktikum überwiegen, kann sich eine ablehnende Haltung verfestigen. Um mögliche negative Erfahrungen bearbeiten zu können und hierbei auch den geschlechterpolitischen Rahmen mitzureflektieren, braucht es eine genderkompetente Betreuung mit festen Bezugspersonen.

3.3 Männlichkeiten

Nach Stephan Höyng (2009) lernen Jungen im Zusammenhang sozialer Aktivitäten, ihre eigenen Care-Fähigkeiten als etwas Wertvolles wahrzunehmen. Dieser Gewinn an Selbst- und Sozialkompetenzen gehört zu den Zielen von geschlechtsbezogener Arbeit mit Jungen (vgl. ebd., S. 151). Das Projekt »Soziale Jungs« will darüber hinaus Jungen Identifikations-möglichkeiten jenseits der Peergroups aufzeigen. Aus der Kombination von pädagogisch begleitetem Austausch mit anderen Jungen, den Bezugspersonen in den Einrichtungen und der Betreuung durch die MentorInnen erwachsen den Jungen Chancen auf alternative Handlungsstrategien und Identitätskonzepte.

Damit wiederum können sie tradierte Rollenvorstellungen und klischeehafte Männlich-keitsbilder aus den Peergroups hinterfragen und reflektieren. Sie sind weniger stark mit Abwertungen ihrer Person konfrontiert, die in ihren Peergroups oft auf das Zeigen sozialer Kompetenzen folgen. Die häufig in Peergroups verfestigten Verhaltensweisen wie Anma-che, Konfliktlösung durch Unterbrechen, aggressives Verhalten und das »sich beweisen wollen« können mithilfe der MentorInnen reflektiert werden.

4. Mentoring als Methode geschlechtssensibler Begleitung

4.1 Das Mentoring Konzept

»Das Prinzip des Mentorings basiert auf einer persönlichen Beziehung zwischen zwei Per-sonen, die eine deutliche Erfahrungsdiskrepanz aufweisen. Im Sinne einer Patenschaft wird die erfahrungsjüngere Person (Mentee) von einer Mentorin bzw. einem Mentor für einen zeitlich befristeten Zeitraum in ihrer persönlichen und beruflichen Entwicklung beraten und unterstützt« (Leicht-Scholten et al. 2009, S. 5). Im Projekt »Soziale Jungs« wird unter Mentoring die Begleitung und Unterstützung der Jungen durch MentorInnen verstanden. Diese stellen den Erstkontakt zu den Einsatzstellen her, treffen sich einmal im Monat mit den Jungen und stehen ihnen bei Problemen bezüglich ihres Engagements, aber auch bei privaten Anliegen zur Seite. Die konkrete Umsetzung sieht so aus, dass jeweils zwei Men-torInnen eine Gruppe von zehn Jungen begleiten und betreuen. Eine 1:1 Betreuung von Jungen durch MentorInnen wurde von vornherein nicht in Erwägung gezogen. Dies ge-schah einerseits aus praktischen Erwägungen (so wäre es kaum möglich gewesen, für 40 teilnehmende Jungen 40 MentorInnen zu finden), andererseits aus Schutzerwägungen: So wäre eine Eignungsprüfung von freiwilligen MentorInnen bei einer 1:1 Betreuung sehr arbeitsintensiv.[1] Die Entscheidung für ein Mentoring im Team sowie für das Mentoring auf der Basis von Jungen*gruppen* war vor diesem Hintergrund auf Vorteile für beide Seiten hin

---

1   Vergleichbare Mentoringprogramme, die eine 1:1 Betreuung praktizieren, führen teilweise psychologische Tests durch, um zu gewährleisten, dass die teilnehmenden Kinder und Jugendlichen vor eventuellen Übergrif-fen durch die Erwachsenen geschützt werden.

angelegt. Den Jungen bietet es Schutz und den MentorInnen eine Sicherheit hinsichtlich ihrer Tätigkeit im Projekt, da sie immer zu zweit agieren.

Grundsätzlich kommen für das Projekt »Soziale Jungs« drei Zugangsmodelle in Betracht: Erstens *hauptamtliche* Mentoren wie z.B. Jugendpfleger oder Schulsozialarbeiter. Zweitens *freiwillige* MentorInnen wie z.b. Studierende der Fachhochschulen aus den Fachbereichen der Sozial- und Erziehungswissenschaften, die ihr Engagement als Praktikum in der geschlechtsbezogenen Arbeit mit Jungen anerkennen lassen können. Drittens *freiwillige MentorInnen mit Berufserfahrung* in sozialen und anderen Arbeitsfeldern. Alle müssen nach § 72 des KJHG ein erweitertes Führungszeugnis vorlegen. Im Projekt »Sozial engagierte Jungs« in Rheinland Pfalz werden die Jungen gegenwärtig von Jugendpflegern begleitet, die von der Fachstelle Jungenarbeit Rheinland Pfalz/Saarland fortgebildet wurden. Im Projekt »Soziale Jungs multikulti« in Frankfurt am Main werden die Jungen wiederum von freiwilligen MentorInnen, zumeist Studierende aus den Erziehungswissenschaften, begleitet.

4.2 Männer und Frauen im Mentoring

In der Planungsphase von »Soziale Jungs« in Frankfurt a.M. war zunächst angedacht, dass immer zwei männliche Mentoren eine Gruppe von zehn Jungen begleiten. Es wurde jedoch schnell deutlich, dass nicht genügend männliche Mentoren zu Verfügung standen. Daraufhin wurde entschieden, dass auch Frauen als Mentorinnen eingesetzt werden. Es zeigte sich bald, dass dies nicht nur eine ›Notlösung‹ war, sondern dass sich vielmehr mit den geschlechtergemischten MentorInnenteams eigene Chancen bieten: So traten positive Effekte im Hinblick auf das Matching (Passung Mentor – Mentee) ein. Hierzu ein Auszug aus einem Interview mit dem Mentor Rico Chacón aus dem Frankfurter Projekt »Soziale Jungs multikulti«: »Einige Jungs gehen eher auf die Mentorinnen zu und andere vertrauen eher einem Mentor etwas an. Und das ist auch okay so. Die Jungs befinden sich in der Pubertät und sollten immer die Möglichkeit haben, ihre Gesprächspartner zu wählen« (Switchboard 2010 # 193: S. 20). Am Standort Frankfurt a.M. haben wir zudem beobachtet, dass gerade Jungen, die negative Erfahrungen mit Männern (z.B. in der Familie und Schule) gemacht haben, den Zugang zur Gruppe eher über die Mentorin finden. Ähnliches berichtet auch Dagmar Riedel-Breidenstein aus der Beratungsarbeit mit Jungen (vgl. Riedel- Breidenstein/Ottemeier-Glücks 2004, S. 5ff.). Im Verlauf des Projekts »Soziale Jungs« können also durch die Beteiligung von Frauen auch Brücken zu männlichen Mentoren gebaut werden. Die Jungen erhalten hierdurch die Möglichkeit, in eine neue Art von Beziehung zu Männern zu gehen. Um dieses Ziel zu erreichen, müssen die beteiligten Bezugspersonen sich über ihre eigenen Geschlechterstereotype sowie Beteiligungen am Prozess des ›doing Gender‹ bewusst werden.

4.3 Qualifizierung der MentorInnen

Die MentorInnen sind für die Jungen immer auch Projektionsfläche für Männlichkeits- und Weiblichkeitsbilder. Dies macht es notwendig, sowohl die Beziehung zu den Jungen als auch die Rolle als MentorIn zu reflektieren. Sie werden daher ihrerseits durch die Projektkoordination begleitet und erhalten Fort- und Weiterbildungen in den Bereichen Jungenpädagogik und Genderkompetenzen. Für eine gelungene geschlechtsbezogene Arbeit mit den Jungen ist es unabdingbar, dass sich die MentorInnen mit gesellschaftlichen Geschlechterverhältnissen und mit der eigenen Sozialisation als Mann und Frau auseinandersetzen. Ein Bewusstsein der eigenen Grenzen und Möglichkeiten in der Arbeit mit Jungen ist ebenso wichtig wie eine Reflexivität bezogen auf das eigene Rollenverhalten in der Interaktion mit Jungen. In Einführungsworkshops für die MentorInnen werden daher Standards für die pädagogische Arbeit mit Jungen erarbeitet. Arbeitsgrundlage ist u.a. das Variablenmodell »Balanciertes Junge-sein« von Winter und Neubauer (2001). Es setzt an den vorhandenen Potenzialen der Jungen an und fokussiert auf die vielfältigen Kompetenzen und Ressourcen der Jungen. So wird es möglich, über Vorstellungen von Männlichkeiten zu kommunizieren, ohne auf abwertende Formulierungen zurückzugreifen. Des Weiteren ist es sinnvoll, das Konzept »Crosswork« nach Jantz und Meister (2005) in die MentorInnenschulung zu integrieren. Crosswork bezeichnet die geschlechterpädagogisch reflektierte Arbeit von Männern mit Mädchen und/oder von Frauen mit Jungen. Hier ein Beispiel, das die Notwendigkeit dieses Ansatzes illustriert: Frauen begegnen Jungen in einer Überkreuzhierarchie, da in unserer Gesellschaft die Erwachsenen über Kindern und Jugendlichen stehen und gleichzeitig Männlichkeit über Weiblichkeit positioniert ist. Das kann dazu führen, dass Pädagoginnen eher als ihre männlichen Kollegen damit konfrontiert sind, ihre Autorität beweisen zu müssen, wenn Jungen meinen, sich als werdende Männer gegenüber Frauen behaupten zu müssen. Ein weiterer Baustein für die Qualifizierung ist das monatliche MentorInnen Treffen zur gemeinsamen Reflexion der pädagogischen Arbeit mit den Jungen. Geleitet wird es von der Projektkoordination. Wie wichtig und sinnvoll diese Reflexion ist, verdeutlicht erneut der Mentor Rico Chacón: *»Je nachdem, wie vertrauenswürdig ich ihnen erscheine, schätzen die Jungs meine Art, meine Meinung und Ansichten, und beziehen diese in ihre Handlungsweisen mit ein. Das ist nicht immer ein bewusster Prozess, weder von Seiten der Jungs noch von den Mentoren. Aus diesem Grund halte ich, wie schon erwähnt, ein regelmäßiges Gruppentreffen und Mentorentreffen – mit der Möglichkeit zum Austausch und zur Reflexion – für einen wichtigen Bestandteil dieser Arbeit«* (Switchboard 2010 # 193, S. 20).

4.4 Aufgabe der MentorInnen bei den Gruppentreffen

Zu den Inhalten der Gruppentreffen, bei denen die Jungen mit den MentorInnen zusammentreffen zählen u.a. freizeit- und geschlechterbezogene pädagogische Angebote. Diese sogenannten Mentee-Treffen bieten den Jungen ganz gezielt die Chance, ihre Ängste und Ohnmachtserfahrungen mit den MentorInnen zu reflektieren. Die Jungen lernen so, dass die anderen Jungen Ähnliches erfahren. Auch die Motivation zur Selbstreflexion sowie zur Auseinandersetzung mit Männlichkeit kann sich durch den geschützten Rahmen der Gruppe erhöhen. Ein weiterer wichtiger Punkt ist die Förderung von Ambiguitätstoleranz, also der Fähigkeit, Widersprüchlichkeiten, kulturell bedingte Unterschiede oder mehrdeutige Informationen, die schwer verständlich erscheinen, wahrzunehmen und nicht negativ zu bewerten. Durch klare Regeln wie z.B. einen respektvollen Umgang miteinander können Unterschiedlichkeiten wertgeschätzt werden, statt sie als hinderlich zu empfinden. Dies kann wiederum als Beitrag zur Stärkung von Resilienz bei den Jungen verstanden werden (vgl. Ramm 2009, S. 109ff.). Die Jungen erhalten durch die Arbeit der MentorInnen eine Unterstützung, die sie in ihrem familiären Umfeld teils nicht ausreichend erhalten, und werden so ermutigt, ihr Leben selbstbestimmt zu meistern. Hieraus kann sich eine psychische Widerstandsfähigkeit entwickeln, die nicht nur in Extremsituationen von Vorteil ist, sondern auch im Alltag eine wichtige Ressource darstellt. Durch den Einsatz gruppendynamischer und vertrauensbildender Methoden entsteht bei den Menteetreffen eine Atmosphäre, die diese Beziehungsarbeit ermöglicht. Die praktischen Erfahrungen der Jungen während ihres sozialen Engagements werden so durchgängig pädagogisch reflektiert, methodisch aufbereitet, was einen nachhaltigen Effekt des Projektes ermöglicht. Die Aufgabe der MentorInnen besteht vor diesem Hintergrund auch darin, Jungen in der Menteegruppe einen entsprechend geschützten, wertschätzenden und geschlechtersensiblen Rahmen zu eröffnen.

5. Zusammenfassung und Ausblick

Die Erfahrungen mit dem Projekt »Soziale Jungs« an verschiedenen Standorten zeigen, dass Jungen darüber ihr Selbstwertgefühl stärken können sowie lernen, ihr Selbstverständnis als Junge zu reflektieren. Beobachtbar ist zudem, dass die Jungen dabei von der Begleitung durch die MentorInnen sehr profitieren, und zwar ungeachtet dessen, ob ein Mann oder eine Frau ihre erste Ansprechperson ist. Als besonders wertvoll schildern die Jungen den gemeinschaftlichen und respektvollen Umgang des Mentors und der Mentorin untereinander und mit ihnen selbst. Sie erfahren so neue Möglichkeiten, Beziehungen zu gestalten, und ihre Optionen werden offensichtlich vielfältiger, wenn Männer *und* Frauen als MentorInnen aktiv sind. Gemischte Teams können in diesem Sinne auch einen Beitrag dazu leisten, die Kategorie Geschlecht zu entdramatisieren. Durch seine klare Struktur (pädagogisches Konzept, klarer Zeitrahmen, Arbeit mit geschlechtshomogenen Jungengruppen) bietet das Projekt zudem Institutionen eine gute Möglichkeit, einen jungenpädagogischen Ansatz zu implementieren und damit Erfahrungen zu sammeln. Hervorzuheben ist die besondere Chance, die sich im Hinblick auf Kooperationen zwischen der offenen Kinder- und Jugendarbeit mit der Schule eröffnet, wenn das Projekt »Soziale Jungs« z.B. in das Schulprogramm integriert wird. Die außerschulischen Institutionen bieten sich dann als jene Lernorte an, an denen die Menteetreffen stattfinden können. Die sozialpädagogischen Fachkräfte wiederum sind für die MentorInnenrolle geeignet. Durch eine solche Verankerung im Schulprogramm können viele Jungen erreicht werden, für die das Angebot zugleich eine *Wahlmöglichkeit* darstellt, für die sie sich also freiwillig melden. Tun sie dies, lernen sie außerschulische Einrichtungen der Kinder- und Jugendarbeit kennen, die ihnen neue und andere Beziehungsangebote eröffnen als Schule. Beide Seiten – Kinder- und Jugendhilfe ebenso sowie Schule – tragen dann ihren Teil zur Etablierung von Jungenpädagogik bei.

Literatur

Bentheim, Alexander/May, Michael/Sturzenhecker, Benedikt/Winter Reinhard (Hg.) (2004): Gender Mainstreaming und Jungenarbeit. Weinheim/München: Juventa.

Biermann, Christine/Boldt, Uli (1999): »Die Jungen packen eher bei den Männern aus«. Ein Praxisbericht über Jungenkonferenzen. In: Pädagogik Heft Nr. 5, Jahrgang 1999: S. 16-21.

Budde, Jürgen/Willems, Katharina/Böhm, Maika (2009): »Ich finde das gehört einfach zum Leben dazu, anderen Leuten zu helfen«. Positionierungen junger Männer zu Berufsfeldern Sozialer Arbeit. In: Budde, Jürgen/Willems, Katharina (Hg.): Bildung als sozialer Prozess, S. 193-210. Weinheim: Juventa.

Drogand-Strud, Michael/Cremers, Michael (2004): Geschlechtsbezogene Pädagogik mit Jungen in der Jugendsozialarbeit. Expertise im Auftrag der Bundesarbeitsgemeinschaft Jugendsozialarbeit, Bonn. URL: http://www.jugendsozialarbeit-paritaet.de/data/exper tise_jungenarbeit.pdf. (20.10.2011).

Höyng, Stephan (2009): Die Lebenssituation von Jungen als eine Herausforderung für Jungenarbeit. In: Pech, Detlef (Hg.): Jungen und Jungenarbeit – eine Bestandsaufnahme des Forschungs- und Diskussionsstandes Baltmannsweiler: Schneider Verlag Hohengehren, S. 141-152.

Jantz, Olaf/Meister, Sylke (2005): Denkanstöße für die pädagogische Arbeit von Frauen mit Jungen (Thema). In: Betrifft Mädchen 1/02. Weinheim: Juventa.

Leicht-Scholten, Carmen/Breuer, Elke/Doebert, Gitta/Hartjen, Gehrt/Wolf, Henrike (2009): Mentoring Programme. Instrumente einer gendergerechten Personalentwicklung an der RWTH Aachen. Mentoring Handbuch. Ein Leitfaden. Herausgegeben vom Integration Team Human Resources, Gender and Diversity Management RWTH Aachen. URL: http://www.igad.rwth-aachen.de/pdf/Mentoring-Handbuch_RWTH_Aachen.pdf (1.8.2011).

POLIS 44/2005; K(l)eine Helden? – Förderung von Jungen in Schule und außerschulischer Pädagogik, Herausgeben von Mechtild M. Jansen und Angelika Röming. Wiesbaden: Hessische Landeszentrale für politische Bildung.

Ramm, Beate (2009): Das Tandem-Prinzip /Mentoring für Kinder und Jugendliche. Hamburg: edition Körber-Stiftung.

Riedel-Breidenstein, Dagmar/Ottemeier-Glücks, Franz Gerd (2004): Dürfen nur Männer mit Jungen arbeiten? oder: Wie Frauenarbeit unsichtbar gemacht wird. In: Prävention. Zeitschrift des Bundesvereins zur Prävention von sexuellem Missbrauch, 7, H. 3, S. 3-6.

Switchboard 193/2010. Zeitschrift für Jungen- und Männerarbeit.

Winter, Reinhard/Neubauer, Gunter (2001): Dies und Das! Das Variablenmodell »Balanciertes Junge- und Mannsein« als Grundlage für die pädagogische Arbeit mit Jungen und Männern. Jungenpädagogische Materialien, Bd. 1. Tübingen: neuling.

Uli Boldt und Christoph Grote

»Weil wir Jungen sind!« – Jungenbezogene Genderkompetenzen in der Schule

Jungenarbeit in der Schule ist vor allem auf reflektierte Praxiserfahrungen angewiesen, um Ansätze entwickeln zu können, die von Jungen angenommen werden. Aus dieser Perspektive skizziert der Beitrag Bedingungen und Zielsetzungen für jungenpädagogische Angebote. Als zentral erweist sich dabei die Berücksichtigung von Sozialisationsbedingungen und Lebensentwürfen der Jungen. Nur wenn Sichtweisen und Einstellungen von Jungen in die praktische Arbeit einfließen, können die Jugendlichen erreicht werden.

1. Einleitung

In den folgenden Beitrag fließen die Erfahrungen aus zwei unterschiedlichen Blickwinkeln ein: einerseits durch Uli Boldt als Lehrer, andererseits durch Christoph Grote als außerschulischer Pädagoge. Die Ausführungen basieren auf den vielen Begegnungen und Beziehungen zu Jungen in verschiedenen Projekten und Unterrichtsveranstaltungen in allen Schulformen, überwiegend in der Sekundarstufe I. Dabei haben wir bewusst einen parteilichen Blick auf Jungen, der aber nicht parteiisch ist und die Emanzipation der Jungen aus sie einengenden Rollenzuschreibungen ermöglichen will. Solch eine Arbeit mit Jungen kann unserer Meinung nach nur erfolgreich sein, wenn diese als ein Element eines schulischen Konzepts der »Reflexiven Koedukation« (vgl. Faulstich-Wieland 2004) verstanden wird. Dies integriert sowohl eine geschlechtshomogen organisierte Jungenarbeit und Mädchenarbeit als auch eine reflektierte koedukative Pädagogik und setzt sich zum Ziel, die Kultur und das Klima der Schule insgesamt geschlechtsbezogen in den Blick zu nehmen. Eine Verankerung dieser Arbeit im Schulprogramm kann die geschlechtsbewusste Ausrichtung in der Schule insgesamt positiv befördern, weil sie das Thema der Haltung des pädagogischen Personals aufnimmt und thematisiert. Somit ist die Genderkompetenz ein Leitprinzip, das sich im System Schule in allen Feldern (Zusammensetzung des Kollegiums, Unterrichtsthemen, Unterrichtsmethoden, Schulhof-Gestaltung, Pausen, AG-Angebote, Beziehung zu den Schüler_innen[1] etc.) finden sollte (vgl. Krüger 2011, S. 10). Neben der Kategorie des Geschlechts sollten auch weitere Faktoren, z.B. Kultur, Religion, Herkunft, Beeinträchtigungen und Schichtenzugehörigkeit bei der schulischen Arbeit berücksichtigt werden.

---

1 Wir wählen die Schreibweise mit dem Unterstrich, um auch mögliche Selbstdefinitionen in der Kategorie Geschlecht mit einzubeziehen. Sie hält symbolisch eine Leerstelle für Lebensweisen vor, die sich jenseits oder zwischen den Geschlechtern männlich und weiblich ereignen.

2. Zugänge zu den Jungen finden

Alle Menschen wünschen sich, von anderen Menschen gesehen, wertgeschätzt und anerkannt zu werden. Dies gilt auch für Mädchen und Jungen. Sie stellen sich schon sehr früh der Frage, wie sie auftreten müssen, damit sie möglichst interessant für andere gleichaltrige Mädchen und Jungen sind. Wie wir in der Schule beobachten können orientieren sich viele Jungen bei der Aneignung ihrer Geschlechterrolle deshalb stark an Gruppendynamiken. Jungesein wird in sozialen Interaktionen der Peergroup inszeniert und damit hergestellt. Dies ist ein fortwährender Prozess, der über Anerkennung und Abwertung innerhalb der Gleichaltrigengruppe funktioniert. Jungen reagieren mitunter sehr feinfühlig auf die Möglichkeit, dass ihnen zugesprochene Männlichkeit wieder aberkannt werden könnte, wenn sie sich zu weit von den vorherrschenden Männlichkeitsnormen[2] distanzieren. Ein großer Teil der Jungen aus unserer Projektarbeit beantwortet die Frage, wie denn ein richtiger Junge sein muss, in der Richtung, dass man als Junge vor allem cool sein sollte. »Nur wer cool ist, kann Mitglied in der Gruppe sein«, lautet häufig die Einschätzung vieler Jungen. Viele dieser Jungen wissen allerdings kaum, was denn ein cooles Verhalten ausmacht. Somit lastet auf den meisten Jungen ein ungeheurer Erwartungsdruck, den vermeintlichen Ansprüchen des »Cool-Seins« gerecht zu werden. Der für die Jungen existierende Identitätsdruck ist dabei in den einzelnen Gruppen unterschiedlich intensiv. In jedem Fußballverein, in den verschiedenen Jugendzentren und in einzelnen Schulklassen sind aufgrund der Unterschiedlichkeit und Vielfalt der Jungen verschiedene Rollenzwänge zu erkennen. Aber in fast allen Gruppen ist eine Gruppendynamik zu beobachten, die von »schablonenhaften Männlichkeitsnormen« (Sielert 1993, S. 33) geprägt ist. »Die Jungen kontrollieren gegenseitig die Einhaltung der Verhaltensvorschriften, obwohl meist kein einziger voll dahintersteht« (ebd.). Die Angst, Männlichkeit nicht zugesprochen zu bekommen, führt aber dazu, dass viele Jungen versuchen, die eher unbekannten Normen des »Cool-Seins« zu erfüllen. Da stets die Gefahr lauert, »Männlichkeit abgesprochen zu bekommen« (Möller 1997, S. 32) passen die Jungen sich den von ihnen jeweils individuell empfundenen notwendigen Vorstellungen stetig an. Auf den Schulhöfen ist das Provozieren durch Schimpfworte eine Form, Männlichkeit für Einzelne infrage zu stellen. »Du Schwuli«, »Du Mädchen« oder »Du Opfer« lösen bei Jungen häufig extreme Reaktionen aus, weil ihnen damit »ihre Männlichkeit« aberkannt wird und sie sich diese nur durch große Kraftanstrengungen (z.B. durch Gewaltausbrüche) vermeintlich wieder aneignen können.

In den Jahren der Pubertät führt dieser Gruppendruck dazu, dass das Verhalten einzelner Jungen häufig von überaus auffälligen Selbstinszenierungen und fehlender Kommunikation geprägt ist. Gespräche über die eigene Person mit Erwachsenen (Eltern, Lehrkräfte) werden häufig verweigert. Verhaltensweisen, neue Einsichten und Erkenntnisgewinne entwickeln sich oftmals innerhalb der Gruppe der Jugendlichen, ohne dass die Eltern und/ oder die Lehrerinnen Einblick hinsichtlich der aktuellen Entwicklungen bekommen.

Die Schule stellt besonders als Ganztagsbetrieb einen Raum dar, in dem man im Unterschied zu Jugendgruppen und Sportvereinen alle Jungen einer Altersgruppe erreichen und

---

2 Zur Ideologie der allermeisten »Männlichkeiten« in einer patriarchal strukturierten Gesellschaft gehört es, überlegen zu sein. Männliche Identität wird durch die Abgrenzung und Entwertung Anderer (Frauen, Schwule, »Weichliche«, »Ausländer« …) konstruiert bzw. stabilisiert (vgl. Jantz 2003, S. 170).

mit Angeboten aus dem Bereich des Sozialen Lernens die unterschiedlichen Sichtweisen und vielfältigen Einstellungen aufgreifen kann. Dabei sollte das Ziel verfolgt werden, dass möglichst viele Jungen beginnen, mit einer größeren Offenheit und mit einem stärkeren (Selbst-)Bewusstsein sich Fragen zum eigenen Verhalten zu stellen. Jungen jeden Alters können im Sozialraum Schule vielfältige Unterstützung bei der Herausbildung ihres Selbstkonzeptes und ihrer Verhaltensweisen erhalten, wenn auch im Schulalltag soziale Kompetenzen bei Jungen gesehen werden und gewollt sind. Als hilfreicher Zugang hat sich erwiesen, die Jungen in ihren Selbstinszenierungen ernst zu nehmen und ihr Verantwortungsgefühl für ihr eigenes Leben anzusprechen.

3. Forschungsbefunde zu Selbstbildern von Jungen

Jungenbezogene Genderkompetenzen im System Schule setzen neben der allgemeinen Sensibilisierung der Lehrkräfte für Geschlechterfragen voraus, dass diese sich auch mit den Sichtweisen, Wertvorstellungen und Wünschen von Jungen beschäftigen. Immer wieder gilt es, mit den Jungen über die Themen zu sprechen, die sie aktuell interessieren und beschäftigen, ohne dabei Grundzüge männlicher Sozialisationsbedingungen zu vergessen. Darüber hinaus geben Untersuchungen wie z.b. die Sinus-Milieustudie »Wie ticken Jugendliche?« (Wippermann/Calmbach 2007) sinnvolle Hinweise hinsichtlich aktueller Orientierungen und Zukunftsvorstellungen von männlichen Jugendlichen.

Auch die von Koch-Priewe et al. im Jahre 2009 veröffentlichte Studie »Jungen – Sorgenkinder oder Sieger« gibt wertvolle Informationen hinsichtlich der Werte, die das Leben der Jungen bestimmen. Die Untersuchung basiert auf einer repräsentativen Befragung von männlichen Schülern im Alter von 14 bis 16 Jahren hinsichtlich ihrer geschlechtsspezifischen Wahrnehmungen in den Kontexten Familie, Beziehungen, Lebensgefühl und schulische Lebenswelt.

Wie sehen sich die Jungen? Welche Wünsche formulieren sie hinsichtlich des Verhaltens anderer Jungen und Männer? Auf diese Fragen gibt die Studie Hinweise, die auch für die Gestaltung der Interaktion zwischen den Lehrkräften und den Jungen genutzt werden können. »Zusammenfassend kann gesagt werden, dass Jungen bezüglich ihrer Selbstwahrnehmung, ihrer Lebensentwürfe, ihres Lebensgefühls und ihres Geschlechterbildes sowohl traditionelle als auch moderne Einstellungen aufweisen. Einerseits geben sie sich zufrieden und gut gelaunt, lehnen ein machobehaftetes Männerbild ab [...]. Andererseits zeigen die Lebensentwürfe ein starkes Sicherheits- und Harmoniebedürfnis« (Koch-Priewe et al. 2009, S. 94). Interessant ist, dass viele der befragten Jungen sich eher Lebensentwürfe wünschen, die von der Egalität der Geschlechter geprägt sind, d.h. partnerschaftliche Beziehungen, die nicht von permanenter Konkurrenz zwischen den Partner_innen geprägt sind.

Jungen suchen in erwachsenen männlichen Bezugspersonen Modelle, um ihre Vorstellung vom Jungesein bzw. Mannsein mit lebbaren Bildern zu hinterlegen. Die Studie zeigt, dass Jungen auf vielfältige männliche Lebensentwürfe zurückgreifen wollen, ohne jedoch zu stark von gesellschaftlich akzeptierten Männlichkeitsnormen abzuweichen.

Leider nimmt aber der Anteil der männlichen Fachkräfte in Schulen aller Ausformungen eher ab, sodass es an Begegnungen mit vielfältigen erwachsenen »männlichen Modellen« im Schulalltag mangelt. Jungen erhalten so im System Schule bei ihrer Identitätssuche weniger Unterstützung durch gleichgeschlechtliche Lehrkräfte als Mädchen.

Abbildung 1: Anteil der weiblichen Lehrkräfte in verschiedenen Schulformen (1960 bis 2004)

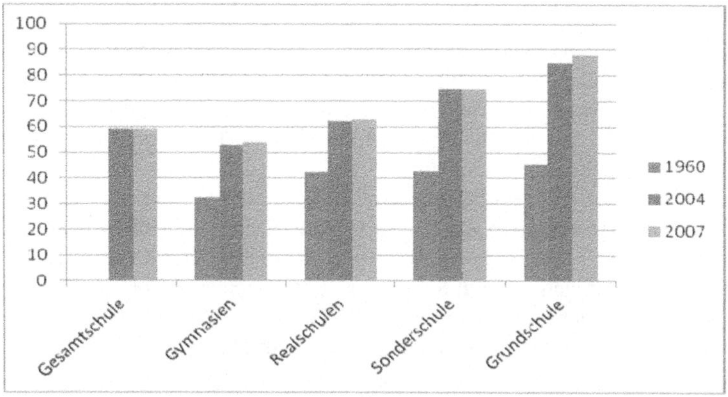

Quellen: Statistisches Bundesamt 2002; Statistisches Bundesamt 2004/05; www.destatis.de, eigene Zusammenstellung und Darstellung.

4. Konsequenzen für die Arbeit mit Jungen

Jungen und junge Männer setzen sich selbstkritisch mit Fragen von Männlichkeit und Mann-Sein auseinander. Wir erleben Jungen als Suchende, die mit ihren Fragen, die zugegebenerweise häufiger gut verschleiert von ihnen vorgetragen werden, neue Antworten finden wollen. In pädagogischen Zusammenhängen – auch in der Schule – sollten Lehrkräfte deshalb Fragen des »Jungeseins« entsprechend aufgreifen. Das häufig von den Jungen gezeigte »Coolsein« kann dabei als ein erster Zugang für die positive Auseinandersetzung und ein echtes Ernstnehmen zwischen den Heranwachsenden und den Erwachsenen dienen. Die von den Jungen gelebten ambivalenten Vorstellungen können in Jungengruppen, ohne sich gegenüber den gleichaltrigen Mädchen erklären zu müssen, behutsam aufgegriffen werden. Jungen können auf diese Weise sensibilisiert werden für das Hinterfragen einzelner Verhaltensweisen und für die Thematisierung der vorherrschenden Normen und Rituale. Der pädagogische Weg in der Arbeit mit Jungen ist unserer Meinung nach eine Gratwanderung zwischen männlichkeitsstabilisierenden und männlichkeitsirritierenden Anteilen oder anders gesagt: eine pädagogische Haltung im Spannungsfeld von Empathie und Konfrontation. Einerseits will ich als Pädagoge die Jungen annehmen und mitnehmen, aber anderseits auch in die Herausforderung um die Erweiterung ihrer Lebenswelten führen.

5. Angebote für Jungen im Schulkontext

Der Blick in die Schulprogramme einzelner Schulen verdeutlicht, dass die Lehrkräfte verschiedener Schulformen und -stufen in den letzten Jahren Angebote für männliche Schüler entwickelt haben. Häufig von außerschulischen Vereinen und Einrichtungen in Kooperationen unterstützt, gibt es im Bereich der Arbeitsgemeinschaften zusätzlich Angebote, die sich explizit an Jungen richten. Mit solchen Angeboten erreichen Schulen solche Jungen, die sich freiwillig (oder auch »gezwungen freiwillig«) über einen längeren Zeitraum hinweg für die Teilnahme an einer Jungengruppe oder einem Projekt entscheiden. Kritik an diesem Modell wird manchmal formuliert, weil man mit diesem freiwilligen Angebot nicht alle Jungen der Schule erreicht. Andere Schulen bieten Mädchen- und Jungenprojekttage für alle Schüler_innen spezieller Jahrgangsstufen an. Hiermit erreicht man alle Jugendlichen im Lauf ihrer Schulzeit punktuell. Die Nachhaltigkeit und Wirksamkeit des Angebots gilt es bei den jeweiligen Modellen genauer zu betrachten.

Das an der Laborschule Bielefeld entwickelte Modell der Mädchen- und Jungenkonferenzen (Biermann et al. 2005) ermöglicht, über einen längeren Zeiträume hinweg mit allen Mädchen und Jungen in geschlechtshomogenen Gruppen zu arbeiten. Bei diesen »Konferenzen«, die mittlerweile an einigen anderen Schulen im Bundesgebiet sowohl im Primarstufenbereich als auch im Bereich der Sekundarstufe I eingesetzt werden, handelt es sich um geschlechtshomogene Gruppen, die sich in regelmäßigen Abständen (ein- bis zweimal im Monat) treffen. Die organisatorische Grundsatzentscheidung dieses Konzeptes besteht darin, dass sich die Arbeit auf eine Schulklasse bezieht und man folglich alle Jungen einer Schulklasse (und parallel auch alle Mädchen) der Lerngruppe erreicht.

»Jungen der Jahrgangsstufe 5 äußerten sich hinsichtlich des Angebotes wie folgt: ›Ich finde Jungenkonferenzen gut, weil wir über Streitereien untereinander und Streit mit den Mädchen reden‹. ›Ich finde toll, dass wir mal nur unter Jungen sind‹. ›Es gibt eben Themen, die sollen die Mädchen nicht mitbekommen‹. ›Jungenkonferenzen – die finde ich vor allem dann gut, wenn wir Spiele spielen‹«. Die befragten Mädchen äußerten sich in ähnlicher Weise (vgl. Boldt 2004, S. 22ff.).

Geschlechtsgetrennte Gesprächskreise und Aktionsformen können neben der Entwicklung einer allgemeinen positiven Interaktions- und Gesprächskultur an einer Schule ein guter Ort für die Erlangung von Kompetenzen der Mädchen und Jungen sein. Der Zugewinn kann sich dabei sowohl auf die sozialen wie auch auf fachliche Kompetenzen (Leseförderung von Jungen, Mitarbeit von Jungen in Fremdsprachen) beziehen.

Dabei ist die Trennung nach Geschlechtern an sich nicht die alleinige Lösung, um Jungen den Raum zu geben, sich mit den Mechanismen von Männlichkeitsnormen und dem (eigenen) Jungesein auseinanderzusetzen, aber sie bietet besondere Chancen. »Diese können in der Möglichkeit liegen, Lernsituationen anzubieten, in denen Jungen wie Mädchen Gegenerfahrungen machen können, um anschließend Geschlechterverhältnisse umsichtig und kritisch reflektieren zu können. Es scheint wichtig zu sein sowohl im koedukativen Kontext eine befriedigende Kommunikationskultur zu entwickeln als auch den Mädchen und Jungen in geschlechtsgetrennten Gruppen einen Ort des Gesprächs und der Auseinandersetzung zu bieten. Die Mädchen- und Jungenkonferenzen eignen sich dazu in besonderer Weise.

- Sie bieten Intimität, um Themen anzusprechen, die in der gemischten Gruppe so nicht zur Sprache kommen.
- Sie legen Jungen wie Mädchen nahe, innerhalb der Geschlechtergruppe einander Empathie zu zeigen.

• Sie geben einen geschützten Raum für Rollenerweiterungen.
• Sie erlauben, ernsthaft an Problemen innerhalb der Geschlechtergruppen zu arbeiten. Die eingrenzende Geschlechterspannung entfällt.
• Sie lassen deutlich werden, wann der Austausch in der geschlechtshomogenen Gruppe genügt und wann es wichtig ist, das gemeinsame Gespräch zu suchen« (Biermann/Boldt 2009, S. 25).

Insbesondere für Jungen bedeutet die Erweiterung ihres Verhaltensrepertoires immer auch, Emotionalität und Schwäche sowie persönliche Grenzen in sich und bei anderen zuzulassen und damit eine für sie individuelle Veränderung des männlichen Werte- und Normensystems zu erreichen. Wenn sie nicht weiterhin unter dem Druck stehen, dominantes Verhalten zeigen zu müssen – und nach unseren Erfahrungen können sie dies innerhalb der homogenen Gruppe nach einiger Gewöhnungs- und Annäherungszeit am ehesten ablegen –, haben sie einen wichtigen Entwicklungsschritt getan (vgl. Grote/Jantz 2003, S. 95).

Es lässt sich mit Jungen jeder Altersstufe über die immer wieder von ihnen und ihrer Umgebung hergestellte Geschlechtlichkeit – das Doing Gender – reden. Jungen können hier die Hierarchisierung zwischen den Geschlechtern und das Konkurrenzgebaren untereinander (selbst schwache Jungen sind noch besser als Mädchen) infrage stellen, wenn sie im geschützten Raum ohne die Anwesenheit der Mädchen die von ihnen gelebten und erfahrenen Interaktionen thematisieren. Man kann ihr Selbstwertgefühl und Selbstvertrauen durch viele Spiele, Übungen und Gespräche stärken und sie in ihren Fragen und Unsicherheiten begleiten. Möglichen Widerständen aufseiten der Jungen begegnet man am besten durch eine Arbeit, die auch immer wieder die Wünsche der Jungen aufgreift, und durch handlungsorientierte Methoden. Wenn Jungen in ihrem Alltag gewachsenes Selbstbewusstsein und Reflexionsfähigkeit als persönlichen Gewinn konkret spüren und schätzen können, findet die Arbeit in geschlechtshomogenen Jungengruppen auch eine noch größere Akzeptanz. Die geschlechtshomogene Jungengruppe ermöglicht auch den Lehrkräften einen deutlich geschärften Blick auf die Vielfalt von Jungen. Männliche Schüler können nicht nur unter der Perspektive »Jungen machen Probleme« wahrgenommen werden, sondern auch als Jugendliche, die Probleme haben und damit ernst genommen werden wollen.

6. Auf Erfahrungen zurückgreifen

Mittlerweile sind von den Praktikern aus dem Bereich der Jungenarbeit viele der von ihnen eingesetzten Methoden und Zugangsweisen veröffentlicht worden. Auszugsweise soll auf die folgenden gut lesbaren und praxisnahen Veröffentlichungen hingewiesen werden.

Der von Krabel veröffentlichten Praxismappe »Müssen Jungen aggressiv sein?« (1998), dem vom Boldt publizierten Veröffentlichungen »Ich bin froh, dass ich ein Junge bin« (2004) und »Jungen stärken. Materialien zur Lebensplanung (nicht nur) von Jungen« (2007a), dem unter Mitarbeit von Grote veröffentlichten Materialband »Halbe Hemden – Ganze Kerle« (2004), dem in Hessen entwickelten Methodenreader »100 und eine Methode« (Kreis Gerau 2003), dem von Diaz und Tiemann veröffentlichten Materialband »Methoden zur Förderung sozialer Kompetenzen zur Berufs- und Lebensplanung von Jungen« (2006) sowie dem speziellen Zugang der Selbstbehauptungsarbeit »Jungen stärken« von mannigfaltig e.V. (2007) sind für viele thematische Themenfelder der Jungenarbeit erprobte Methodenbeschreibungen und didaktisch-methodische Hinweise zu entnehmen.

Allen Veröffentlichungen ist zu entnehmen, dass die in ihrer Arbeit mit den Jungen gemachten Erfahrungen reflektiert und analysiert worden sind. Die Autoren weisen zudem auf die Wichtigkeit von Fortbildungen und kollegialer Beratung hin. Auch die Bedeutung des Aufbaus von lokalen Netzwerken wird immer wieder in den Veröffentlichungen erwähnt.

Die in den letzten knapp zwanzig Jahren im Bereich der Jungenarbeit gemachten Erfahrungen haben dazu geführt, dass sich sowohl auf lokaler wie auch auf überregionaler Ebene Arbeitsgemeinschaften gebildet haben, die auch für die Weiterentwicklung der Jungenarbeit an der einzelnen Schule genutzt werden können. In jeder größeren Stadt gibt es mittlerweile Jungenarbeitsgemeinschaften oder -foren, in denen sich die örtlichen Jungenarbeiter austauschen. Diese Expertengruppen bieten zudem einzelnen Schulen Hilfestellungen bei der Initiierung der Jungenarbeit an. Darüber hinaus gibt es in fast jedem Bundesland landesweite Arbeitsgemeinschaften, die ebenso wie das Projekt »Neue Wege für Jungs« einzelnen Schulen Beratung, Fortbildungen und Materialien anbieten.

7. Offene Fragen und Perspektiven

Alle Erfahrungen aus der praktischen Jungenarbeit zeigen, dass pädagogische Angebote für Jungen frühzeitig beginnen sollten. Spätestens mit dem Beginn der Sekundarstufe I sollten alle Schulen im Bereich des Sozialen Lernens Angebote bereithalten, die sowohl den geschlechtsreflektierenden Blick insgesamt als Querschnitt beinhalten als auch zielgerichtet und phasenweise die Trennung von Mädchen und Jungen in eigenen Angeboten vorsehen. Sogar die in einzelnen Grundschulen gesammelten Erfahrungen zeigen, dass eine jungenpädagogische Arbeit bereits erfolgreich in der Primarstufe realisiert werden kann (vgl. Jantz/Brandes 2006). Das im Sommer 2008 in Rheinland-Pfalz begonnene Projekt »Jungen in der Grundschule« kommt zu einer ähnlichen Einschätzung.

Für alle Schulen gilt: Eine gelingende geschlechtsbewusste Ausrichtung in Schulentwicklung und Schulkultur braucht als Basis eine gute Zusammenarbeit von weiblichen und männlichen Lehrkräften. In allen Schulformen – besonders in den Grundschulen, sind männliche Lehrkräfte zunehmend in der Minderheit (s. Abb. 1, S. 167). Es ist nicht immer leicht, die wenigen vorhandenen männlichen Lehrkräfte für diese pädagogische Arbeit mit Jungen zu motivieren. Ideen und Anregungen, diesen Kreis zu erweitern, sind deshalb gefragt, z.B. wie man im schulischen Alltag ggf. mehr Väter in die Arbeit mit einbeziehen kann. Gerade Väter haben in den letzten Jahren mehr Erziehungsverantwortung übernommen.

Nicht zuletzt ist aufgrund des wachsenden Anteils an weiblichen Lehrkräften genauer zu beschreiben, welche Zugänge Frauen in der Arbeit mit Jungen haben und welchen Gewinn die Beteiligten – die Lehrerinnen und die Jungen – mit dieser Arbeit verknüpfen. Zu vermuten ist, dass sich die gegenseitigen Sichtweisen auf das andere Geschlecht durch neue Organisationsformen wie z.B. geschlechtsgetrennte Angebote verändern, insbesondere, wenn Raum für Reflexion gegeben ist.

Dies gilt sowohl in Bezug auf die sozialpädagogische Arbeit in der Schule als auch in Bezug auf partielle Trennungen von Mädchen und Jungen in einzelnen Unterrichtsfächern.

Kessels (2002), die zur Trennungsfrage einen Modellversuch im Anfangsunterricht des Faches Physik durchgeführt und wissenschaftlich begleitet hat, empfiehlt, die ihrer Meinung nach gewonnenen positiven Erfahrungen (Erhöhung der Motivation der Mädchen für das Fach Physik und Verbesserung ihrer fachlichen Leistungen) auch auf den Bereich der Förderung von Jungen in den sprachlichen Fächern zu übertragen, die anders als das Fach Physik und der Lernbereich der Naturwissenschaften eher weiblich konnotiert sind. Ähnliche Schlussfolgerungen lassen auch die wenigen praktischen schulischen Beispiele zu, die über partielle Trennungen in Fächern wie Sport, Technik, Haushaltslehre, Informatik, Deutsch und den Fremdsprachen gemacht worden sind. Sie legen die Vermutung nahe, dass sich sowohl die Mädchen als auch die Jungen in einer geschlechtshomogenen Gruppe unabhängig vom Geschlecht der Lehrkraft weniger eingeengt fühlen und sich verstärkt auch in den Fächern, die eher als Mädchen- und Jungenfächer gelten, den schulischen Anforderungen stellen. Der Hauptschullehrer Böhmann (2006) wie auch die gymnasialen Lehrkräfte der Stadt München (2002) empfehlen aufgrund ihrer Erfahrungen, Mädchen und Jungen phasenweise in Fächern wie Deutsch (Literaturarbeit) und in Fremdsprachen (Anfangsunterricht in der zweiten Fremdsprache) voneinander zu trennen. Dabei soll aber »das Instrument der Trennung äußerer Differenzierung nach Geschlecht [...] in themenspezifisch und in didaktisch begründeten Fällen äußerst sparsam – sozusagen in ›homöopathischer Dosis‹« angewandt werden (Horstkemper 2006, S. 51).

Der zunehmende Ausbau und die Umstellung hin zu Ganztagsschulen ermöglichen stabile Kooperationen und voneinander lernende Partnerschaften von Schulen mit außerschulischen Vereinen und Einrichtungen im Stadtteil. Diese gilt es gemeinsam zu entwickeln und anzuerkennen, damit externe Fachkräfte den Sozialraum Schule bereichern könnten. Gerade die außerschulische Jugendbildungsarbeit und Jugendarbeit hat im Bereich der geschlechtsbezogenen Arbeit einen großen Erfahrungsschatz und Erkenntnisgewinn zu bieten. Schulen die sich auf den Weg zu mehr Geschlechtergerechtigkeit machen, sollten ihn nutzen.

Literatur

Biermann, Christine/Boldt, Uli (2009): Mädchen- und Jungenkonferenzen als Beitrag zu einer geschlechterbewussten Pädagogik. Zwanzig Jahre Erfahrungen. In: Ethik & Unterricht, H. 4, S. 25-26.

Biermann, Christine/Lintzen, Brigitte/Schütte, Marlene (2005): Kritische Koedukation trägt Früchte: Die Entwicklung des Konzepts einer geschlechterbewussten Pädagogik. In: Thurn, Susanne/Tillmann, Klaus-Jürgen (2005) (Hg.): Laborschule – Modell für die Schule der Zukunft. Bad Heilbrunn/Obb.: Julius Klinkhardt, S. 129-142.

Böhmann, Marc (2006): Zeitweise geschlechtergetrennter Unterricht. In: PÄDAGOGIK 1, S. 50.

Boldt, Uli (2004): Ich bin froh, dass ich ein Junge bin. Materialien zur Jungenarbeit an Schulen. Baltmannsweiler: Schneider Verlag Hohengehren.

Boldt, Uli (2007a): Jungen stärken. Materialien zur Lebensplanung (nicht nur) für Jungen. Baltmannsweiler: Schneider Verlag Hohengehren.

Boldt, Uli (2007b): Jungen und Koedukation. In: Matzner, Michael/Tischner, Wolfgang: Handbuch der Jungen-Pädagogik. Weinheim/Basel: Beltz, S. 136-149.

Diaz, Miguel/Tiemann, Rolf (2006): Methoden zur Förderung sozialer Kompetenzen und zur Berufs- und Lebensplanung von Jungen. Bielefeld: Eigendruck des Projektes Neue Wege für Jungs.

Faulstich-Wieland, Hannelore (1994): Reflexive Koedukation. In: Bracht, Ulla/Keiner, Dieter (Hg.): Geschlechterverhältnisse und die Pädagogik. Jahrbuch der Pädagogik. Frankfurt a.M.: Peter Lang, S. 325-345.

Grote, Christoph/Drägestein, Bernd (2004): Halbe Hemden – Ganze Kerle – Jungenarbeit als Gewaltprävention. Hannover: Selbstverlag mannigfaltig.

Grote, Christoph/Jantz, Olaf (2003): »Meine ist die Beste!«. In: Jantz, Olaf/Grote, Christoph: Perspektiven der Jungenarbeit. Konzepte und Impulse aus der Praxis. Opladen: Leske + Budrich.

Horstkemper, Marianne (2006): Zeitweise geschlechtergetrennter Unterricht. In: PÄDAGOGIK 1, S. 51.

Jantz, Olaf (2003): Opfer in der Familie – Täter in der Peer-Group? In: Jantz, Olaf/Grote, Christoph: Perspektiven der Jungenarbeit. Konzepte und Impulse aus der Praxis. Opladen: Leske + Budrich.

Jantz, Olaf/Brandes, Susanne (2006): Geschlechtsbezogene Pädagogik an Grundschulen. Basiswissen und Modelle zur Förderung sozialer Kompetenzen bei Jungen und Mädchen. Wiesbaden: VS.

Kessels, Ursula (2002): Undoing Gender. Eine empirische Studie über Koedukation und Geschlechtsidentität im Unterricht. Weinheim/München: Juventa.

Koch-Priewe, Barbara/Niederbacher, Arne/Textor, Annette/Zimmermann, Peter (2009): Jungen – Sorgenkinder oder Sieger? Ergebnisse einer quantitativen Studie und ihre pädagogischen Implikationen. Wiesbaden: VS.

Krabel, Jens (1998): Müssen Jungen aggressiv sein? – Eine Praxismappe für die Arbeit mit Jungen. Mülheim: Verlag an der Ruhr.

Kreis Groß-Gerau (Hg.) (2003): 100 und eine Methode zur Projektarbeit mit Mädchen und Jungen in Jugendarbeit und Schule. Methodenreader zum Projekt »Starke Mädchen – Starke Jungen – Gemeinsam stark!«. Groß-Gerau. Frankfurt a.M.: Interproof.

Krüger, Dorothea (2011) (Hg.): Genderkompetenz und Schulwelten. Alte Ungleichheiten – neue Hemmnisse. Wiesbaden: VS.

mannigfaltig e.V. (2007): Jungen stärken, Selbstbehauptungskurse: Konzeption, Haltung, Ziele und Durchführung. Hannover: mannigfaltig.

Möller, Kurt (1997): Männlichkeit und männliche Sozialisation. Empirische Befunde und theoretische Erklärungsansätze. In: Möller, Kurt (Hg.): Nur Macher und Machos? Geschlechtsreflektierende Jungen- und Mädchenarbeit. Weinheim/München: Juventa, S. 23-60.

Sielert, Uwe (1993): Jungenarbeit – Praxishandbuch für die Jungenarbeit (Teil 2). Weinheim/München: Juventa.

Stadt München, Schul- und Kultusreferat (2002) (Hg.): Jahresbericht 2001/02 Städtisches St. Anna-Gymnasium. München: Eigenverlag.

Statistisches Bundesamt (2002) (Hg.): Bildung im Zahlenspiegel. Stuttgart: Kohlhammer.

Statistisches Bundesamt (2005) (Hg.): Allgemeinbildende Schulen – Schuljahr 2004/05 (Fachserie 11 – Reihe 1 2004/05. Stuttgart: Kohlhammer.

Wippermann, Carsten/Calmbach, Marc (2007): Sinus Milieustudie U27. Wie ticken Jugendliche? Düsseldorf: Haus Altenberg.

Internetquelle

www.destatis.de.

Andreas Haase

Leistung und Erfolg bei Jungen – was braucht es, nicht nur schulisch ...? Ein Blick aus England. Interview mit Mike Younger[1]

Am 23. und 24. September 2010 veranstaltete das bundesweite Vernetzungsprojekt Neue Wege für Jungs *in Kooperation mit der Fakultät für Erziehungswissenschaft der Universität Bielefeld den bundesweiten Fachkongress »Jungen – Pädagogik – Wie geht das?«. Im Mittelpunkt standen Fragen geschlechtergerechter Erziehung und Bildung. Darüber hinaus wurden hier Möglichkeiten diskutiert, in schulischen und außerschulischen Bildungsangeboten auf die unterschiedlichen Herausforderungen für Jungen und Mädchen adäquat zu reagieren. Eingeladen war auch Mike Younger von der Fakultät für Erziehungswissenschaft der University of Cambridge. Er ist Direktor des Centre for Commonwealth Education. Von 2000-2005 war er Co-Leiter des britischen Projekts »Raising Boys' Achievement«.[2] Mike Younger befasst sich seit mehr als 20 Jahren mit der Aus- und Weiterbildung von Lehrkräften weiterführender staatlicher Schulen. Schwerpunkte seiner wissenschaftlichen Arbeit sind die Themen Gender, Chancengleichheit und die Qualität der Lehrerbildung. Im Interview[3] befragten wir ihn nach seinen Erfahrungen in der pädagogischen Arbeit mit Jungen und gingen der Frage nach, wie man das System Schule-Jungenarbeit so gestalten kann, dass Jungen bessere Leistungen als derzeit erzielen.*

Andreas Haase: *Herr Younger, vielen Dank, dass Sie für ein Interview zur Verfügung stehen. Sie sind Professor für Erziehungswissenschaften und leiten das Projekt »Raising Boys' Achievement«. Wie ist es zu diesem Projekt gekommen? Was waren die Hintergründe und Erfahrungen, die Sie veranlasst haben, dieses Projekt durchzuführen?*

Mike Younger: Einige Schulen waren darüber beunruhigt, dass Jungs in ihren schulischen Leistungen schlechter abschnitten als die Mädchen. So fingen wir an, mit ihnen herauszufinden, warum es offensichtlich einen leistungsbezogenen Gender-Gap[4] an den weiterführenden Schulen gab. Parallel versuchte unsere Regierung Anfang der 1990er-Jahre, in England und Wales ein Projekt zu etablieren, das die Leistungen von Jungs innerhalb eines koedukativen Rahmens anheben sollte. Sie fragten uns, ob wir das Projekt übernehmen würden.

Sie haben davon gesprochen, dass die Jungs »Lücken« in den Leistungen hatten. Wie genau haben die sich bemerkbar gemacht? Was war der Leistungsabfall gegenüber den Mädchen?

---

1 Zuerst erschienen in: Switchboard – Zeitschrift Männer und Jungenarbeit, 193, Herbst 2010, S. 26-29.
2 Infos zum Projekt: www-rba.educ.cam.ac.uk.
3 Danke an Antje Greiling für die hilfreiche und kompetente Übersetzung des Interviews.
4 Gap: Abstand, Gefälle, Diskrepanz.

Während des Jahrzehnts zwischen 1990 und 2000 wurde deutlich, dass Jungs im Alter von 13 bis 16 Jahren in den Fächern Englisch und Humanity Subjects schlechter abschnitten als die Mädchen. Dann jedoch, als wir die Informationen aus ganz England und Wales von 2002 bis 2003 auswerteten, wurde klar, dass in den Schulabgangsexamen, die in England mit 16 Jahren abgelegt werden und das Ende der regulären Schulzeit markieren, Mädchen die Jungen im »National Curriculum« in allen Fächern übertrafen. Und auch Untersuchungen auf Universitätsniveau zeigten, dass im Alter von 18-19 Jahren mehr Mädchen die Universität besuchten.

Ist das vergleichbar mit Deutschland? Da gibt es auch einen Bildungs-Gap. In vielen Fächern studieren mehr Frauen als Männer.

Das ist sehr interessant für uns, denn es gab bisher Befunde aus Skandinavien, Kanada, Nordamerika, Australien und Neuseeland. Und nun hier zu sein und festzustellen, dass im Herzen von Europa dieselbe Diskussion stattfindet, das ist wirklich interessant für uns. Es ist ähnlich wie in England, nämlich dass Mädchen die Leistung von Jungs übertreffen, und das während der gesamten Zeit in der weiterführenden Schule.

Sie haben davon gesprochen, dass der Blick vor allem auf die Leistungen in den Schulfächern gelegt wurde. Ging es auch um das Lernverhalten der Jungen als solches, um soziales Lernen?

Während der 1990er-Jahre gab es eine wachsende Sorge über das Verhalten bestimmter Gruppen von Jungs – nicht nur von Jungs, auch von einigen Mädchen, aber die Jungs stellten in diesen Gruppen die Mehrheit. Ja, es brach so etwas wie moralische Panik aus über dieses soziale Verhalten von den Jungs auf der Straße. So waren z.B. mehr Jungs offensichtlich von Jugendarbeitslosigkeit betroffen. Es entstand die Sorge und die Angst, dass es zu sozialen Unruhen kommen könnte. Das ist aber zum Glück nie eingetroffen.

Betraf das alle Jungs oder nur Jungs aus »bildungsfernen Schichten« oder Jungs mit migrantischem Hintergrund?

Ich denke, die Sorge wurde besonders von der Gruppe von Jungs ausgelöst, die in der Schule besonders schlecht abschnitten, deren Leistungen nicht so gut waren, wie sie hätten sein können und die deshalb nicht die Fertigkeiten erwarben, die in einer »Knowledge Economy« (Wissensgesellschaft) gefragt sind. Es ist mit der industriellen Lage ähnlich wie in Deutschland: Sie bewegt sich weg von der Schwerindustrie, traditionelle männliche Berufe sind auf dem Rückmarsch, und da gibt es die Anforderung an Jungs, höhere Leistungen und Qualifikationen zu erbringen, um Jobs in der »Knowledge Economy« zu bekommen. Jungs dieser Gruppe mit schlechten Schulleistungen war es einfach nicht möglich, Jobs anzunehmen, die höhere Anforderungen an die Leistung stellten. Zu einem bestimmten Grad wurden diese Gruppen mit bestimmten ethnischen Gruppen in Verbindung gebracht. Schlecht abgeschnitten haben Jungs mit afrikanischer oder karibischer Abstammung, aber auch Jungs mit »weißem« Arbeiterklassehintergrund waren nicht viel besser. Also es gab ethnische Hintergründe, aber hauptsächlich hatte es eben mit den fehlenden Fähigkeiten zu tun.

Was war nun genau das Ziel des Projektes?

Das Ziel des Projektes war es, Schulen zu finden, in denen Strategien angewendet wurden, die damit begannen, die schulische Leistung von Jungs anzuheben, ohne die Leistung der Mädchen zu schmälern. Letzteres möchte ich besonders hervorheben, denn es ging uns nicht nur um Jungs, sondern darum, die Leistungen aller Schülerinnen und Schüler zu verbessern, die schlecht waren. Die Mehrheit davon waren Jungs, aber es gab auch Mädchen. Wir hatten den Eindruck, dass einige Schulen begannen, das Problem gut anzugehen. So versuchten wir, partnerschaftlich mit diesen Schulen zusammenzuarbeiten um festzustellen, was diese Schulen machten. Wir wollten sehen, ob wir Strategien festmachen konnten, die dann auf andere Schulen übertragen werden konnten.

Mit welchen Schulen (Schulformen) wurde eine Zusammenarbeit angestrebt?

Wir haben uns vom dreigliedrigen Schulsystem wegbewegt; die meisten weiterführenden Schulen bei uns sind Gesamtschulen, in denen die Schüler zwischen 11 und 18 Jahre alt sind. Alle Kinder einer bestimmten Wohngegend gehen auf eine Schule und werden nach unterschiedlichen Curricula innerhalb der Schule unterrichtet.

Wer oder was war die »Zielgruppe« des Projektes: eher die Jungen, mehr die Lehrkräfte oder die Strukturen innerhalb der Schule?

Das ist eine wirklich schwierige Frage! Es ist schwierig, die beiden Gruppen zu trennen. Grundsätzlich glaube ich jedoch, dass mehr Gewicht darauf gelegt wurde, was die Lehrer machten und wie sie Strategien entwickelten. Das kontinuierliche Gespräch mit den Schülern war aber auch eine extrem wichtige Informationsquelle für uns. In England gibt es ein ausgeprägtes Interesse, die Meinungen der Schüler über ihre Bildung zu hören. In den letzten fünf Jahren ist man zu dem Schluss gekommen, das, was Schüler über ihre Bildung sagen, als authentische Hinweisquelle anzuerkennen. Das wollten wir mit einbeziehen, und so sind wir über einen Zeitraum von drei Jahren immer wieder an dieselben Schulen zurückgekehrt und haben immer wieder mit denselben Schülern über ihren Eindruck bezüglich ihrer Bildung gesprochen.

Wie wurden die Schüler interviewt?

Zunächst mit Fragebögen, dann in Gruppen zu je drei Schülern bzw. Schülerinnen und einem Forscher, die sich vier bis fünf Mal im Jahr trafen; in jeder Schule sechs Gruppen. Wir fingen mit den Interviews an, als die Jungs und Mädchen 13 Jahre alt waren, und hörten auf, als sie 16 waren. So konnten wir ihre Gefühle über ihre »Beschulung« herausfinden.

Sie sind für einen pädagogischen Fachkongress, der sich damit beschäftigt, die Jungen in den Blick zu nehmen, nach Deutschland gekommen. Wenn wir hierzulande über Jungenarbeit in der Schule reden, bedeutet das, im »System Schule« mit den Jungen, mit den Lehrkräften und an den Strukturen zu arbeiten. Inwieweit hat Ihr Projekt auch die Strukturen mit in den Blick genommen?

Das ist zu einem gewissen Grad geschehen. In den erfolgreicheren Schulen entstand ein Engagement seitens des Schulleiters und des leitenden Lehrpersonals *(senior staff)*, Curriculum und Lehrmaterial entsprechend weiterzuentwickeln, um Lernen in Leistung zu überführen. Wir haben jedoch nicht vorgegeben, dass das an jeder Schule passieren müsse. An manchen Schulen waren diese Entwicklungen dann eher »isoliert«, d.h. sie wurden nicht von Schulleitung und Kollegium getragen.

Welche Gelingenskriterien haben sich im Projekt herauskristallisiert, um Ihre Arbeit erfolgreich zu gestalten?

Da gibt es einige: Die Schulleitung und das leitende Lehrpersonal müssen der Angelegenheit intensiv verbunden sein, sie müssen es nicht nur erlauben, sondern sich öffentlich damit identifizieren. Für gewöhnlich sagen wir der Schulleitung, dass sie sich »proaktiv« verhalten müsste, also konkret dabei sein. Zweitens war es wichtig, dass man eine größere Gruppe des Lehrpersonals von der Idee überzeugt. Wir nahmen an, es bräuchte etwa 40 Prozent der Lehrkräfte, die eng mit uns zusammenarbeiteten. Dann war es Aufgabe der Schulleiter und der Lehrkräfte, diese Strategie der Elternschaft zu »verkaufen«. Zudem muss den Schulleitern erlaubt sein, eine Kultur zu etablieren, die die Lehrkräfte ermutigt, Risiken einzugehen, indem sie auch scheitern dürfen, ohne die Angst haben zu müssen, von der Schulhierarchie verstoßen zu werden. Denn einige dieser Strategien waren riskant und schwierig einzusetzen und die Lehrkräfte brauchten Ermutigung. Und nicht zuletzt braucht es Zeit und Geduld. Manche Schulleiter verloren jedoch die Geduld und unterbanden die Strategie, bevor sie überhaupt fruchten konnte. Es brauchte noch ein halbes oder ganzes Schuljahr, um die Chance zu haben, sich durchzusetzen.

Bei den 40 Prozent der Lehrkräfte, die mitmachen mussten: Wie war in der Regel die Verteilung zwischen Frauen und Männern?

Das war an jeder Schule anders. Wir haben uns das ziemlich genau angesehen. Im Regelfall waren es aber die jüngeren Lehrer/-innen, die seit fünf, sechs Jahren ihren Posten hatten – eher als die, die schon 15 bis 20 Jahre dort arbeiteten. Aber das Geschlecht spielte eigentlich keine Rolle bzw. man konnte es nicht verallgemeinern: An manchen Schulen spielte es eine Rolle, an anderen nicht. Wichtiger war die Einstellung und die Haltung der Lehrer/-innen zu dem Projekt.

Und wie ist es mit Lehrern oder Lehrerinnen, die einen Migrationshintergrund haben?

Ja, an einigen Schulen waren Lehrer, die gerade eben erst nach Großbritannien eingewandert waren – aber auch die zweite und dritte Generation mit Migrationshintergrund konnte sich mit diesem Projekt identifizieren. Ich möchte noch einmal hervorheben, dass wir nicht nur auf Jungs abzielten, als sich das Projekt weiterentwickelte. Wir hatten eine Gruppe von Mädchen – ich weiß nicht, ob es in Deutschland das Wort »ladette« gibt, die feminisierte Form von »lad« also Mädchen, die burschenhaftes Benehmen an den Tag legten, die sich häufig betranken, sich wie Rowdies auf der Straße aufführten. Sich mit diesen Mädchen zu beschäftigen, genauso wie mit ähnlich gelagerten Jungs, wurde ein ziemliches Thema für uns.

In Deutschland wird Jungenarbeit als eine Haltung und nicht als Methode angesehen. Im Kontext mit dem Genderbegriff bedeutet das auch, sich mit eigener Männlichkeit auseinanderzusetzen. Wurde mit den Lehrern daran gearbeitet, sich mit ihrer eigenen Männlichkeit zu beschäftigen?

Ich glaube, manche Lehrer fanden das ziemlich herausfordernd! Das war eines der Dinge, das wir bei Lehrern erreichen wollten, nämlich dass sie sich über ihre eigene subjektive Überzeugung von Gender klar werden, und wie sie auf Leute reagieren, die anders sind als sie selbst. Zum Beispiel wie Lehrer auf Schüler reagieren, die homosexuell sind. Einige Lehrer fanden das ziemlich schwierig, und dies ist der Punkt, wo das Alter und die Einstellung eine Bedeutung bekommen, denn jüngere Lehrer empfanden es als einfacher, tolerant zu sein. Ja, aber es hat auch damit zu tun, sensitiv mit der sich verändernden Lehrerrolle umzugehen, Willens zu sein, sich selbst nicht zu ernst zu nehmen und Humor einzusetzen, Willens zu sein, sich auf die Schüler »einzulassen« mit einer Art von spielerischem Geplänkel. Es ist wichtig, eine Einstellung zu vertreten, dass man es auch wirklich will, dass diese Jungs und Mädchen Leistung bringen, dass man an sie glaubt und ihnen irgendwie nahe steht.

Um solch ein Projekt durchzuführen, braucht es eine Auseinandersetzung mit der eigenen Männlichkeit. Wie ist Ihr eigener Zugang, Ihre Biografie als Mann?

Ja, ja, okay … Das ist ziemlich interessant, denn die Fakultät für Erziehungswissenschaft, der ich vorstehe, besteht, was das Geschlecht des Personals betrifft, zu 70 Prozent aus Frauen. Und die Leute erzählen mir, dass ich ein ziemlich femininer Mann sei in der Art, wie ich mit ihnen umgehen würde. Mein Vorgänger war ein ziemlich machomäßiger Mann, und ich habe einen anderen Stil als er … also wir müssten jetzt meine Mitarbeiterin hier haben, denn sie könnte diese Frage viel besser beantworten als ich (lacht). Also ich bin mehr für Zusammenarbeit als für Hierarchien und ich mag keine offene Aggression, hin und wieder weine ich öffentlich. Ich bin ganz anders als mein Vorgänger und sehr anders auch als der Mann, den man gerade zu meinem Nachfolger bestimmt hat. Das wird interessant.

Eine Sache, die wir auch versucht haben ist, Jungen dahin zu bringen, dass sie mit ihren Gefühlen offener umgehen, mehr reden, sich auch mit Mädchen austauschen, wenn sie sich unsicher fühlen, dass sie versuchen, die Stereotypen zu durchbrechen und sich wirklich zu unterhalten sprich: einen Kontext im Klassenzimmer zu schaffen, der interaktiver und weniger stereotyp ist. Schwierige Aufgabe! Manche Schulleiter, selbst ältere und erfahrene, waren sehr gut darin, es den Jungs möglich zu machen, ihre Gefühle freizulassen und sich zu öffnen. Viele der Mädchen sagten in unseren Interviews, dass dieser oder jener Junge echt nett war, solange sie allein mit ihm gewesen seien. Doch er würde sich wie ein Tier benehmen, sobald er in eine Gruppe käme.

Verstehe ich richtig, dass das »achievement«, die Leistungssteigerung, eben nicht nur auf der fachlichen Ebene von Lernvermittlung stattgefunden hat, sondern auch viel auf soziales Lernen und Rollenverständnis abgezielt hat?

Ja, absolut. Momentan wird in Dänemark ein ziemlich interessantes Projekt entwickelt, das sich mit Grundschulkindern im Alter von 7 bis 11 Jahren beschäftigt. Es geht darum herauszufinden, wie es ist, ein Junge oder ein Mädchen innerhalb einer bestimmten Gruppe in Dänemark zu sein, und was sie zu dem macht, was sie sind. Denn wir haben das Gefühl, dass mit 13 Jahren viele Einstellungen schon entwickelt und gefestigt sind. Man muss sie schon vorher herausfordern.

Sie sind hier auf der Tagung mit einem Vortrag zum Thema »Monoedukativer Unterricht in koedukativen Schulen« und der Fragestellung »Ein Allheilmittel zur Leistungssteigerung?« aufgetreten. Was sind die Erfahrungen mit monoedukativem Unterricht innerhalb des Projektes? Trägt er zur Leistungssteigerung bei bzw. wie kann er optimal eingesetzt werden?

Zunächst einmal ist es schwierig, eine einzige Strategie auszuwählen, denn oftmals haben die Schulen, die Monoedukation eingesetzt haben, auch eine ganze Reihe anderer Strategien angewendet, deshalb kann man nicht sicher sein, dass Monoedukation alleine wirkt. Aber in manchen Schulen, wenn auch bei Weitem nicht in allen, verbesserte sich die Motivation der Schüler, das Engagement und auch die Leistung dadurch, dass sie in geschlechtshomogenen Klassen unterrichtet wurden. In anderen Schulen hatte Monoedukation so gut wie keine Wirkung, und deshalb werde ich in meinem Vortrag auch über die Vorbedingungen sprechen, von denen wir denken, dass sie notwendig sind, wenn Monoedukation an koedukativen Schulen funktionieren soll. Zu viele Schulleiter, und in der Tat auch unser Bildungsminister, haben es sich im Jahr 2001 in den Kopf gesetzt, dass Monoedukation die Lösung ist. Es gab Sondermittel, um die Gründe dafür zu finden. Monoedukation an sich aber ist nicht die Lösung, denn es gibt eben eine Reihe von Vorbedingungen, die erfüllt sein müssen, damit sie dazu beiträgt, die Leistung zu verbessern. Und wenn diese Voraussetzungen nicht erfüllt sind, wird es auch keine Verbesserung geben.

Können Sie zwei oder drei Kriterien dafür nennen, dass Monoedukation erfolgreich ist?

Engagierte Mitarbeiter, die bereit sind, zusammen zu arbeiten, Risiken einzugehen und sich einander über eine 18-monatige Zeitperiode zu unterstützen; ein Schulleiter, der bereit ist, dafür öffentlich einzustehen, und seinen guten Ruf aufs Spiel setzen würde. Und Lehrkräfte, die bereit sind, »high quality« Lehrmaterial zu entwickeln, das nicht allein jungen- oder mädchenfreundlich, sondern für beide freundlich ist.

Sind die Lehrer und Lehrerinnen die wichtigste Größe in dem gesamten System?

Lehrkräfte, die guten Unterricht machen, sind wichtig. Aber auch die Atmosphäre, die in einer Schule vorherrscht, ist wichtig. Die Rolle des Schulleiters ist wichtig. Es gibt Schulen, die einige Fächer in manchen Schuljahren monoedukativ unterrichten, und dann gibt es andere Schulen, die fast alle ersten drei Jahre der weiterführenden Schule monoedukativen Settings widmen.

Ist die Schulkultur ebenso eine wichtige Voraussetzung? Gab es aufgrund des Projekts auch Schulen, die ihr Leitbild entsprechend verändert haben?

Ich glaube, dass die Schule bezüglich des Leitbildes akzeptieren muss, dass es keinen einfachen, simplen Weg gibt, sondern Leitbildveränderungen komplex sind und viele Facetten haben. Und es braucht wirklich ein Zeit überdauerndes Engagement, diese zu »stemmen« und zu tragen.

Thank you for an interesting interview.

Vielen Dank für diese interessanten Fragen. In England sind die Interviews normalerweise nicht so »prüfend«.

Autor_innen

Sandro Dell'Anna, Dipl. Pädagoge, Geschäftsführender Referent der Landesarbeitsgemeinschaft Jungenarbeit NRW e.v.
Arbeitsschwerpunkte: Differenzsensible Pädagogik/Jungenarbeit in der Kinder- und Jugendhilfe und in Schule/Schulsozialarbeit/GanzTag.

Christine Biermann, Dr. phil, Didaktische Leiterin der Laborschule Bielefeld.
Arbeitsschwerpunkte: Schulentwicklung, Individuelles Lernen, Geschlechterbewusste Pädagogik an Schulen, Arbeit mit Portfolio, Sinnstiftender Mathematikunterricht.

Uli Boldt, Lehrer Sek. I an der Martin-Niemöller-Gesamtschule Bielefeld.
Arbeitsschwerpunkte: Berufsorientierung und Lebensplanung für Mädchen und Jungen, Jungenarbeit als geschlechterbewusste Bildung in Schule

Jürgen Budde, Dr. phil., Wissenschaftlicher Mitarbeiter im Institut für Schul- und Bildungsforschung der Martin-Luther-Universität Halle-Wittenberg.
Arbeitsschwerpunkte: Gender und Männlichkeiten in Schule und Unterricht, Soziale Konstruktion von Heterogenität, Ethnographische Forschung, Soziale Kompetenzen.

Mart Busche, Dipl.-Politologin, Wissenschaftliche Mitarbeiterin an der Fakultät für Gesellschaftswissenschaften der Universität Kassel.
Arbeitsschwerpunkte: Männlichkeiten, Gewalt, Intersektionalität.

Doro-Thea Chwalek, Dipl.-Pädagogin, Projektleiterin Neue Wege für Jungs/Boys' Day – Jungen-Zukunftstag im Kompetenzzentrum Technik-Diversity-Chancengleichheit e.V., Bielefeld.
Arbeitsschwerpunkte: Berufsorientierung und Lebensplanung, Genderpädagogik.

Katharina Debus, Dipl. Politologin, Wissenschaftliche Mitarbeiterin bei Dissens e.V.
Arbeitsschwerpunkte: Bildung, Männlichkeiten, Geschlechterverhältnisse.

Miguel Diaz, Soziologe M.A., wissenschaftlicher Fachreferent bei Neue Wege für Jungs/ Boys' Day – Jungen-Zukunftstag im Kompetenzzentrum Technik-Diversity-Chancengleichheit e.V., Bielefeld.
Arbeitsschwerpunkte: Jungenpädagogik, gendersensible Berufsorientierung und Lebensplanung, tertiäre Gewaltprävention.

Michael Drogand-Strud, Dipl. Sozialwissenschaftler und Gestaltberater, Bildungsreferent für Geschlechtsbezogene Pädagogik, Gründungs- und Vorstandsmitglied der Bundesarbeitsgemeinschaft Jungenarbeit und der Landesarbeitsgemeinschaft Jungenarbeit in NRW.
Arbeitsschwerpunkte: Jungenarbeit, Teamarbeit, Genderkompetenz, Genderorientierte Qualifizierung von pädagogischen und sozialen Fachkräften.

Susann Fegter, Dr. phil., Wissenschaftliche Mitarbeiterin der Johann Wolfgang Goethe-Universität im Fachbereich Erziehungswissenschaften, Institut für Sozialpädagogik und Erwachsenenbildung sowie am LOEWE Forschungszentrum IDeA.
Arbeitsschwerpunkte: Kindheits-, Familien- und Geschlechterforschung, Diskursanalyse und Ethnografie, Kinderarmut, Jungen und Bildung, Urbanes Lernen.

Ulrike Graff, Dipl. Pädagogin, Dr. phil, Vertretungsprofessorin für Allgemeine Pädagogik an der Fakultät für Erziehungswissenschaft der Universität Bielefeld.
Arbeitsschwerpunkte: Pädagogik der Vielfalt, Genderpädagogik, Biografische Selbstreflexion und pädagogische Handlungskompetenz.

Christoph Grote, Dipl.-Religionspädagoge, Mediator, Systemischer Berater.
Arbeitsschwerpunkte: Praxis von Jungenarbeit und Geschlechts-bezogener Pädagogik, Jungensozialisation, Gewaltprävention an Schulen und Selbstbehauptungskurse, Genderperspektiven in der Konfliktschlichtung und Mediation, Sexualpädagogik.

Andreas Haase, Gendertrainer, Männer- und Jungenarbeiter, Coach, systemischer Familienberater, Herausgeber von »Switchboard – Zeitschrift für Männer und Jungenarbeit«.
Arbeitsschwerpunkte: Einzelfallbetreuung von (gewalttätigen) Jungen, Männer- und Väterarbeit, Organisationsentwicklung.

Marc Melcher, Dipl.-Pädagoge, Jungenarbeiter, Genderpädagoge, Mitarbeiter im Paritätischen Bildungswerk, Bundesverband Frankfurt am Main.
Arbeitsschwerpunkte: Jungenarbeit und Jungenpädagogik in der offenen Kinder- und Jugendarbeit.

Susanne Offen, Dipl. Pädagogin, Wissenschaftliche Mitarbeiterin am Institut für integrative Studien (infis), Leuphana Universität Lüneburg.
Arbeitsschwerpunkte: Sozialwissenschaftliche Perspektiven auf Bildungsprozesse, Achsen sozialer Ungleichheit und reflexive Professionalisierung im Bildungsbereich

Jens Schmidt, Jugendbildungsreferent bei Arbeit und Leben Hamburg, Lehrbeauftragter Universität Hamburg.
Arbeitsschwerpunkte: Geschlechtersensible Bildungsarbeit, Rassismuskritik, Professionalität in der Politischen Bildung.

Marc Schulz, Dr. phil., Wissenschaftlicher Mitarbeiter an der Stiftung Universität Hildesheim, Institut für Erziehungswissenschaft/Abteilung Allgemeine Erziehungswissenschaft.
Arbeitsschwerpunkte: Pädagogik des Kindes- und Jugendalters, Kindheits- und Jugendforschung, Bildungs- und Gendertheorien in vor- und außerschulischen Kontexten, Ethnografie.

Olaf Stuve, Dipl. Soziologe, wissenschaftlicher Mitarbeiter bei Dissens e.V. *Arbeitsschwerpunkte:* Gender und Bildung, Gender und Gewaltprävention, Intersektionalitätsforschung.

Mike Younger, MA, Head of the Faculty of Education at the University of Cambridge and Director of the Centre for Commonwealth Education. *Arbeitsschwerpunkte:* Gender and Achievement, teacher education.

Grundlagen Erziehungswissenschaft

The manufacturer's authorised representative in the EU is Springer
Nature Customer Service Centre GmbH, Europaplatz 3, 69115 Heidelberg,
Germany. If you have any concerns regarding our products, please
contact ProductSafety@springernature.com

Printed and bound by CPI Group (UK) Ltd, Croydon, CR0 4YY

27/04/2026
02097620-0003